中宣部2022年主题出版重点出版物
建功新时代·全面推进乡村振兴研究丛书
丛书主编：王晓毅　燕连福　李海金　张　博

全面推进乡村振兴十二讲

中国扶贫发展中心　指导编写

燕连福　等　著

中国文联出版社

图书在版编目（CIP）数据

全面推进乡村振兴十二讲 / 燕连福等著. -- 北京：中国文联出版社，2022.10
（建功新时代·全面推进乡村振兴研究丛书 / 王晓毅等主编）
ISBN 978-7-5190-4966-9

Ⅰ.①全… Ⅱ.①燕… Ⅲ.①农村－社会主义建设－研究－中国 Ⅳ.①F320.3

中国版本图书馆CIP数据核字（2022）第168465号

著　　者	燕连福等
责任编辑	胡　笋
责任校对	吉雅欣
装帧设计	麦　田
出版发行	中国文联出版社有限公司
社　　址	北京市朝阳区农展馆南里10号　　邮编　100125
电　　话	010-85923025（发行部）　010-85923076（总编室）
经　　销	全国新华书店等
印　　刷	湖北恒泰印务有限公司
开　　本	787毫米×1092毫米　1/16
印　　张	22.5
字　　数	260千字
版　　次	2022年10月第1版第1次印刷
定　　价	55.00元

版权所有·侵权必究
如有印装质量问题，请与本社发行部联系调换

导　读

本书的编写坚持以习近平总书记关于"三农"工作的重要论述为指导，以根据《中共中央国务院关于实施乡村振兴战略的意见》《乡村振兴战略规划（2018—2022年）》《中共中央 国务院关于全面推进乡村振兴加快农业农村现代化的意见》《中共中央 国务院关于做好2022年全面推进乡村振兴重点工作的意见》等文件精神和《中华人民共和国乡村振兴促进法》要求为遵循，旨在为从事乡村振兴相关工作的党政干部、各行业干部、驻村帮扶干部以及基层从事乡村振兴工作的有关人员等提供一本基础性的培训教材。本书由西安交通大学马克思主义学院联合其他九家高校、单位的专家组成课题组完成编写工作，由中国扶贫发展中心指导编写。主要对乡村振兴的相关理论问题、基本政策和实施要求进行阐释和解读，为各地区全面推进乡村振兴工作提供理论指导。

全书共分为十二讲。

第一讲实施乡村振兴战略的根本遵循。主要介绍了做好新发展阶段"三农"工作的行动纲领——习近平总书记关于"三农"工作重要论述的深刻内涵、理论贡献和时代价值，帮助乡村振兴相关领导干部把握习近平总书记关于"三农"工作的主要内容，提升对乡村振兴的理论认识。

第二讲实施乡村振兴战略的丰富内涵。主要介绍了新时代实施乡村振兴战略的重要意义、丰富内涵和基本原则，帮助参与乡村振兴的广大干部进一步理解和认识为什么要推进乡村振兴，如何推进乡村振兴，推进乡村振兴需要把握的基本原则等问题。

第三讲实施乡村振兴战略的总目标。主要介绍了以高质高效推进农业现代化、以乡村宜居宜业推进农村现代化、以实现富裕富足推进农民现代化三个现代化的理论内涵、实施进展和政策要求，帮助广大乡村振兴干部明确推进乡村振兴的发展方向。

第四讲坚决守住不发生规模性返贫底线。重点介绍了推进乡村振兴的前提是巩固脱贫攻坚成果，从严格落实"四个不摘"、守住粮食安全底线、完善监测帮扶机制等方面论述了如何守住不发生大规模返贫的底线，巩固拓展脱贫攻坚成果同乡村振兴有效衔接等内容。

第五讲促进乡村发展。重点阐释乡村发展的内容、高质量推进乡村振兴、确保粮食安全、推进三产融合、坚持绿色发展和传承农耕文明等乡村振兴关涉的重点问题，让广大干部对乡村振兴和乡村发展相关问题有一个全面系统的认识。

第六讲推进乡村建设。主要介绍乡村建设行动目标、强化乡村建设规划引领、改善农村人居环境、完善乡村基础设施、提升乡村公共服务水平等内容，让广大干部对如何实施乡村建设，加强乡村物质文明水平和精神文明建设有明确的认识和思路。

第七讲改进乡村治理。主要介绍加强乡村治理的目标意义、完善现代乡村社会治理体制、健全"三治结合"的乡村治理体系、提升乡镇服务能力等内容,让广大干部深刻认识在乡村振兴的过程中如何推进乡村治理体系和治理能力现代化。

第八讲构建乡村振兴战略实施大格局。主要介绍构建乡村振兴战略大格局的历史经验、实践基础、顶层设计、政策要求以及地方实践等问题,让广大干部对如何汇聚推进乡村振兴的磅礴伟力有正确的认知,着力构建推进乡村振兴战略的大格局。

第九讲实施乡村振兴战略的要素保障。主要介绍资金投入、人才保障、技术保障等内容,让广大干部对于乡村振兴的要素投入和基本保障有更深刻的把握,明确推进乡村振兴战略的关键要素和着力点。

第十讲深化乡村振兴领域改革。主要介绍深化土地制度改革、巩固和完善农村基本经营制度、完善农业支持保护制度等内容,让广大干部对于如何促进乡村改革有基本的思路和方向。

第十一讲健全城乡融合发展的体制机制。主要介绍重塑城乡关系、促进城乡要素合理公平流动以及推动城乡基本公共服务均等化等问题,让广大干部明确为什么要推进城乡融合发展和如何构建城乡发展一体化体制机制。

第十二讲加强党对实施乡村振兴战略工作的领导。主要介绍用好中国共产党百年来"三农"工作宝贵经验、坚持五级书记抓乡村振兴、落实好《中国共产党农村工作条例》、谋划好《国家乡村振兴战略规划(2023—2027年)》和营造乡村振兴良好氛围等问题,让广大干部在推进乡村振兴的过程中坚决落实党对乡村振兴工作的全面领导毫不动摇。

目 录

第一讲 实施乡村振兴战略的根本遵循 ········· 1
  第一节 新发展阶段"三农"工作行动纲领的深刻内涵 ········· 2
  第二节 新发展阶段"三农"工作行动纲领的理论贡献 ········· 20
  第三节 新发展阶段"三农"工作行动纲领的时代价值 ········· 30

第二讲 实施乡村振兴战略的丰富内涵 ········· 37
  第一节 乡村振兴战略的重大意义 ········· 38
  第二节 乡村振兴战略的基本要求 ········· 55
  第三节 乡村振兴战略的基本原则 ········· 65

第三讲 实施乡村振兴战略的总目标 ········· 76
  第一节 以农业高质高效发展推进农业现代化 ········· 77
  第二节 以乡村宜居宜业建设为中心推进农村现代化 ········· 86
  第三节 以农民富裕富足为目标推进农民现代化 ········· 93

第四讲　坚决守住不发生规模性返贫底线 ········· 102
第一节　保持政策总体稳定 ········· 104
第二节　持续增加脱贫群众收入和壮大集体经济 ········· 113
第三节　完善动态监测帮扶机制 ········· 117

第五讲　促进乡村发展 ········· 122
第一节　推进乡村高质量发展 ········· 122
第二节　确保粮食安全 ········· 127
第三节　推进三产融合 ········· 131
第四节　坚持绿色发展 ········· 136
第五节　传承农耕文明 ········· 144

第六讲　推进乡村建设 ········· 152
第一节　乡村建设行动内容和目标 ········· 153
第二节　强化乡村建设规划引领 ········· 159
第三节　改善农村人居环境 ········· 165
第四节　完善乡村基础设施 ········· 173
第五节　加强乡村文化建设 ········· 178

第七讲　改进乡村治理 ········· 184
第一节　加强和改进乡村治理的意义与目标 ········· 184
第二节　完善现代乡村社会治理体制 ········· 190
第三节　健全"三治结合"的乡村治理体系 ········· 198

第四节 提升乡镇和村为农服务能力 ………………… 206

第八讲 构建乡村振兴战略实施大格局 ……………………… 211
  第一节 构建大扶贫格局的历史实践和经验 ………… 212
  第二节 构建乡村振兴战略实施大格局的政策要求 …… 223
  第三节 构建乡村振兴战略实施大格局的地方实践 …… 233

第九讲 实施乡村振兴战略的要素保障 ……………………… 241
  第一节 乡村振兴资金要素投入的现状、问题及
        保障 ……………………………………………… 242
  第二节 乡村振兴人才要素的现状、问题及保障 …… 256
  第三节 乡村振兴技术要素的现状、问题及保障 …… 264

第十讲 深化乡村振兴领域改革 ……………………………… 273
  第一节 深化农村土地制度改革 ………………………… 274
  第二节 巩固和完善农村基本经营制度 ………………… 283
  第三节 完善农业支持保护制度 ………………………… 293

第十一讲 健全城乡融合发展的体制机制 ………………… 301
  第一节 重塑新型城乡关系 ……………………………… 302
  第二节 促进城乡间要素合理公平流动 ………………… 308
  第三节 推动城乡基本公共服务均等化 ………………… 314

第十二讲　加强党对实施乡村振兴战略工作的领导……… 322

第一节　运用好中国共产党百年"三农"工作

宝贵经验……………………………………… 323

第二节　坚持好五级书记抓乡村振兴…………………… 328

第三节　落实好《中国共产党农村工作条例》………… 333

第四节　实施好《中华人民共和国乡村振兴促进法》…… 337

第五节　坚持好规划引领的基本原则…………………… 341

第六节　营造好乡村振兴良好氛围……………………… 344

后　记………………………………………………………… 348

第一讲　实施乡村振兴战略的根本遵循

【导读】

　　实施乡村振兴战略，是以习近平总书记为核心的党中央从党和国家事业全局出发，着眼于实现"两个一百年"奋斗目标，顺应亿万农民对美好生活的向往作出的重大决策。党的十八大以来，习近平总书记把解决好"三农"问题作为全党工作的重中之重，不断推进"三农"工作理论创新、实践创新和制度创新，提出了一系列新理念、新思想和新方略，形成了思想深邃、内涵丰富的新发展阶段"三农"工作行动纲领。本讲主要介绍了习近平总书记关于"三农"工作重要论述的深刻内涵、理论贡献及其时代价值，旨在让广大基层干部明确习近平总书记关于"三农"工作重要论述的主要内容，深刻把握实施乡村振兴战略的指导思想。

　　"农，天下之大业也。"农业、农村、农民问题是关系国计民生的根本性问题。我国脱贫攻坚取得胜利后，全面推进乡村振兴，是"三农"工作重心的历史性转移。中国特色社会主义进入新时代，我国人民日益增长的美好生活需要和不平衡不充分的发展之间的矛盾突出表现在农村。我国全面建设社会主义现代化强国，最艰巨最繁重的任务在农村，最广泛最深厚的基础在农村，最大的潜力和后劲也在农村。乡村兴则国家兴，乡村衰则国家衰。实施乡村振兴战略，是解决新时代我国社会主要矛盾、实现"两个一百年"奋斗目标的必然要求。习近平总书记关于"三农"工作重要论述，立意高远，内涵丰富，思想深刻，对于举全党全社会之力推动乡村振兴，书写中华民族伟大复兴的"三农"新篇章，具有重要的指导意义。

第一节 新发展阶段"三农"工作行动纲领的深刻内涵

党的十八大以来，以习近平同志为核心的党中央坚持把解决好"三农"问题作为全党工作的重中之重，把脱贫攻坚作为全面建成小康社会的标志性工程，组织推进人类历史上规模空前、力度最大、惠及人口最多的脱贫攻坚战，启动实施乡村振兴战略，推动农业农村取得历史性成就、发生历史性变革。新时代深刻挖掘习近平总书记关于"三农"工作的重要论述形成依据、丰富内涵和理论品格，有利于为乡村振兴工作提供科学的理论指导。

一、新发展阶段"三农"工作行动纲领的形成依据

"务农重本，国之大纲。"中华民族历来重视农业、农村和农民问题，"历史和现实都告诉我们，农为邦本，本固邦宁。我们要坚持用大历史观来看待农业、农村、农民问题，只有深刻理解了'三

农'问题,才能更好理解我们这个党、这个国家、这个民族"①。新发展阶段"三农"工作行动纲领的形成有其深刻的历史和现实依据。

(一)重视"三农"问题是我们党执政兴国的重要经验

中国共产党在领导我国革命、建设和改革的过程中,历来重视"三农"问题。新民主主义革命时期,我们党通过组织动员农民群众,成功开辟了一条农村包围城市,武装夺取政权的正确革命道路,推翻"三座大山"的压迫,为农村发展和农民解放提供了根本前提。社会主义革命和建设时期,我们党提出,"就农业来说,社会主义道路是我国农业惟一的道路。发展互助合作运动,不断地提高农业生产力,这是党在农村工作中的中心"②。改革开放和社会主义现代化建设新时期,我们党领导农村进行经济体制改革,通过实行家庭联产承包责任制,发展多种经营和集体经济,以及推进社会主义新农村建设等举措,使得农村建设工作不断取得新进展。新时代以来,习近平总书记在深刻总结党领导农村工作经验的基础上指出,"把解决好'三农'问题作为全党工作重中之重,是我们党执政兴国的重要经验,必须长期坚持、毫不动摇"③。新时代乡村振兴坚持党管农村工作的优良传统,高度重视解决农村、农业、农民问题。

---

① 习近平:《坚持把解决好"三农"问题作为全党工作重中之重 举全党全社会之力推动乡村振兴》,《求是》2022年第7期。
② 《毛泽东著作专题摘编(上)》,中央文献出版社2003年版,第832页。
③ 中共中央党史和文献研究院编:《习近平关于"三农"工作论述摘编》,中央文献出版社2019年版,第3页。

（二）加快"三农"建设是由中国共产党伟大使命决定的

关于建设什么样的乡村，怎么建设乡村问题，是近代以来中华民族面临的一个历史性课题。鸦片战争后，我国陷入了内忧外患的悲惨境地，战乱频仍、山河破碎、民不聊生，农民的命运由此更加悲惨。由于缺乏科学理论的指引，无论是孙中山先生提出的"耕者有其田"，还是梁漱溟先生搞的山东邹平实验、晏阳初搞的河北定县实验，他们的探索最终都以失败而告终。中国共产党一经成立，坚持在马克思主义这一科学理论的指引下，把为亿万农民谋幸福、为中华民族谋复兴作为重要使命。从新民主主义革命时期领导农民"打土豪、分田地"，到社会主义革命和建设时期开展互助合作、发展集体经济，再到改革开放和社会主义现代化建设新时期，实施家庭联产承包责任制、推进农村经济体制改革，我们党始终重视农村和农民问题，为广大农民谋取实实在在的实惠。党的十八大以来，我们党牢记亿万农民对革命、建设和改革事业做出的巨大贡献，通过实施乡村振兴战略，全面深化农村改革，加快推进农业现代化，充分调动人民群众的积极性、主动性和创造性，让亿万农民有更多的获得感，让改革发展成果更多更公平惠及全体人民。

（三）解决"三农"问题由我国新的社会主要矛盾所决定

在新时代的历史条件下，我国社会主要矛盾已经发生了重大变化，从新的社会主要矛盾来看，我国发展最大的不平衡是城市与乡村发展的不平衡，最大的不充分是农村发展的不充分。在新中国成立之初，我们依靠农业农村支持，在一穷二白的基础上推进工业化，建立起了比较完整的工业体系和国民经济体系。改革开放以来，我们依靠农村劳动力、土地、资金等要素，加快推进工业化和城镇化，城镇面貌发生了翻天覆地的变化。但是，同快速推进的工业化和城镇化相比，农业农村发展的步伐却没有跟上，"一条腿长、一条腿短"问题比较突出，城乡二元结构没有根本改变，城乡发展差距不断拉大趋势没有根本扭转。当前，我国经济实力和综合国力显著增强，具备了支撑城乡发展一体化的物质技术条件，到了工业反哺农业、城市支持农村的发展阶段。新发展阶段"三农"工作的行动纲领，旨在促进以工补农、以城带乡，解决城乡发展不平衡不充分的矛盾，加快建立工农互促、城乡互补、全面融合、共同繁荣的新型工农城乡关系。

（四）推进"三农"理论创新植根于习近平不同地区的"三农"工作实践

新发展阶段"三农"工作行动纲领的形成，植根于习近平总书记二十多年来在河北、福建以及浙江等不同地区的农村工作实践。1982—1985年，习近平同志在河北省正定县工作期间的乡村建设实践，是习近平乡村振兴重要论述的实践源头。1985—2002年，习近平同志在福建工作期间的乡村建设实践，深入回答了乡村发展的许多重大理论和现实问题。2002—2007年，习近平同志在浙江工作期间的乡村建设实践，对从根本上解决城乡二元体制进行了深入思考和实践探索。

这些乡村建设实践与新发展阶段"三农"工作的行动纲领是内在统一和紧密相连的，前者为后者奠定了实践基础，后者是对前者的延续和升华。新时代以来，习近平总书记进一步提出推进城乡融合发展、推进乡村"五个振兴"、发展多种形式适度规模经营、推进农村农业现代化发展等内容，是对他在不同地区"三农"工作实践的深化和发展，为新时代乡村振兴提供了科学理论指导。

二、新发展阶段"三农"工作行动纲领的主要内容

习近平总书记围绕"三农"工作发表了一系列重要讲话，提出了一系列新理念、新思想和新战略，形成了思想深邃、内涵丰富的"三农"工作重要论述。该论述是我们党关于"三农"工作的重要理论成果，是习近平新时代中国特色社会主义思想的重要组成部分，为走中国特色社会主义乡村振兴道路提供了科学指南和基本遵循。

（一）坚持农业农村优先发展，实施乡村振兴战略

"务农重本，国之大纲。"习近平总书记提出坚持农业农村优先发展，历史性地把农业农村工作摆在了党和国家事业发展全局的优先位置。他强调，"全党同志务必深刻认识实施乡村振兴战略的重大意义，把农业农村优先发展作为现代化建设的一项重大原则，把乡村振兴作为实现中华民族伟大复兴的一个重大任务，以更大的决心、更明确的目标、更有力的举措，书写好中华民族伟大复兴的

'三农'新篇章"①。坚持农业农村优先发展,必须把解决好"三农"问题作为全党工作的重中之重,坚持工业反哺农业、城市支持农村和"多予少取放活"方针,不断加大强农惠农富农政策力度,把"三农"问题牢牢抓住、紧紧抓好。要在资金投入、要素配置、公共服务、干部配备等方面采取有力措施,加快补齐农业农村发展短板,不断缩小城乡差距,让农业成为有奔头的产业,让农民成为有吸引力的职业,让农村成为安居乐业的家园。

(二)建立健全城乡融合发展体制机制和政策体系,加快推进农业农村现代化

在现代化进程中,城的比重上升,乡的比重下降,是客观规律,但在我国拥有14亿人口的国情下,不管工业化、城镇化进展到哪一步,农业都要发展,乡村都不会消亡,城乡将长期共存,这也是客观规律。我国在快速推进的工业化和城镇化的过程中,农业农村发展的步伐没有跟上,城乡二元结构没有根本改变,城乡发展差距不断拉大趋势没有根本扭转。当前,我国正处于正确处理城乡关系的历史关口。我国经济实力和综合国力显著增强,具备了支撑城乡发展一体化物质技术条件,到了工业反哺农业、城市支持农村发展的新阶段。一方面,习近平总书记指出,"加快建立健全城乡

---

① 中共中央党史和文献研究院编:《习近平关于"三农"工作论述摘编》,中央文献出版社2019年版,第14—15页。

融合发展体制机制和政策体系"①,"推动形成工农互促、城乡互补、全面融合、共同繁荣的新型工农城乡关系"②。另一方面,习近平总书记也强调,"没有农业农村现代化,就没有整个国家现代化。在现代化进程中,如何处理好工农关系、城乡关系,在一定程度上决定着现代化的成败"③。要把乡村振兴这篇大文章做好,必须走城乡融合发展之路,促进工业化、信息化、城镇化与农业现代化同步发展。

(三)巩固和完善农村基本经营制度,深化农村土地制度改革

农村基本经营制度是党农村政策的基石。四十多年前开启的改革开放,是从建立农村基本经营制度开始的。新时代坚持农村基本经营制度,首先,要坚持农村土地农民集体所有,这是坚持农村基本经营制度的"魂"。其次,要坚持家庭经营基础性地位,发展多种形式适度规模经营。最后,要坚持稳定土地承包关系,保持现有农村土地承包关系稳定并且长久不变,这是维护农民土地承包经营权的关键。我国农村改革是从调整农民和土地的关系开启的,新形势下深化农村改革,主线依然是处理好农民与土地的关系。习近平总

---

① 中共中央党史和文献研究院编:《习近平关于"三农"工作论述摘编》,中央文献出版社2019年版,第45页。

② 中共中央党史和文献研究院编:《习近平关于"三农"工作论述摘编》,中央文献出版社2019年版,第39页。

③ 中共中央党史和文献研究院编:《习近平关于"三农"工作论述摘编》,中央文献出版社2019年版,第42页。

书记指出,"农村改革不论怎么改,不能把农村土地集体所有制改垮了,不能把耕地改少了,不能把粮食生产能力改弱了,不能把农民利益损害了,这些底线必须坚守,决不能犯颠覆性错误"[①]。要在保持土地承包关系长久不变的基础上,进一步完善土地所有权、承包权、经营权"三权分置"制度,理顺"三权"关系,维护农民根本利益。

(四)确保国家粮食安全,把中国人的饭碗牢牢端在自己手中

"民为国基,谷为民命。"一个国家只有立足粮食基本自给,才能掌握粮食安全主动权,进而才能掌控经济社会发展大局。我国有14亿人口,如果粮食出了问题谁也救不了我们,只有把饭碗牢牢端在自己手中才能保持社会大局稳定。从历史视角看,我国历史上曾发生过因粮食不足而造成的大饥荒现象,引起了社会动荡和不安,这样的历史悲剧绝不能重演,保障国家粮食安全是一个永恒的课题。从国际视角看,"世界上真正强大的国家、没有软肋的国家,都有能力解决自己的吃饭问题。美国是世界第一粮食出口国、农业最强国,俄罗斯、加拿大和欧盟的大国也是粮食强国。……所以,粮食问题不能只从经济上看,必须从政治上看,保障国家粮食安全

[①] 中共中央党史和文献研究院编:《习近平关于"三农"工作论述摘编》,中央文献出版社2019年版,第63页。

是实现经济发展、社会稳定、国家安全的重要基础"[1]。习近平总书记明确指出："实施乡村振兴战略，加快推进农业农村现代化，坚持藏粮于地、藏粮于技，实行最严格的耕地保护制度，推动种业科技自立自强、种源自主可控，确保把中国人的饭碗牢牢端在自己手中。"[2]我们要综合考虑国内资源环境、粮食供给格局、国际市场贸易条件，实施以我为主、立足国内、确保产能、适度进口、科技支撑的国家粮食安全战略，不断夯实农业基础。

（五）深化农业供给侧结构性改革

新形势下，农业主要矛盾已经从总量不足转变为结构性矛盾，主要表现为阶段性的供过于求和供给不足并存。习近平总书记明确指出："要坚持新发展理念，把推进农业供给侧结构性改革作为农业农村工作的主线，培育农业农村发展新动能，提高农业综合效益和竞争力。"[3]深化农业供给侧结构性改革，开创农业农村现代化建设新局面，要抓好以下几个方面：首先，要坚持走质量兴农之路。对农业生产结构和生产力布局进行大的调整，尽快实现农业由总量扩张到质量提升的转变，突出农业绿色化、优质化、特色化、品牌化。其次，要加快转变农业发展方式。要以市场为需求导向调整完

---

[1] 中共中央党史和文献研究院编：《习近平关于"三农"工作论述摘编》，中央文献出版社2019年版，第72—73页。

[2] 《中共中央关于党的百年奋斗重大成就和历史经验的决议》，《人民日报》2021年11月17日。

[3] 中共中央党史和文献研究院编：《习近平关于"三农"工作论述摘编》，中央文献出版社2019年版，第95页。

善农业生产结构和产品结构，以科技为支撑走内涵式现代农业发展道路，以健全市场机制为目标改革完善农业支持保护政策，以家庭农场和农民合作社为抓手发展农业适度规模经营，推进一二三产业融合，注重农业可持续发展。最后，要坚持走现代农业发展道路。加快构建现代农业产业体系、生产体系、经营体系，不断提高我国农业综合效益和竞争力，努力走出一条集约、高效、安全、持续的现代农业发展道路，实现由农业大国向农业强国转变。

（六）以绿色发展引领乡村振兴

以绿色发展引领乡村振兴是一场深刻的革命。过去由于生产能力水平低，为了多产粮食不得不毁林开荒、毁草开荒、填湖造地，由此积累的生态环境问题十分突出，生态环境破坏和污染不仅影响经济社会可持续发展，而且危害人民群众的生命健康。新时代推进"三农"工作，不仅要杜绝生态环境欠新账，而且要逐步还旧账。我们已经到了必须加大生态环境保护建设力度的时候了，也到了有能力做好这件事情的时候了。习近平总书记明确提出，"坚持人与自然和谐共生，走乡村绿色发展之路"[1]。实施乡村振兴战略，必须尊重自然、顺应自然、保护自然，牢固树立和践行"绿水青山就是金山银山"的理念，推行绿色发展方式和生活方式，让良好的生态成为乡村振兴的支撑点。把乡情美景与现代生活有机融为一体，让生态美起来、环境靓起来，再现山清水秀、天蓝地绿、村美人和的美丽画卷。

---

[1] 中共中央党史和文献研究院编：《习近平关于"三农"工作论述摘编》，中央文献出版社2019年版，第111页。

(七)传承发展提升农耕文明

我国农耕文明源远流长、博大精深,是中华优秀传统文化的根。农村是我国农耕文明的发源地,从中国特色的农事节气,到大道自然、天人合一的生态伦理;从各具特色的节庆活动,到丰富多彩的民间艺术;从耕读传家、父慈子孝的祖传家训,到邻里守望、诚信重礼的乡风民俗;等等,都承载着华夏文明生生不息的基因密码,彰显着中华民族的思想智慧和精神追求。同时,农耕文明中蕴含的乡村道德情感、人文精神、乡风礼俗以及乡治理念等优秀乡土文化,是新时代振兴乡村的精气神和加强乡村治理的文化根基。习近平总书记指出,"乡土文化的根不能断,农村不能成为荒芜的农村、留守的农村、记忆中的故园"[1]。我们要坚持走乡村文化兴盛之路,通过深入挖掘、继承、创新优秀乡土文化,培育文明乡风、良好家风、淳朴民风,改善农民精神风貌,提高乡村社会文明程度。

(八)加强和创新乡村治理

乡村治、百姓安、国家稳。治理有效是乡村振兴的根基和基础。当前,随着我国城乡利益格局深刻调整,农村社会结构深刻变动,农民思想观念的深刻变化,农村社会管理逐渐面临一些突出矛盾和问题。这主要表现在:许多农村出现村庄空心化、农民老龄化现象;农民利益主体和社会阶层日益多元化;农村教育、文化、医

---

[1] 中共中央党史和文献研究院编:《习近平关于"三农"工作论述摘编》,中央文献出版社2019年版,第121—122页。

疗卫生和社会保障等事业发展滞后；农村治安状况不容乐观；农村基层公共管理和社会服务能力不强等。同时，农村一些地方不良风气盛行，天价彩礼、封建迷信等问题，都对农村社会治理提出了新的要求。习近平总书记指出，"创新乡村治理体系，走乡村善治之路"[1]。我们要通过加强和创新社会治理，建立健全党委领导、政府负责、社会协同、公众参与、法治保障的现代乡村社会治理体制，健全自治、法治、德治相结合的乡村治理体系，让农村社会既充满活力又和谐有序。

（九）大力实施乡村建设行动

美丽乡村离不开乡村建设行动的实施，乡村建设是"十四五"时期全面推进乡村振兴的重点任务。习近平总书记明确提出，"实施乡村建设行动，今后一个时期，是我国乡村形态快速演变的阶段。建设什么样的乡村、怎样建设乡村，是摆在我们面前的一个重要课题"[2]。新时代乡村振兴，要坚持把乡村建设摆在社会主义现代化建设的重要位置，通过优化生产生活生态空间，提升乡村基础设施和公共服务水平，持续改善村容村貌和人居环境，建设美丽宜居乡村。同时，在乡村建设过程中要遵循城乡发展建设规律，注重保护传统村落和乡村特色风貌。坚持乡村建设为农民而建，尊重农民

---

[1] 中共中央党史和文献研究院编：《习近平关于"三农"工作论述摘编》，中央文献出版社2019年版，第135页。

[2] 习近平：《坚持把解决好"三农"问题作为全党工作重中之重 举全党全社会之力推动乡村振兴》，《求是》2022年第7期。

的意愿、尊重乡村现状，不搞千村一面，注重保留乡土味道，让乡村"望得见山、看得见水、留得住乡愁"，全方位打造美丽宜居的新乡村。

（十）巩固拓展脱贫攻坚成果

脱贫攻坚战的全面胜利，标志着我们党在团结带领人民创造美好生活、实现共同富裕的道路上迈出了坚实的一大步。但是脱贫摘帽不是终点，而是新生活、新奋斗的起点。脱贫攻坚取得胜利后，全面推进乡村振兴，是"三农"工作重心的历史性转移。但是目前还有相当一部分脱贫户收入水平仍然不高，脱贫基础还比较脆弱，脱贫地区产业发展的技术、资金、人才、市场等支撑还不强，脱贫地区防止返贫的任务还很重。习近平总书记指出，"要切实做好巩固拓展脱贫攻坚成果同乡村振兴有效衔接各项工作，让脱贫基础更加稳固、成效更可持续"[1]。新时代乡村振兴，要严格落实"摘帽不摘责任、摘帽不摘政策、摘帽不摘帮扶、摘帽不摘监管"要求，建立健全防止返贫动态监测和帮扶机制，对易返贫致贫人口实施常态化监测，做到早发现、早干预、早帮扶，继续精准施策。要坚持和完善东西部协作和对口支援、中央单位定点帮扶、社会力量参与帮扶等机制，通过巩固拓展脱贫攻坚成果同乡村振兴有机衔接，坚决守住不发生规模性返贫的底线，持续提升脱贫地区整体发展水平。

---

[1] 习近平：《在全国脱贫攻坚总结表彰大会上的讲话》，《人民日报》2021年2月26日。

（十一）加强和改善党对"三农"工作的领导

办好农村的事情，实现乡村振兴，关键在党。习近平总书记指出，"党管农村工作是我们的传统。这个传统不能丢。各级党委要加强对'三农'工作的领导"[①]。新时代乡村振兴要健全党委全面统一领导、政府负责、党委农村工作部门统筹协调的农村工作领导体制，实行中央统筹、省负总责、市县抓落实的工作机制，汇聚起全党上下、社会各方的强大力量。党委和政府一把手是第一责任人，五级书记共抓乡村振兴。各级党委要把握好乡村振兴战略的政治方向，充分发挥好各级党组织的作用，把各级党组织建设好，把领导班子建设强，不断提高新时代党全面领导农村工作能力和水平。农村工作千头万绪，抓好农村基层组织建设是关键。农村党支部在农村各项工作中居于领导核心地位，要充分发挥基层党组织在"三农"工作中的作用，把基层党组织建设成为推动科学发展、带领农民致富、密切联系群众、维护农村稳定的坚强战斗堡垒，夯实党在农村的执政基础。

三、新发展阶段"三农"工作行动纲领的理论品格

在推进农业农村现代化的过程中，习近平关于"三农"工作的重要论述始终是指导思想，是我们深刻认识"三农"问题、把握"三农"规律、推进"三农"发展的强大思想武器。该论述作为

[①] 中共中央党史和文献研究院编：《习近平关于"三农"工作论述摘编》，中央文献出版社2019年版，第187页。

马克思主义城乡发展理论中国化的重要成果,作为习近平新时代中国特色社会主义思想的重要组成部分,闪耀着马克思主义的真理光芒,具有时代性、人民性、系统性、科学性和创新性等鲜明的理论品格。

(一) 时代性理论品格

习近平关于"三农"工作的重要论述,创新性地回答了新发展阶段全面推进乡村振兴的重大理论和现实问题,形成了一个思想深邃、内涵丰富、逻辑严密的理论体系。该论述具有鲜明的时代性特征和品格,为推动农业农村现代化发展提供了重要指南。具体而言,一是基于对乡村振兴在国家富强和民族振兴过程中重要地位的认识,习近平总书记深刻回答了乡村振兴未来发展的目标和方向问题,即促进农业农村现代化是实施乡村振兴战略的总目标。二是基于对新时代城乡关系的认识,习近平总书记提出要推进城乡融合发展,推进构建城乡互补、全面融合、共同繁荣的新型城乡关系。三是基于对新时代乡村振兴的总体要求的把握,习近平总书记强调要推进乡村"五个振兴",达到"产业兴旺、生态宜居、乡风文明、治理有效、生活富裕"的总要求。总之,该论述立足时代之基,深刻回答了"三农"问题的时代之问,为新时代乡村振兴指明了方向。

(二) 人民性理论品格

习近平关于"三农"工作的重要论述,坚持维护最广大人民群众的根本利益，充分尊重广大农民的意愿，从根本上回答了乡村振兴"为谁振兴""靠谁振兴""成果由谁共享"等价值指向问题。具体而言，一是以农民为目标导向，回答了乡村"为谁振兴"的问题。习近平总书记指出，"如果在现代化进程中把农村四亿多人落下，到头来'一边是繁荣的城市、一边是凋敝的农村'，这不符合我们党的执政宗旨"①。乡村振兴始终以最广大人民群众的获得感、幸福感和安全感为出发点，旨在促进广大农民富裕富足。二是以农民为实践主体，回答了乡村"靠谁振兴"的问题。人民群众是历史的创造者，新时代乡村振兴始终坚持农民的主体地位，把政府主导性和农民主体性有机统一起来，充分激发农民参与乡村振兴的积极主动性，教育引导广大农民用自己的辛勤劳动推进乡村繁荣发展。三是坚持让农民参与和共享成果，回答了"发展成果由谁共享"的问题。推进乡村振兴最终目的是要促进全体人民共同富裕，让广大农民平等参与现代化进程、共同分享现代化成果。该论述体现了鲜明的人民性理论特质和品格，为新时代乡村振兴提供了价值方向指引。

（三）系统性理论品格

习近平关于"三农"工作的重要论述坚持系统谋划、统筹推进，形成了一个系统严密而又不断丰富发展的科学思想理论体系，具有鲜明的系统性特征和品格。这种系统性一方面体现在乡村振兴

---

① 中共中央党史和文献研究院编：《习近平关于"三农"工作论述摘编》，中央文献出版社2019年版，第44页。

过程中贯彻"五位一体"发展思路。乡村振兴战略的实施涉及农村经济、政治、文化、社会、生态文明和党的建设等多个方面，彼此之间相互联系、相互协调、相互促进、相辅相成。习近平关于"三农"工作的重要论述，坚持产业兴旺是解决农村一切问题的前提，生态宜居是乡村振兴的内在要求，乡风文明是乡村振兴的紧迫任务，治理有效是乡村振兴的重要保障，生活富裕是乡村振兴的主要目的，统筹推进乡村全面发展。另一方面体现在乡村振兴过程中落实"四化同步"发展要求。乡村振兴不仅要推进农业现代化，还要促进整个农村全面发展，坚持走中国特色新型工业化、信息化、城镇化、农业现代化道路，推动信息化和工业化深度融合、工业化和城镇化良性互动，城镇化和农业现代化相互协调发展，促进新型工业化、信息化、城镇化、农业现代化同步发展。可见，该论述注重乡村发展的系统性、整体性和全面性，蕴含着系统论的思维方式和实践思路。

（四）科学性理论品格

习近平关于"三农"工作的重要论述坚持实事求是、因地制宜，在深刻把握乡村发展和城乡关系变化规律的基础上，为新时代乡村振兴战略提供了科学的理论指导。具体而言，一是坚持遵循乡村发展的基本规律。习近平总书记强调，实施乡村振兴战略，首先要按规律办事，"要遵循乡村建设规律，着眼长远谋定而后动，坚持科学规划、注重质量、从容建设……一件事情接着一件事情办，一年接着一年干……切忌贪大求快、刮风搞运动，防止走弯路、翻烧饼"①。二是坚持乡村建设因地制宜、精准施策。在科学把握乡村差异性的基础上,打造各具地方特色的现代版"富春山居图",避免出现"千村一面"的现象。三是坚持乡村振兴的辩证思维。习近平总书记要求正确处理乡村振兴长期目标与短期目标的关系、顶层设计与基层探索的关系,以及充分发挥市场决定性作用和更好发挥政府作用的关系、增强群众获得感和适应发展阶段的关系,充分体现了辩证的思维方式。四是坚持乡村振兴的底线思维。通过巩固拓展脱贫攻坚成果与乡村振兴有机衔接,坚决守住不发生规模性返贫的底线;通过创新粮食生产经营模式,提高粮食生产效益,牢牢守住粮食安全的底线;通过推进乡村绿色发展和生态振兴,严守生态保护红线,充分体现了坚守底线的思维方式。该论述蕴含着丰富的方法论真谛,具有鲜明的科学性特征和品格,为全面推进乡村振兴提供了科学的方法指导。

(五)创新性理论品格

新发展阶段"三农"工作的行动纲领是随着时代变化而不断发展的开放性理论,旨在书写好中华民族伟大复兴的"三农"新篇章,其中蕴含着创新性的理论品格。具体而言,一是对新时代"三农"工作的理论创新。该论述创新性地把实施乡村振兴战略作为新时代"三农"工作的总抓手,并进一步深刻回答了实施乡村振兴战略的总目标、总要求、总方针等重大理论问题,是我们党"三农"

---

① 习近平:《把乡村振兴战略作为新时代"三农"工作总抓手》,《求是》2019年第11期。

工作理论创新的最新成果。二是对新时代"三农"工作的实践创新。该论述围绕立足新发展阶段、贯彻新发展理念、构建新发展格局带来的新形势、提出的新要求，坚持巩固拓展脱贫攻坚成果、推进乡村"五个振兴"、深化农业供给侧结构性改革、实施乡村建设行动等举措，是我们党"三农"工作实践创新的最新成果，为新时代做好"三农"工作提供了行动指南和根本遵循。三是对新时代"三农"工作的制度创新。该论述提出建立健全城乡融合发展体制机制和政策体系，加强和创新乡村治理，建立健全党委领导、政府负责、社会协同、公众参与、法治保障的现代乡村社会治理体制，健全自治、法治、德治相结合的乡村治理体系，坚持走乡村善治之路等内容，是我们党推进"三农"工作制度创新的最新成果，有利于为新时代"三农"工作提供制度保障。

第二节　新发展阶段"三农"工作行动纲领的理论贡献

党的十八大以来，习近平总书记站在统筹中华民族伟大复兴战略全局和世界百年未有之大变局的高度，就做好"三农"工作发表一系列重要讲话、提出一系列重要论述、作出一系列重大部署。习近平总书记关于"三农"工作重要论述，从历史和现实、理论和实践的结合上深刻揭示了"三农"问题和我们党、国家、民族内在的本质联系，发展了马克思主义经典作家的乡村发展理论，深化了中国共产党对于"三农"问题的认识，推动了中华优秀传统农耕文明的新时代发展,同时也丰富发展了全球乡村发展理论与实践。

一、发展了马克思主义经典作家的乡村发展理论

马克思和恩格斯从辩证唯物主义和历史唯物主义的视角出发,深刻揭示了城乡发展及其关系变化过程。习近平乡村振兴重要论述结合我国乡村发展的实际,深化并继承发展了其理论精髓。

(一)深化了马克思恩格斯对农村基础地位的认识

马克思恩格斯认为,农业是人类社会赖以生存和发展的基础。"人们首先必须吃、喝、住、穿,然后才能从事政治、科学、艺术、宗教等等。"[①]这就表明"农业劳动是其他一切劳动得以独立存在的自然基础和前提"[②],也是人类从事物质生产和精神生产的基础。习近平总书记强调,"农业基础地位任何时候都不能忽视和削弱"[③]。新时代乡村振兴高度重视"三农"问题,通过加大强农惠农富农政策的支持力度,不断补齐"三农"短板,夯实"三农"基础,为党和国家事业的全面发展提供有力保障。

(二)深化了马克思恩格斯对城乡关系的认识

在马克思恩格斯看来,人类社会的初期阶段,并不存在农业

---

① 《马克思恩格斯全集》第 26 卷,人民出版社 1972 年版,第 28—29 页。
② 《马克思恩格斯全集》第 26 卷,人民出版社 1972 年版,第 28—29 页。
③ 《习近平在看望参加政协会议的经济界委员时强调 坚持用全面辩证长远眼光分析经济形势 努力在危机中育新机于变局中开新局》,《人民日报》2020 年 5 月 24 日。

劳动和其他劳动之分。随着农业生产率的提高，逐步形成了社会分工，"一个民族内部的分工，首先引起工商业劳动同农业劳动的分离，从而也引起城乡的分离和城乡利益的对立"①。随着资本主义私有制的发展，"城市已经表明了人口、生产工具、资本、享受和需求的集中这个事实；而在乡村则是完全相反的情况：隔绝和分散"②。在生产力高度发展的基础上，城乡关系将会由"分离、对立"走向"城乡融合"。习近平总书记深刻把握马克思主义城乡关系发展理论指出，要"重塑城乡关系，走城乡融合发展之路"③，推动形成工农互促、城乡互补、全面融合、共同繁荣的新型城乡关系。

（三）深化了马克思恩格斯对城乡发展指向的认识

在马克思恩格斯看来，"人们只有在消除城乡对立后才能从他们以往历史所铸造的枷锁中完全解放出来"④。未来新社会将"通过城乡的融合，使社会全体成员的才能得到全面发展"⑤。习近平总书记深刻认识到城乡发展的目标和指向，他强调，乡村振兴既要促进"物"的现代化，也要促进"人"的现代化。要通过构建城乡融合发展一体化体制机制，让亿万农民有更多的获得感，为促进全体人民共同富裕和人的全面发展创造条件。

---

① 《马克思恩格斯选集》第1卷，人民出版社2012年版，第147—148页。
② 《马克思恩格斯文集》第1卷，人民出版社2009年版，第556页。
③ 习近平：《论坚持全面深化改革》，中央文献出版社2018年版，第395页。
④ 《马克思恩格斯选集》第1卷，人民出版社2012年版，第265页。
⑤ 《马克思恩格斯选集》第1卷，人民出版社2012年版，第308—309页。

二、发展了中国共产党关于乡村建设的思想

任何新的思想的形成都离不开过去的理论和实践。习近平指出,"要根据时代变化和实践发展,不断深化认识,不断总结经验,不断……实现理论创新和实践创新良性互动"[1]。新发展阶段"三农"工作的行动纲领,植根于中国共产党近百年乡村建设的理论和实践经验,是我们党关于"三农"工作的最新理论成果。

(一)更加强调党对"三农"工作的全面领导

"火车跑得快,全靠车头带。"从新民主主义革命时期组织动员农民群众,开辟了农村包围城市,武装夺取政权的正确革命道路。到社会主义革命和建设时期,提出"社会主义道路是我国农业惟一的道路"[2]。再到改革开放和社会主义现代化建设新时期,领导农村进行经济体制改革,推进社会主义新农村建设。中国共产党始终把握乡村发展的社会主义方向,为乡村发展提供顶层设计和制度保障。新时代,习近平总书记深刻总结党领导农村工作经验提出,必须加强各级党委和党组织对乡村振兴的领导,通过发展壮大农村集体经济,引领农村走上共同富裕道路。新时代乡村振兴立足党领导乡村建设工作的百年经验,继承了党管农村工作的优良传统,坚持发展社会主义集体经济,带领农民走上共同富裕之路。

---

[1] 中共中央宣传部:《习近平总书记系列重要讲话读本(2016年版)》,学习出版社、人民出版社2016年版,第33—34页。

[2] 《毛泽东著作专题摘编(上)》,中央文献出版社2003年版,第832页。

（二）更加突出农民在乡村振兴中的主体地位

民为邦本，本固邦宁。从新民主主义革命时期，把土地问题作为中国革命的根本问题，把中国农民当作中国革命的主力军。到社会主义革命和建设时期，对农业进行社会主义改造，改善农民的生存生活状况。再到改革开放和社会主义现代化建设新时期，发挥农民积极性，推进家庭联产承包责任制和乡镇企业的异军突起。中国共产党始终坚持以农民为中心的乡村建设思想。新时代以来，习近平总书记高度重视维护农民群众的根本利益，加大对强农惠农富农政策的支持，满足农民群众对美好生活的向往。新时代乡村振兴正是从党的近百年乡村建设中汲取经验，充分尊重农民意愿，激发农民内生动力，发挥人民群众参与乡村振兴的积极主动性，推动农业农村现代化发展。

（三）更加注重把握"三农"工作的基本规律

尊重客观规律，才能少走弯路。从新民主主义革命时期，建立农村革命根据地，开展土地革命运动。到社会主义革命和建设时期，在农村建立社会主义基本经济制度。再到改革开放和社会主义现代化建设新时期，根据农村客观实际，制定农业经济政策，指导农村改革和发展方向。中国共产党的百年乡村建设，始终坚持以马克思主义方法论为指导，做到尊重乡村建设规律与发挥主观能动性的有机统一。新时代以来，习近平总书记依然强调，"新农村建设一定要走符合农村实际的路子,遵循乡村自身发展规律"①。新时代乡村振兴坚持实事求是,把握不同地区乡村资源禀赋、文化传统、乡风民俗、发展阶段和经济实力的差异,因地制宜推进乡村振兴战略。

三、推动了中华优秀传统农耕文明的新时代发展

中国农耕文明历史悠久、源远流长,是中华优秀传统文化的根。农耕文明中蕴含的乡村道德情感、人文精神、乡风礼俗以及乡治理念等优秀乡土文化,为新时代乡村振兴提供了精神滋养,也为加强乡村治理提供了文化根基。新发展阶段"三农"工作的行动纲领,是对中国传统农耕文化的创造性继承和发展。

(一)对传统社会优秀乡土文化的创新性发展

中国几千年乡土社会的生产生活方式以聚族而居和精耕细作为典型特征,乡民大多是"生于斯,长于斯,死于斯"的熟人社会,由此孕育产生了耕读传家、父慈子孝的传统家训和邻里守望、诚信重礼等农耕特质和文化传统,对于维系乡村社会和谐稳定、淳化民风、塑造乡民的精神面貌具有重要作用。习近平总书记指出,"我们要深入挖掘、继承、创新优秀传统乡土文化"②。新时代乡村振兴

---

① 中共中央党史和文献研究院编:《习近平关于"三农"工作论述摘编》,中央文献出版社2019年版,第122页。
② 中共中央党史和文献研究院编:《习近平关于"三农"工作论述摘编》,中央文献出版社2019年版,第124页。

通过传承发展和提升农耕文明，坚持走乡村文化兴盛之路，这正是对农耕文明的新时代转化和发展，有利于实现传统农耕文明与新时代乡村振兴的有机融合，赋予乡村振兴以深厚的文化底蕴。

（二）对传统社会优秀乡村治理文化创造性转化

中国传统社会历来有着"皇权不下县"的传统，由此形成了以宗法制度、文化伦理教化和儒家乡土精英为基础的乡村治理模式。这种治理模式以"乡约"为治理手段、以"礼治"为教化方式、以"乡贤"为治理主体，"三位一体"共同维系着传统社会的和谐稳定。其中的"乡约"作为一种显性规约为乡村自治奠定了基础，"礼治"作为一种隐性规约为乡村德治提供了指导，"乡约"和"礼治"同时作为一种规范为新时代乡村治理提供了思路。习近平总书记提出健全自治、法治、德治相结合的乡村治理体系、培育具有地方特色和时代精神的新乡贤文化等论述，是对传统乡村治理文化的创新性运用和发展。

（三）对传统社会优秀生态伦理文化的现代化发展

中国传统农耕文化中蕴含着农事节气、大道自然、天人合一等生态伦理。其中所强调的"与天地合其德，与日月合其明，与四时合其序"[①]；"四时行焉，百物生焉"[②]；"不违农时，谷不可胜食也；数罟不入洿池，鱼鳖不可胜食也；斧斤以时入山林，材木不可胜用

[①]《周易·乾·文言传》，载《周易》，中华书局2011年版。
[②]《论语·阳货》，载《四书章句集注》，中华书局2019年版。

也"①等，都把人与自然看作是和谐、互补、共生的统一整体，充分体现了遵循自然规律，促进人与自然和谐有序的传统农耕文化。新发展阶段"三农"工作的行动纲领，坚持人与自然和谐共生，走乡村绿色发展之路，这正是在新时代乡村振兴实践中，赋予传统社会生态伦理文化新的时代内涵。

四、丰富发展了全球乡村发展理论与实践

世界各个国家在发展过程中都不可避免的要处理好"三农"问题。在工业革命之前，城乡处于相互依存的状态，各自发挥着重要的功能和作用。随着工业革命的到来，人口和工业在城市集中，加快了城市化建设进程，以机器大生产为主的工业与以小农经济为主的农业逐渐产生了分离，由此产生的"三农"问题日益突出。但是，西方社会并未从根本上解决"三农"问题和城乡发展矛盾，新发展阶段"三农"工作的行动纲领，在一定程度上超越了西方社会的乡村发展理论和实践。

（一）超越了西方的城市偏向性理论

西方部分学者认为城镇现代化和城市化的生产性作用要大于乡村地区，强调城市在城乡关系中的主导地位，通过城市发展带动农村的发展。刘易斯提出的城乡"二元结构"理论，揭示了传统农业部门与现代工业部门的内在发展联系，主张"工业主导论"。②佩

---

① 《孟子·梁惠王上》，载《四书章句集注》，中华书局2019年版。
② ［英］阿瑟·刘易斯：《经济增长理论》，周师铭等译，商务印书馆1983年版。

鲁提出的"增长极理论"强调区域经济的不平衡性，主张把有限资源投入到发展潜力最大、规模经济高和投资效益明显的城市部门。①赫希曼的"极化涓滴效应"学说，认为城乡由于内部结构和外部发展条件的不同，导致经济发展的不平衡，而城市在区域经济发展的主导和支配地位，一定程度上能够带动乡村的发展，缩小城乡差距。②缪尔达尔的"循环累积因果理论"、弗里德曼的"中心—外围理论"也强调城市的中心地位，而忽视乡村的地位和作用。新发展阶段"三农"工作的行动纲领，强调高度重视农业农村基础性地位和作用，不能忽视农业、忘记农民、淡漠乡村，要注重发挥和彰显乡村的经济价值、文化价值、生态价值和社会价值，这在一定程度上超越了西方的城市中心论倾向。

（二）超越了西方的农村偏向性理论

随着社会的发展，西方传统的自上而下的城乡发展理论受到了严重挑战。舒尔茨的传统农业改造理论，强调农业和人力资源开发在工业中的地位，主张通过改变技术状况、加快人力资源开发、引进现代农业生产要素，推进农业现代化发展。③乔根森提出的"乔根森模型"，强调农业部门的发展是工业乃至整个国民经济的基础，

---

① ［法］弗郎索瓦·佩鲁：《新发展观》，张宁、丰子义译，华夏出版社1987年版。

② ［美］艾伯特·赫希曼：《经济发展战略》，曹征海等译，经济科学出版社1991年版。

③ ［美］西奥多·W.舒尔茨：《改造传统农业》，梁小民译，商务印书馆2006年版。

农业的剩余是工业部门产生、增长的前提条件和规模限度。施特尔和泰勒提出了"选择性空间封闭发展理论",强调以区域内部资源为基础、以基本需求和减贫为目标、以农业为中心的发展。这些理论虽然认识到了自上而下发展导致"城市掠夺农村,农村不断贫困",但忽略了城市对农村的辐射带动作用,走向了城乡发展的另一极端。新发展阶段"三农"工作的行动纲领,坚持把城镇和乡村贯通起来,推动城镇基础设施向农村延伸,城镇公共服务向农村覆盖,城镇现代文明向农村辐射。同时让农村的土地、劳动力、农产品等资源要素注入城市,建立城乡互动、良性循环的发展机制,通过城市与乡村的深度融合,开启现代化建设的新局面,这种认识走出了西方乡村中心论的倾向。

(三)超越了西方社会城乡均衡发展的理论

西方学者在深刻认识城市中心论和乡村中心论弊端的基础上,反对二者不均衡发展的观点,强调农村与城市、农业与工业的平衡发展。拉尼斯、费景汉的二元经济论,强调传统经济向现代经济转化中,农业剩余的增长和农业劳动生产率的提高是农业生产力向非农业生产力转化的先决条件,因此工农业的平衡发展是二元结构转化的关键。①霍华德的"田园城市理论",倡导用城乡一体的新社会形态取代城乡对立的旧社会形态,主张通过农业与工业联姻、农

---

① [美]费景汉、拉尼斯:《增长和发展:演进观点》,洪银兴等译,商务印书馆2004年版。

村与村城市联姻实现城乡一体化发展。[1]此外,芒福德的城乡发展观[2]、岸根卓郎的"城乡融合设计"理论[3],也都把城与乡放在同样重要的地位,主张城与乡、工业与农业的协调发展。这些乡村均衡发展理论虽然克服了城市偏向性和农村偏向性的弊端,提出了城乡共同发展的认识和主张,但是由于受资本主义市场经济的限制和对农民群众利益的忽视,导致其在实践过程中有一定的实现难度。新发展阶段"三农"工作的行动纲领,则坚持党对"三农"工作的领导,坚持五级书记共抓乡村振兴,从人民群众的根本利益出发,发挥社会主义集中力量办大事的优势,凝聚促进城乡一体化发展的最大合力,这在理念和实践层面超越了西方的城乡均衡发展理论。

第三节　新发展阶段"三农"工作行动纲领的时代价值

习近平总书记关于"三农"工作的重要论述,深刻阐明全面推进乡村振兴、加快农业农村现代化的重大意义、指导思想、总体要求,强调要真抓实干做好新发展阶段"三农"工作,巩固拓展脱贫攻坚成果,牢牢把住粮食安全主动权,全面推进乡村振兴落地见效,加强党对"三农"工作的全面领导等。该论述科学回答了新发

---

[1] [英]霍华德:《明日的田园城市》,金经元译,商务印书馆2010年版。
[2] [美]刘易斯·芒福德:《城市发展史:起源、演变与前景》,宋俊岭等译,上海三联书店2018年版。
[3] (日)岸根卓郎:《迈向21世纪的国土规划——城乡融合系统设计》,高文琛译,科学出版社1990年版。

展阶段做好"三农"工作的一系列重大理论和实践问题，具有很强的思想性、指导性和现实针对性。

一、指导在巩固拓展脱贫攻坚成果的基础上推进乡村振兴

脱贫摘帽不是终点，而是新生活、新奋斗的起点。新时代解决发展不平衡不充分问题、缩小城乡区域发展差距、实现人的全面发展和全体人民共同富裕的目标任重道远。打赢脱贫攻坚战、全面建成小康社会后，我们要在巩固拓展脱贫攻坚成果的基础上，做好乡村振兴这篇大文章，接续推进脱贫地区发展和群众生活改善。新发展阶段"三农"工作的行动纲领，有助于切实做好巩固拓展脱贫攻坚成果同乡村振兴有效衔接各项工作，让脱贫基础更加稳固、成效更可持续。

一是指导坚决守住不发生规模性返贫的底线。新发展阶段"三农"工作的行动纲领要求，在脱贫攻坚与乡村振兴之间设立五年过渡期，对易返贫致贫人口要加强监测，做到早发现、早干预、早帮扶，持续守稳脱贫攻坚的历史成果。通过"四个不摘"保持主要帮扶和政策总体稳定。通过建立健全防止返贫长效机制，为进一步推进乡村振兴夯实脱贫基础。

二是指导促进脱贫基础更加稳固和脱贫成效持续发展。习近平总书记强调，"乡村振兴的前提是巩固脱贫攻坚成果，要持续抓紧抓好，让脱贫群众生活更上一层楼"[1]。新时代"三农"工作把防止

---

[1] 《中央农村工作会议在京召开 习近平对做好"三农"工作作出重要指示》，《人民日报》2021年12月27日。

返贫和继续攻坚放在同等重要的位置上,对已经摘帽的贫困县、贫困村和贫困户要继续巩固,对脱贫地区的产业进行长期培育和支持,不断增强"造血"功能,保持农业稳定和农民收入持续增长。

三是指导巩固拓展脱贫攻坚成果同乡村振兴有机衔接。习近平总书记指出,"我们要切实做好巩固拓展脱贫攻坚成果同乡村振兴有效衔接各项工作"[①]。新时代"三农"工作,坚持农业农村优先发展,通过做好脱贫攻坚与乡村振兴的财政投入政策衔接、金融服务政策衔接、土地支持政策衔接、人才智力支持政策衔接,确保低收入人口和欠发达地区共享发展成果,在现代化进程中不掉队、赶上来,有助于在巩固拓展脱贫攻坚成果的基础上有序推进乡村振兴。

二、指导全面推动乡村振兴工作取得实效

习近平关于"三农"工作的重要论述,高瞻远瞩、内涵丰富、要求明确,是我们党"三农"理论与时俱进的重大创新,有利于加快推进农业农村现代化,推动我国农业农村发展取得历史性成就、发生根本性变革。

一是为乡村振兴提供了正确的理论指导。该论述创新性地回答了新发展阶段全面推进乡村振兴的目标定位、发展方向、理论内涵、价值指向、方法遵循以及治理导向等一系列重大理论和现实问题,形成了一个思想深邃、内涵丰富、逻辑严密的理论体系,为乡村振兴战略的实施提供了顶层设计和理论指导。

---

① 习近平:《在全国脱贫攻坚总结表彰大会上的讲话》(2021年2月25日),《人民日报》2021年2月26日。

二是为乡村振兴提供了科学的方法遵循。习近平总书记多次强调，实施乡村振兴战略，要按照规律办事，科学规划、注重质量、从容建设，不追求速度，更不能刮风搞运动。要处理好长期目标和短期目标的关系，顶层设计与基层探索的关系，充分发挥市场决定性作用和更好发挥政府作用的关系，增强群众获得感和适应发展阶段的关系，为乡村振兴提供了方法的指导。

三是指明了推进乡村全面振兴的要求和方向。新时代"三农"工作按照产业兴旺、生态宜居、乡风文明、治理有效、生活富裕的总要求，统筹推进农村经济建设、政治建设、文化建设、社会建设、生态文明建设和党的建设，加快推进乡村治理体系和治理能力现代化，为乡村全面振兴指明了路径和方向。

三、引领进一步扎实推进实现共同富裕

中国传统社会就有"民事农则田垦，田垦则粟多，粟多则国富"的说法，充分体现了农业农村的发展是国家富裕的前提和基础。在马克思主义看来，实现共同富裕需要满足三个条件：一是"共同"要以社会主义公有制为前提；二是"富裕"要以生产力的高度发展为基础；三是"共同富裕"要以消除城乡差别为条件。新发展阶段"三农"工作的行动纲领，是扎实推进共同富裕的必由之路。

一是新发展阶段"三农"工作的行动纲领为共同富裕奠定了思想基础。习近平总书记明确指出："巩固和完善农村基本经营制度，走共同富裕之路。"[①]"壮大农村集体经济，是引领农民实现共同富裕

[①] 习近平：《论坚持全面深化改革》，中央文献出版社2019年版，第397页。

的重要途径。"①新时代乡村振兴通过发展壮大社会主义公有制经济的重要形式——农村集体经济，引领农民走上共同富裕的道路，有助于为实现共同富裕提供思想和认识基础。

二是乡村振兴通过发展农村生产力为共同富裕奠定了物质基础。马克思主义认为，生产力的高度发展是实现共同富裕的前提和基础。如果生产力发展不起来，"那就只会有贫穷、极端贫困的普遍化"②。新时代乡村振兴的关键，就是要不断解放和发展农村社会生产力，激发农村内部的经济活力。通过发展壮大乡村产业，让农民更多分享产业增值收益，促进全体农民共同富裕。

三是乡村振兴通过缩小城乡差距为共同富裕提供了必要条件。"促进共同富裕，最艰巨最繁重的任务仍然在农村。"③新时代乡村振兴，坚持农业农村优先发展，不再将农村置于依附于城市发展的从属地位，而是加大对欠发达地区和农村地区的扶持力度。通过促进工业化、信息化、城镇化、农业现代化同步发展，推动城乡发展一体化，从根本上改变农业是"四化同步"的短腿现象，确保农业农村农民在共同富裕路上不掉队。

四、为世界乡村发展贡献中国智慧和中国方案

从世界各国现代化的历史来看，乡村的衰落是一个世界性的难

---

① 中共中央党史和文献研究院编：《习近平关于"三农"工作论述摘编》，中央文献出版社2019年版，第149页。
② 《马克思恩格斯选集》（第1卷），人民出版社2012年版，第166页。
③ 习近平：《扎实推动共同富裕》，《求是》2021第20期。

题。由于国家制度和具体国情的不同，我们如果照搬西方发达国家的乡村建设模式，不仅会进一步扩大工农差别、城乡差别，还会使现代化建设成为一个漫长的历史过程。新发展阶段"三农"工作的行动纲领，在遵循城乡发展规律的基础上，探索出适合中国国情的乡村振兴新模式，并进一步提出"实施乡村振兴战略也是为全球解决乡村问题贡献中国智慧和中国方案"[①]。

一是为世界正确处理城乡关系提供了思路。在现代化的过程中，有些国家忽视农村的发展和建设，通过城市"滴漏效应"带动农村发展，导致了农业农村发展的步伐跟不上城市，城市农产品供应不足。由于没有正确处理好工农关系和城乡关系，使得乡村和乡村经济走向衰落和凋敝，工业化和城镇化也陷入困境。习近平总书记坚持从国家发展全局和国家战略高度把握和处理城乡关系，着力构建城乡融合和城乡发展一体化体制机制，解决城乡"二元结构"矛盾。

二是为世界推进农业农村现代化提供了借鉴。世界发达国家在现代化过程中，大多数是通过加快工业化和城市化发展带动农村市场化发展，进而促进农业走上现代化道路，在这个过程中不可避免地出现了剥夺农民土地，忽视农村发展的问题。新时代乡村振兴坚持采取一系列措施推动"工业反哺农业、城市支持乡村"，通过加大统筹城乡发展、区域发展力度，促进农业农村现代化与工业化、城镇化、信息化同步发展，城乡区域共同繁荣，走出了一条有别于欧美发达国家的农业现代化道路。

---

① 中共中央党史和文献研究院编：《习近平关于"三农"工作论述摘编》，中央文献出版社2019年版，第13页。

三是为世界促进人的全面发展和全体人民共同富裕提供了方案。世界部分国家在快速推进工业化和城市化的过程中，往往忽视了农民的利益，不能够有效吸纳农村的劳动力，导致大量的失业农民涌向城市贫民窟，由于贫富差距扩大造成了各种社会不安和动荡，最终陷入了"中等收入陷阱"。乡村衰退导致的"乡村病"、城市贫民窟是全球共同面临的挑战。习近平总书记高度重视维护农民的利益，提高农民群众的幸福感、安全感和获得感，让农民作为主体参与现代化乡村建设过程，共享乡村现代化的发展成果，有利于为解决世界乡村发展难题提供思路和借鉴。

思考题

1. 为什么要把农业农村优先发展作为现代化建设的一项重大原则？

2. 习近平关于"三农"工作的重要论述的深刻内涵是什么？

3. 为什么要坚持走中国特色社会主义乡村振兴之路？

拓展阅读书目

1. 中共中央党史和文献研究院：《习近平关于"三农"工作论述摘编》，中央文献出版社2019年版。

2. 《中华人民共和国乡村振兴促进法》，中国法制出版社2021年版。

3. 《中共中央 国务院关于实施乡村振兴战略的意见》，人民出版社2018年版。

第二讲　实施乡村振兴战略的丰富内涵

【导读】

　　自2017年党的十九大提出乡村振兴战略以来，习近平总书记围绕乡村振兴的重要意义、乡村振兴目标与内容、乡村振兴的原则与理念等内容发表了系列新思想新观点、进行了新决策新部署，形成了习近平总书记关于"三农"工作重要论述，系统阐述了实施乡村振兴战略的总目标、总方针、总要求和制度保障。中共中央、国务院及相关部门颁布《中共中央　国务院关于实施乡村振兴战略的意见》等系列重要文件，对实施乡村振兴战略进行了全面部署，乡村振兴战略的内涵更加丰富，目标更加清晰，理念更加先进，任务更加明确，举措更加全面，体制机制更加健全。为什么要推进乡村振兴战略？乡村振兴战略有哪些内涵要求？推进实施乡村振兴战略需要坚持哪些基本原则？这些问题是各级干部需要认识和理解乡村振兴战略的核心议题。

　　民族要复兴，乡村必振兴。乡村振兴战略是党的十九大作出的重大决策部署，是决胜全面建成小康社会、全面建设社会主义现代化国家的重大历史任务，是推进"三农"工作重心的历史性转移。

乡村振兴战略的制定与实施对于实现第二个百年奋斗目标、实现中华民族伟大复兴的中国梦具有重要的划时代意义。

第一节　乡村振兴战略的重大意义

党的十九大报告首次提出了实施乡村振兴的发展战略，是继科教兴国战略、人才强国战略、创新驱动战略、可持续发展战略和军民融合发展战略之后又一具有深远意义的发展理念。乡村振兴战略把解决好"三农"问题作为全党工作的重中之重，对于美丽乡村的建设与发展，推进农业农村现代化建设具有重要的理论指导意义。

一、实施乡村振兴战略是习近平新时代中国特色社会主义思想伟大实践

继党的十九大报告中首次提出实施乡村振兴战略之后，以习近平总书记为核心的党中央始终坚持把解决好"三农"问题作为全党工作的重中之重，加快推进农业农村现代化的建设，我国农业农村的发展取得了历史性成就，实现了历史性变革，为全面开创党和国家事业新局面提供了基础支撑。

随后，习近平总书记在农村工作会议上以及在农村调研的过程中就实施乡村振兴战略发表了一系列重要讲话、作出一系列重要指示批示。

关于乡村振兴战略的重点要求。在2017年年底召开的中央农村工作会议上习近平总书记系统阐释了实施乡村振兴战略的重大意

义和深刻内涵,明确指出要走中国特色社会主义乡村振兴道路;在2018年全国两会期间参加山东代表团审议时,习近平总书记强调要推动乡村产业振兴、人才振兴、文化振兴、生态振兴、组织振兴[①],并在湖北、山东考察的过程中,对五大振兴又进一步提出了明确的要求。在2018年全国实施乡村振兴战略工作推进会议召开之际,习近平总书记又作出了重要指示,强调要坚持乡村全面振兴,抓重点、补短板、强弱项,实现乡村产业振兴、人才振兴、文化振兴、生态振兴、组织振兴,推动农业全面升级、农村全面进步以及农民的全面发展。同时要尊重广大农民意愿,激发他们的积极性、主动性、创造性,创新激活乡村振兴的内生动力,让广大农民在乡村振兴的过程中有更多的获得感、幸福感、安全感。另外要坚持以实干促振兴,遵循乡村发展规律,规划先行,分类推进,加大投入,扎实苦干,积极推动乡村振兴不断取得新成效。

关于乡村振兴战略的目标要求。2019年全国两会期间,习近平总书记参加河南代表团审议时,指出实施乡村振兴战略的总目标是农业农村现代化,总方针是坚持农业农村优先发展,总要求是产业兴旺、生态宜居、乡风文明、治理有效、生活富裕,制度保障是建立健全城乡融合发展体制机制和政策体系。[②]2019年6月《求是》刊载习近平总书记的重要文章《把乡村振兴战略作为新时代"三

---

① 《习近平在参加十三届全国人大一次会议山东代表团审议时的讲话》(2018年3月8日),《人民日报》2018年3月9日。

② 《习近平在参加十三届全国人大二次会议河南代表团审议时的讲话》(2019年3月8日),《人民日报》2019年3月9日。

农"工作总抓手》，再次强调指出没有农业农村现代化，就没有整个国家的现代化。在现代化进程中，如何处理好工农关系、城乡关系，在一定程度上决定着现代化的成败。实施乡村振兴战略，首先要按规律办事。要突出抓好农民合作社和家庭农场两类农业经营主体发展，赋予双层经营体制新的内涵，不断提高农业经营效率。注重发挥好德治的作用，推动礼仪之邦、优秀传统文化和法治社会建设的相辅相成。同时也要走城乡融合发展之路，加快建立健全城乡融合发展体制机制和政策体系，打好脱贫攻坚战是实施乡村振兴战略的优先任务，各级党委和党组织必须加强领导，为实施乡村振兴战略提供坚强的政治保证。

关于乡村振兴战略的保障机制及体制机制。早在2018年，习近平总书记就指出坚持五级书记抓乡村振兴。在2021年全国脱贫攻坚总结表彰大会上强调指出乡村振兴是实现中华民族伟大复兴的一项重大任务。全面实施乡村振兴战略的深度、广度、难度都不亚于脱贫攻坚，要完善政策体系、工作体系以及制度体系的保障机制，以更有力的举措、汇聚更强大的力量，加快农业农村现代化步伐，促进农业高质高效、乡村宜居宜业、农民富裕富足。另外在体制机制方面，习近平总书记于2020年3月6日在决战决胜脱贫攻坚座谈会上的讲话明确要求接续推进全面脱贫与乡村振兴有效衔接。脱贫摘帽不是终点，而是新生活、新奋斗的起点。针对社会主要矛盾的变化，理清工作思路，推动减贫战略和工作体系的平稳转型，统筹纳入乡村振兴战略，建立长短结合、标本兼治的体制机制。

关于推及实施乡村振兴战略的重要举措。2020年7月和9月，习近平总书记分别到吉林和湖南考察时指出，要抓住实施乡村振兴战略的重大机遇，坚持农业农村优先发展，夯实农业基础地位，深化农村改革。要扛稳粮食安全的重任，稳步提升粮食产能，全面压实耕地保护责任。要加快高标准农田建设，强化农业科技和装备支撑，深化农业供给侧结构性改革，加快发展绿色农业，推进农村三产融合。要坚持农业现代化和农村现代化一体设计、一体推进，推进公共服务向乡村延伸。要突出抓好家庭农场和农民合作社两类农业经营主体发展，推进适度规模经营，深化农村集体产权制度改革，发展壮大新型集体经济。要巩固脱贫攻坚成果，防止返贫和产生新的贫困。要牢固树立绿水青山就是金山银山的理念，实施好重大生态工程。而后在2020年中央农村工作会议中，又进一步明确为七大战略举措：一是要加快发展乡村产业，顺应产业发展规律，立足当地特色资源，推动乡村产业发展壮大，优化产业布局，完善利益联结机制，让农民更多分享产业增值收益；二是要加强社会主义精神文明建设，加强农村思想道德建设，弘扬和践行社会主义核心价值观，普及科学知识，推进农村移风易俗，推动形成文明乡风、良好家风、淳朴民风；三是要加强农村生态文明建设，保持战略定力，以钉钉子精神推进农业面源污染防治，加强土壤污染、地下水超采、水土流失等治理和修复；四是要深化农村改革，加快推进农村重点领域和关键环节改革，激发农村资源要素活力，完善农业支持保护制度，尊重基层和群众创造，推动改革不断取得新突破；五是要实施乡村建设行动，继续把公共基础设施建设的重点放在农村，在推进城乡基本公共服务均等化上持续发力，注重加强普惠性、兜底性、基础性民生建设，要接续推进农村人居环境整治提升行动，重点抓好改厕和污水、垃圾处理，要合理确定村庄布局分类，注重保护传统村落和乡村特色风貌，加强分类指导；六是要推动城乡融合发展见实效，健全城乡融合发展体制机制，促进农业转移人口市民化，要把县域作为城乡融合发展的重要切入点，赋予县级更多资源整合使用的自主权，强化县城综合服务能力；七是要加强和改进乡村治理，加快构建党组织领导的乡村治理体系，深入推进平安乡村建设，创新乡村治理方式，提高乡村善治水平。

2017年以来，习近平总书记关于实施乡村振兴战略的重要论述，围绕了确保粮食安全、产业发展、乡村治理、社会保障、巩固脱贫攻坚成果同乡村振兴有效衔接、文化传承、基层党建与组织振兴等具体内容，其思想高瞻远瞩、内涵丰富、要求明确，是新时代做好"三农"工作、推进乡村振兴的根本遵循和行动指南。习近平总书记关于实施乡村振兴战略的重要论述，深刻回答了为什么要振兴乡村、怎样振兴乡村等一系列重大理论和实践问题，是新发展理念在农业农村工作中的全面贯彻，是中国特色社会主义道路在农村的创新实践，在我国"三农"工作的发展历程中具有划时代的里程碑意义。在新时代推进乡村振兴战略，必须深入学习贯彻习近平总书记关于做好"三农"工作的重要论述，深刻感悟习近平总书记的深厚"三农"情怀，准确领会中央实施乡村振兴战略的战略意图、总体要求以及重点任务，充分调动全社会的力量，共同为推动乡村振兴开好局起好步。

二、乡村振兴战略确立了农业农村优先发展的目标定位

党的十八大提出要"促进工业化、信息化、城镇化、农业现代化同步发展",在此之后的五年时间里,前三"化"均有飞跃式的发展。但"农业现代化"的发展却相对滞后,已成为我国现代化发展的短板,进而影响了"四化"同步发展的进度。党的十九大报告提出"优先发展教育事业"、实行"就业优先战略""生态环境优先发展",在此基础之上,又首次提出了坚持"农业农村优先发展",认为"三农"问题是关系国计民生的根本问题,已经成为全党工作的重中之重,而乡村振兴战略正是破解我国"三农"问题的有效举措。党和国家对"三农"工作的规划深度、重视程度以及工作力度提升到了一个崭新的高度,为今后实施乡村振兴战略的顶层设计指明了方向。

(一)坚持农业农村优先发展,有利于解决新时代的各种矛盾与问题

2022年《中共中央 国务院关于做好2022年全面推进乡村振兴重点工作的意见》(一号文件)明确指出:"党中央认为,从容应对百年变局和世纪疫情,推动经济社会平稳健康发展,必须着眼国家重大战略需要,稳住农业基本盘、做好'三农'工作,接续全面推进乡村振兴,确保农业稳产增产、农民稳步增收、农村稳定安

宁。"① 坚持农业农村优先发展，对于确保经济社会平稳健康发展和社会大局稳定、推进实现第二个百年奋斗目标具有基础和决定性作用。没有农业农村的现代化，就没有全国的现代化。没有农民的共同富裕，就无法实现共同富裕的奋斗目标。现阶段，我国发展最大的不平衡是城乡发展不平衡，最大的不充分是农村发展不充分。坚持农业农村优先发展，是解决不平衡不充分的根本之策，是系统解决经济结构性体制性矛盾、发展不平衡不协调不可持续问题的必要选择，是实现共同富裕、全面建设社会主义现代化国家的必由之路。在当前经济下行压力加大、外部环境发生深刻变化的复杂形势下，坚持农业农村优先发展具有特殊重要性。坚持农业农村优先发展是加强顶层设计与整体谋划的具体体现，是增强改革系统性、整体性、协同性的重要体现。坚持农业农村优先发展对于切实发挥好"三农"压舱石作用，对于实现"创新是第一动力、协调成为内生特点、绿色成为普遍形态、开放成为必由之路、共享成为根本目的的高质量发展"具有极其重要意义。

（二）坚持农业农村优先发展，有利于整体提升农业农村农民发展水平

当前，我国社会的主要矛盾是人民日益增长的美好生活需要和不平衡不充分的发展之间的矛盾，主要表现是城乡发展的不平衡和农村发展的不充分。坚持农业农村优先发展，就是从根本上实现城

---

① 《中共中央 国务院关于做好2022年全面推进乡村振兴重点工作的意见》，《中华人民共和国国务院公报》2022年第7期。

乡均衡发展、农业充分发展、农民富裕。

从农业来看，新中国成立以来，农业生产力水平不断提高，农业创造的产值越来越高。根据国家统计局数据，2021年中国第一产业增加值达到了83086亿元，仅仅占据国内生产总值的7.3%。[①] 农业创造的产值相对较低，产业间比较劳动生产率水平的巨大差距是产业间巨大收入差距的根源，在比较利益的规律诱导下必然会导致各种资源要素离开农业、离开农村。

从农村来看，中国农村的基础设施建设和公共服务水平仍滞后于城市。水、电、路、气、物流、广播电视等传统的基础设施需要提档升级；通信、光纤、宽带等信息基础设施建设进度缓慢，因而还不能在农村充分发挥信息技术创新的扩散效应、信息和知识的溢出效应以及数字技术释放的普惠效应；农村生产生活生态空间亟待优化，垃圾污水治理等宜居基础设施建设不足，村容村貌和人居环境还需持续改善；教育、医疗、养老等农村基本公共服务水平还有待提升。乡村振兴战略的实施特别是乡村建设行动的推进能够有效改善农村的基础设施与公共服务状况。因此，推动乡村振兴战略的实施，坚持农业农村的优先发展，有利于提升农业发展水平，有利于补齐农村基础设施与公共服务建设短板。

从农民来看，实现全体农民的共同富裕是社会主义的本质要求。当前，农民收入增长是短项。《中国的全面小康》白皮书显示："城乡居民收入差距进一步缩小，城乡居民人均可支配收入比值自

---

① 国家统计局：《中华人民共和国2021年国民经济和社会发展统计公报》，《人民日报》2022年3月1日。

2008年以来连续13年平稳下降，2020年为2.56∶1。"①但由于城镇居民人均可支配收入基数大，城乡居民收入绝对差额不但没有缩小反而在增大。2021年年底，城镇居民的人均可支配收入是农村居民的2.56倍。坚持农业农村优先发展，在整体提升农业农村发展环境的同时，更多地通过吸引更多的资源、资本以及人才下乡，拓宽农民就业创业的渠道，坚持共享发展理念，改善农民收入结构，给农民带来更多的发展红利。因此，推动乡村振兴战略的实施，坚持农业农村的优先发展，有利于提高农民收入，提升国家富强、民族复兴伟大成就的农民获得感，整体提升农业农村农民的发展水平。

（三）坚持农业农村优先发展，有利于促进共同富裕目标的实现

城乡二元结构问题并非中国所独有，在世界各国都普遍存在，其问题的根源在于城乡之间的主导产业对GDP贡献存在差异。城市的主导产业是工商业，乡村的主导产业是农、林、牧、渔业，局限于提供粮食和原材料等一般经济功能的农业，其产值自然比不了以农、林、牧、渔产品及其加工品为原料的工商业，因此，人、财、物等各种资源要素纷纷从农村流向城市。这就使得城市发展极为迅速，乡村的发展相对落后，城乡差距持续拉大。

治国之道，富民为始。中国共产党的本质特征是一切从人民的利益出发，全心全意为人民服务，我国社会主义的本质要求是解

---

① 国务院新闻办公室：《中国的全面小康》（白皮书），2021年9月28日，中国政府网。

放和发展生产力，最终实现共同富裕的目标。党的十九大报告对共同富裕的的工作做出了阶段性的规划，到2035年"全体人民共同富裕迈出坚实步伐"；到2050年"全体人民共同富裕基本实现"。与此同时我国农业农村现代化与共同富裕目标统筹规划，同步推进，到2035年"乡村振兴取得决定性进展，农业农村现代化基本实现"；到2050年"乡村全面振兴，农业强、农村美、农民富全面实现"。"十四五"规划则进一步明确了2035年要实现"全体人民共同富裕取得更为明显的实质性进展。"等等这些都能够说明要想实现共同富裕的目标必须要进行乡村振兴战略的实施。共同富裕是乡村振兴战略的终极目标，乡村振兴是实现共同富裕的必要历史过程，农业农村现代化是现代化强国的重要组成部分，是扎实推进共同富裕的根本支撑。

三、乡村振兴战略为新时代"三农"工作指明了方向

（一）确立了新时代城乡关系新格局

我国社会长期存在城乡二元结构，在很长一段时间里，工业和城市相对发展较为迅速，农业和农村却相对落后，城乡协同发展的要素市场仍然未能建立起来。

为改变这种城乡发展之间的差距，党的十六大提出要"统筹城乡经济社会发展"，党的十八届三中全会也提出了要"实现城乡发展一体化"，在随后的社会发展进程中城乡发展关系也在不断地进行提升。中国特色社会主义进入新时代，我国社会的主要矛盾转

变为"人民日益增长的美好生活需要同不平衡不充分的发展之间的矛盾"。当前我国社会发展最大的不平衡和不充分，是城乡之间的发展差距。为此，乡村振兴战略提出了"必须重塑城乡关系，走城乡融合发展之路"，强调在新型城镇化发展的快速推进下，乡村不再是城市的发展附属品，而是与城市之间相互独立、并行发展，最终实现"工农互促、城乡互补"的城乡发展关系。城乡融合应当是城乡之间相互吸收生活方式的优点，在此基础上的社会整体发展状况，也就是说把社会看作一个整体，其中的各个子系统（多元主体）之间优势互补、协调统一的存在状态以及发展态势，它是社会整体协调发展的理想状态。

从城乡融合的发展实践来看，在社会生产力水平相对较高的情况下，充分发挥政府的主导作用，有效利用市场进行高效的资源配置，充分调动多元主体参与的积极性，通过以城带乡，以乡助城，实现城乡之间在经济、社会、文化、生态等方面的融合共生发展。

（二）确立了农业农村现代化的战略目标

党的十八大以来，中国特色社会主义进入新时代。党面临的主要任务是，实现第一个百年奋斗目标，同时开启实现第二个百年奋斗目标的新征程，朝着实现中华民族伟大复兴的宏伟目标继续前进。提出了包括全面建设社会主义现代化强国在内的"四个全面"战略布局，其中"全面建成小康社会"战略总目标的实现，必须补齐"贫困问题"这个短板。2017年，习近平总书记在十九大报告中提出要"加快推进农业农村现代化"，是要让农业经济、农村空间、农民生活同时实现现代化，这是党对"三农"问题的重新思考。

党的十九大报告提出"加快推进农业农村现代化"，与过去单提"农业现代化"不同，这是党和国家在文献报告中首次明确增加了"农村现代化"这一内容，将"农村现代化"与"农业现代化"一并作为新时代"三农"工作的总目标。这一重大战略部署，标志着我国"三农"工作进入新的发展机遇期。提升粮食等重要农产品供给保障水平是推进农业农村现代化的首要任务，因此要稳定粮食播种面积、加强耕地保护与质量建设、保障其他重要农产品有效供给、优化农业生产布局、协同推进区域农业发展、提升农业抗风险能力等。通过强化现代农业科技支撑、推进种业振兴、提高农机装备研发应用能力、健全现代化农业经营体系等推动农业的高质量快速发展。通过优化乡村产业布局、推进乡村产业园区化融合化发展、发展农村新产业新业态、推进农村创业创新等工作创新农业发展新格局。通过乡村建设行动，建设宜居宜业乡村、绿色美丽乡村、文明和谐乡村是农村现代化的重要举措。

"小康不小康，关键看老乡"，农业农村农民问题是我们全面建成社会主义现代化强国的短板，这就要求我们必须矢志不渝地推进乡村振兴，向中华民族伟大复兴的宏伟目标继续前进。乡村振兴战略是实现农村现代化的战略布局，是以三产融合为核心的经济现代化，是以农民为中心的内生现代化，是以农民再组织的现代化，最终实现了农业农村的现代化。

（三）为农村农业发展带来新动能

改革开放以来，我国农村历经了两次动能转换，乡村振兴是第三次动能转换。改革开放之初，家庭联产承包责任制的推行，使经营主体从几百万个生产队立即分解为2.3亿个承包农户，家庭成员的劳动力量得以充分释放，极大地推动了生产力的发展。第二次则来自以农村劳动力为核心的生产要素流动，近三亿的农民工进城务工，数百万农民工返乡就业，实现了农村发展和农民增收。而乡村振兴战略特别强调推进农业供给侧结构性改革，把各种现代元素注入到农村和农业中去，积极推动农业农村的历史性变革，实现了农村社会的一二三"产"融合、城乡融合以及生产要素集合，把现代农业的食物保障功能、原料供给功能、就业收入功能、生态保育功能、文化传承功能等进行有效融合。

实施乡村振兴战略，坚持农业农村优先发展，不仅能够"促消费惠民生"，也能够"调结构增后劲"地进行有效投资。四好农村路工程、城乡供水一体化工程、乡村清洁能源建设工程、燃气下乡工程、数字乡村建设发展工程、发展智慧农业、农村人居环境整治提升五年行动等系列部署工程所释放出的投资需求都将成为中国投资扩张的"催化剂"。乡村人口是巨大的中等收入群体潜在人群。随着国家不断补齐农村消费的便捷化短板、数字化短板以及品质化短板，乡村人口会释放出巨大的消费潜力。另外，农村新产业、新业态的不断发展也会创造出更多新的需求，吸引更多的城市居民下乡消费，乡村振兴会成为中国消费的"加速器"。

（四）系统解决乡村发展动力来源与发展为了谁的问题

历史和现实一再表明，什么时候"三农"问题解决好了，党和国家事业就能顺利推进、蓬勃发展；什么时候尊重农民的主体地位，充分调动广大农民的积极性、主动性、创造性，推动"三农"工作的发展就会事半功倍。

实施乡村振兴战略，要着力解决发展不平衡不充分问题，特别是补齐农业农村短板，满足广大农民日益增长的美好生活需要。实施乡村振兴战略的根本目的在于更好地为人民群众服务，服务全体人民是乡村振兴的出发点和落脚点。实施乡村振兴战略，必须充分发挥人民群众的主体作用。充分尊重历史文化传统和人民群众现实需要，科学把握乡村的差异性和发展走势分化特征，做好顶层设计，注重规划先行、突出重点、分类施策、典型引路；坚持因地制宜、循序渐进，既尽力而为又量力而行，不搞层层加码，不搞一刀切，不搞形式主义，做到久久为功、扎实推进，让人民群众能够共享乡村振兴成果。

四、乡村振兴战略具有伟大的历史意义

乡村振兴战略是基于我国基本的国情和现阶段经济社会发展的基本特征所提出来的，是在全面建成小康社会基础上，是在全面建设社会主义现代化国家新征程中的重大历史任务。新时代，我国农业农村现代化已经踏上了新的历史征程。

（一）乡村振兴战略是解决新时代社会主要矛盾、实现党的宗旨和社会主义本质要求的具体实践

当前，我国社会主要矛盾已经转化为人民日益增长的美好生活需要和不平衡不充分的发展之间的矛盾。需要解决的首要问题是城乡之间发展的不平衡、农业农村发展的不充分问题。亿万农民对美好生活的需要，就是中国共产党全心全意为人民服务的具体体现。通过乡村振兴战略的实施，实现把乡村发展摆到国家的战略位置，夯实农业农村优先发展地位，加快推进农业农村现代化。由于长期受到城乡二元体制的深远影响和市场经济发展的规律性限制，生产要素依然高度集中于大城市和中心城市，农业农村高质量发展面临基础设施、金融环境、人才支撑等现实制约，成为城乡高质量发展最大的现实瓶颈。党的十九大提出，乡村振兴战略正是要从根本上解决新时代社会主要矛盾，解决城乡差别、乡村发展不平衡和不充分的问题，实现"四化"即工业化、城镇化、农业产业化、信息化同步发展，实现城乡融合和可持续发展，从而实现中国共产党的执政宗旨和社会主义的本质要求。

中国共产党坚持以人民为中心，始终把人民放在最高位置，让全体中国人都过上更好的日子，让亿万农民有更多实实在在的获得感、幸福感、安全感，实现共同富裕，践行立党为公、执政为民的执政宗旨。如果在全面建成社会主义现代化国家新征程中，亿万农民被落下，显然不符合共同富裕的目标追求，也不符合中国共产党的执政宗旨，更不符合社会主义的本质要求。因此，习近平总书记

在很多场合明确提出"中国要强,农业必须强;中国要美,农村必须美;中国要富,农民必须富","不断缩小城乡差距,让农业成为有奔头的产业"。

(二)乡村振兴战略是人类乡村建设与发展进程中的中国实践

从世界各国的发展历史来看,建设新乡村是世界各国走向工业化和城市化的必由之路,都是实行"城市包围农村"政策——在改革发展初期,一定程度上是以牺牲乡村的农业来发展推进国家的工业化和城市化进程,在经济社会发展到一定阶段后,工业开始反哺农业,城市支持农村发展。在工业化和城市化的后期,积极致力于防止农业农村的衰落,这正是世界一些发达国家曾经走过的经验之路。从世界各国的现代化发展历史来看,有的国家没有能够处理好工农关系以及城乡关系,农业的发展跟不上经济的发展,农村的发展跟不上社会的进步,社会上的农产品供应也不充足,不能有效吸纳农村劳动力从事农业生产,进而导致大量的失业农民涌向城市贫民窟,乡村和乡村经济走向凋敝,工业化和城镇化的发展走入困境,甚至造成了社会动荡,最终陷入了"中等收入陷阱"。

而中国的乡村振兴战略是共产党一直致力于城乡融合、工农互补的探索与实践。中国共产党的发展壮大,根本上得益于工农融合。按照乡村振兴的战略部署,就是要通过重塑城乡关系,坚持以工补农、以城带乡,逐渐形成工农互促、城乡互补、全面融合、共同繁荣的新型工农城乡关系格局。在中国特色社会主义乡村振兴的道路上，工业和农业是不可分割的整体，工业是农业发展的"助推器"，农业是工业发展的"稳定器"，两者互为支撑、互为补充，是实现现代化的根本路径。必须始终坚持工农互补理念，把实施乡村振兴战略与城市化工业化发展结合起来，相互促进、共同提高，这就是中国关于乡村如何更好地建设与发展的最新答卷。

（三）乡村振兴战略是实现中华民族伟大复兴的重要支撑

想要实现中华民族伟大复兴的中国梦，就要实现国富民强、民族振兴和人民幸福。乡村振兴是民族复兴的基石，是实现中华民族伟大复兴的最重要的一步，中华民族的根在乡村，乡村中有许许多多的传统文化，物质遗产，是中华民族的宝藏，是乡村振兴必不可少的传统基础。

新中国成立后，在当时的历史条件和国际环境下，我们全国上下自力更生，依靠农业农村的支持，在一穷二白的基础上推进工业化发展，推动国家富强、民族复兴，逐渐实现了中华民族站起来。改革开放以来，党和政府依靠农村劳动力、土地、资金等资源要素，快速推进国家的工业化、城镇化，城镇面貌发生了翻天覆地的变化，广大农民为推进工业化、城镇化做出了巨大贡献。在这个过程中，农业发展和农村建设也取得了显著成就，为国家现代化和中华民族富起来做出了重要贡献。

在实现中华民族伟大复兴的发展进程中，由于城乡发展不平衡，农村发展不充分，我们更应关注农业、农村、农民问题，满足亿万农民对美好生活的新期待。没有乡村的全面振兴，就没有中华民族的伟大复兴。从目标视角来看，实现中华民族伟大复兴，就是要实现中国强、中国美、中国富，而全面推进乡村振兴就是要实现农业强、农村美、农民富，前者是后者的引领和带动，后者是前者的重要组成部分、具体呈现和重要标志。没有前者，后者无以依附和告竣，没有后者，前者无以固根和致远。从过程视角来看，实现中华民族伟大复兴，最艰巨最繁重的任务依然在农村，最广泛最深厚的基础依然在农村，最大的潜力和后劲也在农村，要想日益趋近中华民族伟大复兴的最终目标，就必须持续扎实做好"三农"工作，全面推进乡村振兴，破除"三农"短板，深挖"三农"潜力、活力和动力，以乡村振兴助推民族复兴。

第二节 乡村振兴战略的基本要求

乡村振兴战略是一项系统工程，涉及面广。全面推进乡村振兴，要把握好乡村振兴战略的理论基础、战略意义等内容，更要准确理解把握其基本要求。乡村振兴战略的基本要求集中体现在实施乡村振兴战略的首要任务、总方针、总目标、总要求、"五大振兴"和底线任务等方面。

一、确保粮食供给是实施乡村振兴战略的首要任务

2018年9月，习近平总书记在十九届中央政治局第八次集体学习时强调，我国人多地少的矛盾十分突出，户均耕地规模仅相当于欧盟的1/40、美国的1/400。"人均一亩三分地，户均不过十亩

田"，是我国许多农村的真实写照，因此，确保粮食安全始终在我们国家发展战略中居于特别重要的地位。① 我国的农业发展问题主要是粮食生产问题，粮食产量能够稳住，农业其他问题都可以迎刃而解。所以我们必须要坚持"以我为主、立足国内"，扛稳粮食安全这个重任，确保重要农产品特别是粮食供给，是实施乡村振兴战略的首要任务。

2022年习近平总书记在参加全国政协十三届五次会议的农业界、社会福利和社会保障界委员联组会一再强调粮食安全的重要性，只要粮食不出大问题，中国的事就稳得住。粮食安全既是经济问题，也是政治问题，是国家稳定与发展的"定海神针"。耕地是粮食生产的命根子。要强化地方政府的主体责任，完善土地执法监管体制机制，坚决遏制土地违法行为，牢牢守住耕地保护红线。要积极推进农业供给侧结构性改革，发挥自身优势，抓住粮食产业这个核心竞争力，延伸粮食产业链、提升价值链、打造供应链，不断提高农业质量效益和竞争力，实现粮食安全和现代高效农业相统一。要树牢绿色发展理念，发挥好粮食生产这个优势，立足打造全国重要的粮食生产核心区，推动藏粮于地、藏粮于技，稳步提升粮食产能，在确保国家粮食安全方面有新担当新作为。习近平总书记对粮食安全的系统阐述明确了粮食安全对我们国家长远发展和实施乡村振兴战略的特别重要的战略意义。

---

① 《习近平在中共中央政治局第八次集体学习时强调　把乡村振兴战略作为新时代"三农"工作总抓手，促进农业全面升级农村全面进步农民全面发展》，2018年9月22日，新华社。

二、坚持农业农村优先发展是实施乡村振兴战略的总方针

农业农村农民问题是关系国计民生的根本性问题。任何时候都不能忽视农业、忘记农民、淡漠农村。党的十九大报告提出"坚持农业农村优先发展",2018年9月21日,中共中央政治局进行第八次集体学习时,习近平总书记强调,坚持农业农村优先发展是实施乡村振兴战略的总方针。就如何实现农业农村优先发展,习近平总书记指出,要在资金投入、要素配置、公共服务、干部配备等方面采取得力措施,加快步伐补齐农业农村发展的短板,让农业成为有奔头的产业,让农民成为有吸引力的职业,让农村成为安居乐业的家园。[①] 到2019年中央一号文件进一步明确"坚持农业农村优先发展是总方针",并将其转化为具体的行动方案,在全国范围内进行落实。

作为高风险、低收益的基础产业,农业在工业化、城镇化进程和市场化竞争中往往面临更多问题、更大风险。因此,重农固本是安民之基、治国之要。在实现中华民族伟大复兴的进程中,如果没有农业农村的现代化,就不会有国家的现代化。无论是全面建成小康社会,还是未来全面建设社会主义现代化强国,最繁重、最艰巨的任务在农村,最深厚、最广泛的经济根基在农村,最重要的后备资源和最大的发展潜力也在农村。在国家战略资源优化配置过程

[①]《习近平在中共中央政治局第八次集体学习时强调 把乡村振兴战略作为新时代"三农"工作总抓手,促进农业全面升级农村全面进步农民全面发展》,2018年9月22日,新华社。

中，只有坚持农业农村优先发展，深入实施乡村振兴战略，激活农村各类生产要素，促进农业全面升级、农村全面进步、农民全面发展，全面推动乡村振兴，让乡村发展与国家发展同步，才能够最终实现全国城乡一体化的均衡发展和充分发展。实施乡村振兴战略，为解决好"三农"问题的方略更加清晰，全党工作的重中之重更加凸显。

三、农业农村现代化是实施乡村振兴战略的总目标

乡村兴则国家兴，乡村衰则国家衰。在中共中央政治局第八次集体学习时，习近平总书记从全面建设社会主义现代化强国的高度，指出了实施乡村振兴战略的科学内涵，明确了推进农业农村现代化的思路、方向和着力点，为我们牢牢把握农业农村现代化这个总目标，准确理解农业农村现代化的时代要求，提供了根本遵循和行动指南，使我们对实施乡村振兴战略目标的认识更加明确。

目前，我国正处于并将长期处于社会主义初级阶段的主要特征，在很大程度上表现在农村，我国人民日益增长的美好生活需要和不平衡不充分的发展之间的矛盾，最为突出的表现也在农村。所以，我们国家要实现现代化，短板在农业，难点在农村，突破点在于加快提高农民收入水平。我国农村发展滞后问题仍比较突出，不少地方的基础设施水平仍然比较低，农村发展水平与城镇不协调的问题依然突出。从实施乡村振兴战略的视角分析，农民富不富、农村美不美、农业强不强直接影响和决定着我国亿万农民的获得感和幸福感，也决定着我们全面建成社会主义现代化国家的成色和实现

社会主义现代化的内在质量。为了加快农业农村发展的步伐，我们要创新工作方法，坚持农业现代化和农村现代化一体规划、一体设计、一并推进、一同见效。按照这样的新思路，我们就要像重视农业一样重视农村的发展与建设，使两者协同部署、同步推进、相得益彰、共同进步，推动着我们由农业大国迈向现代农业强国，让亿万农民共同参与现代化进程，共享现代化的发展成果。

四、产业兴旺、生态宜居、乡风文明、治理有效、生活富裕是实施乡村振兴战略的总要求

习近平总书记在党的十九大报告中提出，实施乡村振兴战略，按照产业兴旺、生态宜居、乡风文明、治理有效、生活富裕的总要求推进。

产业兴旺，就是农村发展要有足够的产业支撑。产业发展要立足于构建现代农业产业体系、生产体系、经营体系，走一二三产业融合发展的独特道路。

生态宜居，是农村环境优势的体现，主要指农村生态和人居环境质量要不断改善。生态宜居既强调人与自然和谐共处共生，要"望得见山，看得到水，记得住乡愁"，也是"绿水青山就是金山银山"理念在乡村振兴战略中的具体体现。同时，在乡村振兴过程中进一步强化乡村地区的生态环境优势，可以增强农民的获得感。

乡风文明，是乡村振兴过程中对农村精神文明建设的要求，也是乡村振兴的紧迫任务。"求治之道，莫先于正风俗。"要切实结合各地实际抓好乡风文明建设，保护和传承优秀乡土文化，大力弘扬

社会主义核心价值观，不断提升农民科技文化素养，努力打造农民的精神家园，增加乡村地区发展的软实力。下大力气抓好农村移风易俗，打破不合时宜的陈规陋习，倡导和树立现代文明新风，用现代文明的雨露滋养美丽乡村。

治理有效，是对基层组织建设的要求，体现乡村治理目标的新导向，强调治理体制与治理能力的改革与提升，注重治理效率和基层农民群众的主动参与，是乡村治理体系与治理能力现代化的具体体现。在党组织健全而且党组织领导人能力较强的农村，不仅治理有效，而且当地特色经济发展较快，乡村振兴的经济基础比较牢固。因此，农村基层党组织建设是否健全，是治理是否有效的关键。

生活富裕，是农民生活水平不断提升的新标准，也是实施乡村振兴战略的主要目的。生活富裕最大的难点在于，不少地方缺乏产业支撑，生活富裕在不少地方落实起来难度仍然较大。2020年中央一号文件提出在农村发展富民乡村产业，比较符合实施乡村振兴战略的现实需要。

五、乡村振兴是包括产业、人才、文化、生态、组织振兴的全面振兴

2018年3月8日的十三届全国人大一次会议期间，习近平总书记在参加山东代表团审议时，为乡村振兴战略实施指明五条具体路径，即推动乡村产业振兴、人才振兴、文化振兴、生态振兴和组织振兴。乡村振兴是包括产业、人才、文化、生态、组织的全面振

兴，是攻坚战也是持久战，必须一步一个脚印往前走，久久为功求实效。①

乡村产业振兴，主要表现在农业的生产、组织、管理等方式的转变，同时要加快构建现代化的农业产业体系、生产体系以及经营体系，应推动农业从传统意义上的增产导向向增产与提质并重的新导向进行转变，开展土地管理，进行农村土地改革，将农业的适度性规模经营具备经济基础和政策基础，持续增强农业科技创新能力和核心竞争力，适应高质量发展的时代需要，培育新的经济增长点，为经济社会发展提供更多优质农产品，提高乡村创造财富的能力，为农民增收拓展新空间。

乡村人才振兴，主要是把人力资本开发放在首要位置，关键是要改善农村人才成长环境，想方设法留住农村优秀人才，畅通各类人才下乡回乡渠道，支持年轻大学生、退役军人、各类企业家等到农村干事创业、大展宏图，组织更多城市科技人员下乡服务。同时要培养更多知农爱农、扎根乡村的人才，推动更多科技成果真正应用到田间地头，造福于基层群众。以人才汇聚智慧的方式推动和促进乡村振兴，增强农业农村发展的内生能力，为乡村振兴注入新动能。

乡村文化振兴，是乡村振兴的铸魂工程，主要途径是坚持同抓物质文明和精神文明，深入、系统、全面地挖掘农村内涵丰富的优秀传统文化精髓。因此，应结合新时代农村发展的需要，在保护传

---

① 《习近平在参加十三届全国人大一次会议山东代表团审议时的讲话》(2018年3月8日)，《人民日报》2018年3月9日。

承的基础上创造性转化、创新性发展，充分利用身边的人以及有正面教育意义的事，培育乡风文明新时尚，以充满活力、有地方特色的乡村文化，宣传乡风文明新亮点，更好满足广大农民精神文化生活的新需求，繁荣兴盛农村文化。

乡村生态振兴，主要是坚持生态优先、绿色发展，让生态宜居成为乡村振兴的支撑点。通过系统的环境整治，优化产业结构，积极推进农业农村绿色发展，引导农民绿色消费，加快农村人居环境综合治理，严格控制化肥、农药的使用量，扩大农村自然环境优美的传统优势，让优美生态、幸福家园、诗意山水、蓝天白云成为乡村振兴的新支点，打造农民安居乐业的美丽图景。

乡村组织振兴，主要是发挥把党组织建到基层的体制优势，以优秀基层党支部为支撑，不断强化农村基层党组织建设，着力培养农村基层党组织带头人队伍。积极发展农村集体经济和新型农民合作经济组织，提升农村基层党组织对乡村振兴的全面领导水平。依法完善村民自治制度，健全乡村治理体系，提高乡村治理水平，让乡村社会充满发展活力，为广大农民安居乐业、农村社会安定有序提供组织保障。

六、巩固拓展脱贫攻坚成果是乡村振兴战略的底线任务

2021年2月25日，习近平总书记在全国脱贫攻坚总结表彰大会上庄严宣告："我国脱贫攻坚战取得了全面胜利，标志着我们党在团结带领人民创造美好生活、实现共同富裕的道路上迈出了坚实的

一大步。"习近平总书记又强调:"脱贫摘帽不是终点,而是新生活、新奋斗的起点","要切实做好巩固拓展脱贫攻坚成果同乡村振兴有效衔接各项工作,让脱贫基础更加稳固、成效更可持续"。①脱贫攻坚取得胜利后,全面推进乡村振兴工作是"三农"工作重心的历史性转移。应清醒看到,当前,脱贫地区、脱贫群众虽然已经实现脱贫,但有些农村的发展基础仍然薄弱,自我发展能力依然不强,巩固成果防止返贫任务依旧很重。在这样的情况下,做好巩固拓展脱贫攻坚成果同乡村振兴有效衔接工作意义重大、任务艰巨。

如何把巩固拓展脱贫攻坚成果同乡村振兴有效衔接起来,一直是习近平总书记高度关注的问题。2019年4月,在解决"两不愁三保障"突出问题座谈会上,习近平总书记强调"四个不摘":贫困县党政正职要保持稳定,做到摘帽不摘责任;脱贫攻坚主要政策要继续执行,做到摘帽不摘政策;扶贫工作队不能撤,做到摘帽不摘帮扶;要把防止返贫放在重要位置,做到摘帽不摘监管。②2020年3月,在决战决胜脱贫攻坚座谈会上,习近平总书记指出,接续推进全面脱贫与乡村振兴有效衔接,"要针对主要矛盾的变化,理清工作思路,推动减贫战略和工作体系平稳转型,统筹纳入乡村振兴战略,建立长短结合、标本兼治的体制机制"③。2020年5月,在山

---

① 习近平:《在全国脱贫攻坚总结表彰大会上的讲话》,《共产党员》2021年第6期。

② 习近平:《在解决"两不愁三保障"突出问题座谈会上的讲话》,《共产党员》2019年第17期。

③ 习近平:《在决战决胜脱贫攻坚座谈会上的讲话》,《中国政协》2020年第5期。

西考察时，习近平总书记指出，要千方百计巩固好脱贫攻坚成果，接下来要把乡村振兴这篇文章做好，让乡亲们生活越来越美好。2020年9月，在湖南考察时，习近平总书记强调，要坚持农业农村优先发展，推动实施乡村振兴战略；要落实"四个不摘"，建立健全防止返贫长效机制，深入研究接续推进全面脱贫与乡村振兴有效衔接。2021年2月，在贵州考察时，习近平总书记指出，"脱贫之后，要接续推进乡村振兴，加快推进农业农村现代化"等重要论述，为顺应"三农"工作重心历史性转移的新形势新要求，持续为脱贫地区发展和群众生活改善提供了根本遵循。

当前，要确保做好脱贫攻坚与乡村振兴"接力棒"的历史性交接，必须紧紧抓住其关键环节，明确重点工作任务，合理把握调整节奏、力度、时限，抓紧出台各项政策完善优化的具体实施办法，确保工作不留空档、政策不留空白，逐步实现由集中资源支持脱贫攻坚向全面推进乡村振兴平稳过渡。对易返贫致贫人口要加强监测，做到早发现、早干预、早帮扶。对脱贫地区的产业要进行长期培育和支持，促进内生动力的可持续发展。对易地扶贫搬迁群众要做好后续的扶持工作，通过多渠道促进就业，强化社会管理，推动他们积极融入社会。对脱贫县要扶上马送一程，设立相应的发展过渡期，持续保持主要的帮扶政策总体稳定。同时坚持和完善驻村第一书记和工作队、东西部协作、对口支援、社会帮扶等相关制度，并根据形势和任务变化不断进行完善。压紧压实巩固脱贫攻坚成果责任，坚决守住不发生规模性返贫的制度底线。

第三节 乡村振兴战略的基本原则

乡村振兴战略的基本原则是全面推进乡村振兴战略具体工作所依据的基本准则和行事规范。《中共中央 国务院关于实施乡村振兴战略的意见》在"实施乡村振兴战略的总体要求"中明确了实施乡村振兴战略的基本原则。《中华人民共和国乡村振兴促进法》还特别强调了"坚持改革创新"的原则要求。

一、坚持和加强党对乡村振兴的全面领导

2018 年 3 月，习近平总书记给浙江余姚横坎头村全体党员的回信时指出，办好农村的事情，实现乡村振兴，基层党组织必须坚强，党员队伍必须过硬。[1] 同时在 2018 年 3 月 8 日参加十三届全国人大一次会议山东代表团的审议时的讲话指出，要推动乡村组织振兴，打造千千万万个坚强的农村基层党组织，培养千千万万名优秀的农村基层党组织书记，深化村民自治实践，发展农民合作经济组织，建立健全党委领导、政府负责、社会协同、公众参与、法治保障的现代乡村社会治理体制，确保乡村社会充满活力、安定有序。[2] 十九届六中全会通过的《中共中央关于党的百年奋斗重大成就和历史经验的决议》在系统总结中国共产党百年奋斗的历史经验时，坚

---

[1]《习近平回信勉励浙江余姚横坎头村全体党员 同乡亲们一道再接再厉苦干实干 努力建设富裕文明宜居的美丽乡村》，2018 年 3 月 2 日，中国之声·央广网。

[2]《习近平在参加十三届全国人大一次会议山东代表团审议时的讲话》（2018 年 3 月 8 日），《人民日报》2018 年 3 月 9 日。

持党的领导是最为重要的经验。①中国共产党的领导是我国"三农"发展的优势，也是顺利实施乡村振兴战略的政治保障。《中共中央国务院关于做好2022年全面推进乡村振兴重点工作的意见》，即2022年中央一号文件，关于"坚持和加强党对'三农'工作的全面领导"内容部分，强调通过压实全面推进乡村振兴责任、建强党的农村工作机构、抓点带面推进乡村振兴全面展开等具体内容，实现党对"三农"工作的全面领导。②《中华人民共和国乡村振兴促进法》第四条："全面实施乡村振兴战略，应当坚持中国共产党的领导。"③

坚持和加强党对乡村振兴的全面领导，首先，健全党对农村工作领导的体制机制，健全激励考核机制，把基层领导干部抓乡村振兴的成绩纳入绩效考核体系，在提拔、任用干部上优先考虑有基层锻炼工作经历、业绩突出的干部。其次，建强党的农村工作机构，选优配强工作队伍，不仅要选好基层党政领导班子、村"两委"干部，还要向软弱涣散、村集体经济薄弱、帮扶重点等的基层党组织选派驻村工作队、第一书记、大学生"村官"等，通过党员干部先锋模范作用的发挥切实增强党组织的战斗力。再次，在合作社、龙头企业、集体经济组织等新型农业经营主体中成立党组织，实现党

---

① 《中共中央关于党的百年奋斗重大成就和历史经验的决议》，见本书编写组《党的十九届六中全会〈决议〉学习辅导百问》，党建读物出版社、学习出版社2021年版。

② 《中共中央 国务院关于做好2022年全面推进乡村振兴重点工作的意见》，《中华人民共和国国务院公报》2022年7月。

③ 《中华人民共和国乡村振兴促进法》，《中华人民共和国全国人民代表大会常务委员会公报》2021年第4期。

组织的全覆盖和广延伸，将优秀的人才包括技术人员、致富带头人等吸纳进党员队伍。

二、坚持农业农村优先发展

习近平总书记在很多场合强调指出，坚持把解决好"三农"问题作为全党工作重中之重，坚持农业农村优先发展。要认真贯彻坚持农业农村优先发展的总方针，事不避难，真抓实干，推动乡村全面振兴，加快推进农业农村现代化，为了亿万农民的幸福接续奋斗，让希望的田野生机勃发。

《中华人民共和国乡村振兴促进法》《乡村振兴战略规划（2018—2022年）》等文件在"指导思想"等相关内容中都明确指出要坚持农业农村优先发展，具体体现为在干部配备上优先考虑，在要素配置上优先满足，在资金投入上优先保障，在公共服务上优先安排。

坚持农业农村优先发展，就是要发挥党和政府有形之手的作用，优化党员干部队伍，充实乡村振兴人才队伍，加快农村基础设施和公共服务发展步伐，推动公共资源向农业农村优先配置。这是消除城乡之间基本公共服务存量差距的迫切需要，也是防止城乡之间基本公共服务出现增量差距的必然要求。要通过乡村人才建设专项行动、乡村建设行动，加大农村道路、供水、供电、通信等基础设施投入，加快农村生活垃圾、污水处理能力建设，培养本土人才，引导城市人才下乡，推动专业人才服务乡村，促进农业农村人才队伍建设。要把农村社会救助纳入乡村振兴战略统筹谋划，健全农村社会救助制度，完善日常性帮扶措施。加大绿色农业、科技农业、质量农业、品牌农业建设力度,有效推动农业的可持续发展。

三、坚持农民主体地位

农民是乡村振兴的参与主体,其参与乡村振兴的积极性、主动性以及创造性的发挥直接关系到乡村振兴的成功与否。这也是由国内外部分地区在诸如"新村运动""乡村营造"等改造乡村的过程中总结出的经验。我国的乡村振兴战略的实施同样要求坚持农民的主体地位。《中华人民共和国乡村振兴促进法》《乡村振兴战略规划(2018—2022年)》等文件在"指导思想""总则"等相关内容中都明确指出要坚持农民主体地位,充分尊重农民意愿,保障农民民主权利和其他合法权益,调动农民的积极性、主动性、创造性,维护农民根本利益。

2018年《中共中央 国务院关于实施乡村振兴战略的意见》在实施乡村振兴的过程当中既不能代替农民做决定,更不能把农民排除在外,而是要利用好广大农民的聪明才智,通过农民的主人翁意识的形成激活乡村内生发展的强大动力,变"要我建"为"我要建",促进乡村振兴、人居环境整治等各项工作的开展。同时也要尊重农民的话语权,基层政府在政策制定中要广泛听取农民的意见和建议,相信广大农民的智慧和创造力,使农民成为政策制定的参与者。鼓励农民参与村庄规划与布局,发挥农民在村庄规划、布局及建设中的积极性、主动性和创造性。

在乡村振兴中坚持农民的主体地位,是以人民为中心的发展观在乡村振兴战略中的体现。在构建现代化农业农村发展新格局中,要深刻认识农民作为乡村振兴主体的重要意义,真正做到相信农民、依靠农民、为了农民。

四、坚持乡村全面振兴

我国是传统的农业大国,重农固本是为了安民治国。没有农业农村的现代化,就没有国家的发展现代化。全面建成小康社会和全面建设社会主义现代化强国,其中最艰巨的任务在农村,最深厚的基础也在农村。只有坚持农业农村优先发展的总方针,以实施乡村振兴战略为总抓手,对标全面建成小康社会必须完成的硬任务,让乡村尽快跟上国家的发展步伐,促进农业全面升级、农村全面进步、农民全面发展,才能实现乡村的全面振兴。乡村的全面振兴关系到国计民生,所以要准确把握乡村振兴的科学内涵,充分挖掘乡村多种功能和价值,统筹谋划农村的政治建设、经济建设、文化建设、社会建设、生态文明建设和党的建设,注重协同性、关联性,整体部署,协调推进。

坚持推进乡村全面振兴重点工作,通过深入实施"藏粮于地、藏粮于技"的发展战略,解决好种子和耕地两个重点问题,坚决守住18亿亩耕地红线,把牢15.5亿亩永久基本农田数量用途,建好10亿亩旱涝保收、稳产高产的高标准农田,稳步提高粮食综合生产能力。同时,构建相应的保障机制,完善农业保护制度,让农民种粮有钱赚、多得利,实行粮食安全党政同责,压实地方党委政府重农抓粮义务和责任。实施乡村建设行动是全面推进乡村振兴的重要抓手,要落实好"为农民而建"的要求,把村庄规划编制好,严格规范村庄撤并，推动公共基础设施乡村庄中覆盖、往农户家延伸，持续提高农村基本公共服务的质量和水平，加强农村社会的生态文明建设，有效改善农村人居环境，让乡村面貌焕发新容。加强农村精神文明建设，加强和改进乡村治理，建设文明乡风。

五、深化农村改革

改革是农业发展的根本动力，也是统筹城乡经济发展的重要手段。全国农村面临的困难和问题很多，必须通过改革，加快发展来解决，发展仍是农村各项工作的重点，是第一要务。《中华人民共和国乡村振兴促进法》等文件中，明确提出："坚持改革创新，充分发挥市场在资源配置中的决定性作用，更好发挥政府作用，推进农业供给侧结构性改革和高质量发展，不断解放和发展乡村社会生产力，激发农村发展活力。"因此，必须不断深化农村改革，努力解放和发展农村生产力，深入推进农业农村的各项改革。当前，需要重点做好三个领域的改革：

一是深化农业供给侧结构性改革。要按照"巩固、增强、提升、畅通"的原则，遵循"农头工尾"和"粮头食尾"的思路，以保障农产品有效供给和增加农民收入为主要目标，以提高农业供给质量为主攻方向，以体制改革和机制创新为根本途径，逐步唱响质量兴农和绿色兴农主旋律，立足本地独有的资源、生态和文化优势，因地制宜地发展特色产业，将农村资源禀赋优势逐步转化为产业优势。另外要进一步发挥市场导向和引领作用，以资源禀赋为依托，以差异化发展为路径，从各地实际情况出发，加快种植业结构调整步伐。同时也要大力践行绿色发展理念，不断推行高效生态循环的种养模式。以全产业链运营理念为统领，构建农业生产、加工、经营"三大体系"为抓手，以农业产业化为牵动，不断将"三大体系"建设嵌入农业产业化各环节，逐步将研发、生产、加工、销售纳入农业产业化全过程，以"三大体系"的健全完善助推产业化的提档升级。

二是深化农村土地改革。土地制度改革始终是农村改革的主线，核心是处理好农民与土地的关系。认真贯彻《中华人民共和国农村土地承包法》，依法推进农村土地三权分离，规范经营权合理流转和入股经营。加快土地征用制度改革，依法严格保护基本农田、永久基本农田。其核心是将农户的土地承包经营权进一步分为承包权和经营权，承包权归农户，经营权归流入土地的新型农业经营主体。要正确处理土地资源配置中政府与市场的关系，强化土地制度改革政策的内部关联，以及土地制度与户籍、财政、金融等相关制度改革的外部关联，建立公平合理的土地增值收益分配机制。

三是深化实施农村经营制度改革。乡村振兴工作中的经营制度改革工作，要时刻坚持开放、合作与共享的基本建设理念，优化农村产业建设结构，优化产业管理效率，创新实施多样化发展道路，积极引入多方主体参与到农村生产建设工作当中，以多种发展建设模式，让中国特色现代农业经营体系更具活力，让现代化农业建设更具全面性与科学性。同时也要依托交易市场为农村各类产权流转提供场所，做好产权入场登记、信息公告、招标投标、挂牌拍卖、交易鉴证等服务。采取各种措施，支持农村集体经济发展壮大，推广使用农村集体产权电子化交易，畅通信息网络平台，降低交易成本，活化集体资产。

六、坚持城乡融合发展

2021年8月23日至24日，习近平总书记在河北承德考察时的讲话指出："我们全面建设社会主义现代化国家，既要建设繁华的城市，也要建设繁荣的农村，推动形成工农互促、城乡互补、协调发展、共同繁荣的新型工农城乡关系。"[①] 最开始没有城市化一词，而提到的是城镇化，目的就是促进城乡融合。实现城乡社会的高质量发展，要求城乡资源配置合理化、城乡产业发展融合化。解决好"三农"问题要借助城镇的力量，解决好城市的问题也要借助乡村的力量，城市与乡村应水乳交融、双向互动、相互依存。为此，既要继续促进城乡要素的自由流动，又要强化城乡产业互动。

坚持城乡融合发展，通过向改革要动力，就是要建立健全促进城乡融合发展的体制机制和政策体系，带动乡村产业、人才、文化、生态和组织振兴，积极发挥市场无形之手的作用，促进城乡产业优势互补、互为支撑。健全多元投入保障机制，增加对农业农村基础设施建设投入，加快城乡基础设施互联互通，推动人才、土地、资本等要素在城乡间双向流动。同时也要建立健全城乡基本公共服务均等化的体制机制，推动公共服务向农村延伸、社会事业向农村覆盖。深化户籍制度改革，强化常住人口基本公共服务，维护

[①] 《习近平在河北承德考察时强调：贯彻新发展理念弘扬塞罕坝精神 努力完成全年经济社会发展主要目标任务》，2021年8月25日，中国政府网。

进城落户农民的土地承包权、宅基地使用权、集体收益分配权，加快农业转移人口市民化。

七、坚持人与自然和谐共生

人类生活在社会中，主要是以自然资源为生命之源、发展之本。他们在与自然相互作用的过程中，创造并发展了人类社会的文明。在这个过程中，人与自然之间的关系经历了从顺应自然到有效利用自然，再到目前的人与自然和谐共生的发展过程。今天，人类社会正日益形成一定的普遍共识，那就是人因自然而生，人与自然是一种共生关系，对自然的伤害最终会伤及人类自身。人类必须尊重自然、顺应自然、保护自然，否则就会遭到大自然的报复，这个客观规律谁也无法抗拒。

尊重自然、顺应自然、保护自然，要保护自然生态系统，维护人与自然之间形成的生命共同体。要树立和践行"绿水青山就是金山银山"的理念。坚定不移地推动形成绿色发展方式和生活方式，坚持节约资源和保护环境的基本国策，实行最严格的生态环境保护制度，以新发展理念为指导，创新生产方式，改变生活方式，坚定走生产发展、生活富裕、生态良好的文明发展道路。《中华人民共和国乡村振兴促进法》明确要求："坚持人与自然和谐共生，统筹山水林田湖草沙系统治理，推动绿色发展，推进生态文明建设。"因此，在乡村振兴战略实施过程中，"加强农业面源污染综合治理，深入推进农业投入品减量化，加强畜禽粪污资源化利用，推进农膜科学使用回收，支持秸秆综合利用。建设国家农业绿色发展先行区。开展农业绿色发展情况评价。开展水系连通及水美乡村建设。实施生态保护修复重大工程，复苏河湖生态环境，加强天然林保护修复、草原休养生息。科学推进国土绿化。支持牧区发展和牧民增收，落实第三轮草原生态保护补助奖励政策。研发应用减碳增汇型农业技术，探索建立碳汇产品价值实现机制。实施生物多样性保护重大工程。巩固长江禁渔成果，强化退捕渔民安置保障，加强常态化执法监管。强化水生生物养护，规范增殖放流。构建以国家公园为主体的自然保护地体系。出台推进乡村生态振兴的指导意见"[1]。

八、坚持因地制宜、循序渐进

《中华人民共和国乡村振兴促进法》等文件中明确提出："坚持因地制宜、规划先行、循序渐进，顺应村庄发展规律，根据乡村的历史文化、发展现状、区位条件、资源禀赋、产业基础分类推进。"[2] 独特的地理环境以及特殊的文化特征决定了目前我国现存的村庄在各方面都存在较大的差异，因此在实施乡村振兴战略时，不能进行笼统地去制定固定模式以及计划去实施。实施乡村振兴战略应考虑村庄的异质性，要坚持因地制宜、循序渐进的原则，顺应村庄发展规律和演变趋势，根据不同村庄的发展现状、区位条件以及资源禀赋等因地制宜的发展适合自己的产业，宜林则林、宜牧则

---

[1]《中共中央 国务院关于做好 2022 年全面推进乡村振兴重点工作的意见》，《中华人民共和国国务院公报》2022 年 7 月。

[2]《中华人民共和国乡村振兴促进法》，《中华人民共和国全国人民代表大会常务委员会公报》2021 年第 4 期。

牧、宜粮则粮、宜渔则渔，实现村庄的可持续发展。

一是规划先行，避免杂乱无序造成的风格不统一、浪费土地等现象。县级、镇级包括各村都应该制定具体可行的土地规划，规划的出台可以借助专业设计团队的力量，在学习考察其他地方做法的基础上，从当地实际出发，尊重乡村自身发展规律，切忌脱离实际地照搬照抄。二是注重保护，习近平总书记多次提醒"要保护好传统村落、民族村寨、传统建筑，不搞一刀切，不搞统一模式，不搞层层加码，杜绝'形象工程'"，处理好保护与开发的关系，避免出现"千村一面"的现象。三是循序渐进。乡村的振兴是一个持久战，不可能一蹴而就，不能急于求成，而是要按照乡村整体规划统筹安排，分"三步走"，把实施乡村振兴的要求落到实处。

思考题

1. 如何认识实施乡村振兴战略的重大意义？
2. 乡村振兴战略的内涵有哪些？
3. 如何在实际工作中推进乡村振兴战略？

拓展阅读书目

1.2018年至2022年中央一号文件。

2. 中共中央宣传部编：《习近平新时代中国特色社会主义思想学习纲要》，学习出版社、人民出版社2019年版。

第三讲　实施乡村振兴战略的总目标

【导读】

党的十九大以来，习近平总书记把农业现代化拓展为农业农村现代化并逐步丰富了农业农村现代化的理论内涵。本章以习近平总书记关于农业农村农民现代化重要论述为指引，从推进农业高质高效发展、乡村宜居宜业建设、农民富裕富足三个维度全面阐述了实现农业农村农民现代化的内涵、面临挑战与实现路径。

习近平总书记指出，新时代"三农"工作必须围绕农业农村现代化这个总目标来推进。长期以来，为解决好吃饭问题，我们花了很大精力推进农业现代化，取得了长足进步。相比较而言，农村在基础设施、公共服务、社会治理等方面差距相当大。农村现代化既包括"物"的现代化，也包括"人"的现代化，还包括乡村治理体系和治理能力的现代化。我们要坚持农业现代化和农村现代化一体设计、一并推进，实现农业大国向农业强国跨越。[1] 没有农业农村现代化，就没有整个国家现代化。要举全党全社会之力推动乡村振

---

[1] 习近平：《把乡村振兴战略作为新时代"三农"工作总抓手》，《求是》2019年第11期。

兴，促进农业高质高效、乡村宜居宜业、农民富裕富足。① 这些重要论述明确了推进农业农村农民现代化的思路和着力点，就是要以农业高质高效发展推进农业现代化，以乡村宜居宜业建设为中心推进农村现代化，以农民富裕富足为目标推进农民现代化。

第一节　以农业高质高效发展推进农业现代化

20世纪80年代开始，"四个现代化"成为家喻户晓的发展目标，从此，农业现代化一直作为国家现代化的重要组成部分出现在政府报告中。2002年十六大报告提出"建设现代农业，加强农业基础地位"，2007年十七大报告强调"加强农业基础地位，走中国特色农业现代化道路"，2012年十八大报告进一步要求"坚持走中国特色新型农业现代化道路"，并提出"促进工业化、信息化、城镇化、农业现代化同步发展"。自2003年中央农村会议至十八大，党中央一直将农业强调为"一切工作中的重中之重"。

一、农业现代化的内涵与特征

国内外理论研究和实践表明，农业现代化概念有多个视角和不同维度的定义，因而具有不同理解的内涵和外延。一般而言，农业现代化的概念具有以下基本特征：一是综合性，农业现代化具有

---

① 《习近平在中央农村工作会议上强调　坚持把解决好"三农"问题作为全党工作重中之重　促进农业高质高效乡村宜居宜业农民富裕富足》，《人民日报》2020年12月30日。

丰富内涵；二是世界性，农业现代化需要从全球范围看；三是历史性，农业现代化是发展概念，反映的是一个动态的、渐进的和阶段性的发展过程；四是时空性，农业现代化在不同的时空条件下，随着人类认识程度的加深而不断被赋予新的内容。

从农业现代化的历史进程、内涵发展、全球实践看，农业现代化内涵具有鲜明特点：一是科学技术化，就是把先进的科学技术广泛应用于农业，不断提高科技进步对农业总产值增长贡献率的过程。二是农业机械化，实现农业机械化是提高农业劳动生产率的必由之路，是农业现代化的基础和最重要的标准，是国家经济社会发展的必然要求。没有农业机械化的支持，也就不可能有农业现代化。三是农业产业化，随着专业化和协作的发展，农业开始实行一体化经营和企业化管理，农产品的生产、加工、销售等各个环节走向一体化，农业与工业、商业、金融、科技等不同领域相互融合，城乡经济社会协调发展，农业产业链条大大延伸。四是农业生产专业化和市场化，农业生产向专门化、集中化的方向发展，市场在农业资源配置中发挥基础性作用，高度的专业化和市场化是现代农业与自给自足的传统农业的重要区别，也是农业现代化的重要特征。五是农业服务社会化，农业专业化和农业合作组织的产生，将分散的农户联合起来，使农业成为高度组织化的现代产业，为农业生产提供专门的社会化服务体系。六是劳动者技能化，提高劳动者素质是实现农业现代化的关键，劳动者的高素质化有利于创造先进的生产工具，运用先进的科学技术，采纳先进的管理经验和经营体制，促进农业增长方式的转变。七是政府支持制度化，农业相对其他产业处于弱势地位，需要政府对农业进行支持和保护，农业现代化进程中，大多发达国家把市场价格支持作为农业核心支持政策，作为保护农民生产积极性的主要手段。八是农业发展绿色化，要求建立人口、资源和环境良性互动机制，更加注重农业生态环境的治理与保护，重视农业生产资源投入的节约和资源的高效化利用，实现农业经济发展、农业资源和农业生态环境永续利用的良性循环。

回顾世界农业发展进程，可以划分为原始农业、传统农业和现代农业三个阶段。目前，在全球范围内，农业的几个阶段同时并存，呈现发展很不平衡的现状。发达国家已处于现代农业阶段，农业生产水平高，城乡差距小。部分发展中国家还停留在传统农业阶段，生产不稳定，城乡差距大。中国式发展中国家，在进入20世纪80年代中期以后，经过改革开放，传统农业逐步向现代农业转变，更多的是依靠制度创新、技术进步以及市场改革等，取得了世界公认的农业增长奇迹。

从当今世界农业发展看，呈现三个较为明显的趋向：第一，顺应科技进步从以手工劳动为主的传统农业向以机械化、产业化为主的现代农业转变，再向以生物化、信息化为主的知识农业转变。西方发达国家的农业已基本实现了现代化，其标志是机械化、生物化、信息化，一些最不发达国家的农业生产基本上还处于手工生产时期，大部分发展中国家的农业处于第二个发展阶段。第二，围绕质量效益，经历由以单个家庭生产经营为主向以公司生产经营、合作组织生产经营为主的转变。以美国为代表的一些国家的农民通过土地的规模经营，建立具有实力的农业生产公司；以日本和以色列为代表的一些国家农民，在土地适当分散经营的基础上，建立农民合作组织。第三，依托资源禀赋条件，发展路径由单一模式向多元模式转变。美国、加拿大、澳大利亚等国地广人稀，其农业现代化以提高劳动生产率为主，称为"劳动节约型"模式；日本、荷兰等国人多地少，主要通过集约化和规模化经营，提高土地生产率，称为"土地节约型"模式；以色列缺水，通过大力发展节水技术和节水制度，实现了农业现代化，被称为"水资源节约型"模式；德国、法国和英国等国人少地少，资本雄厚，走现代农业机械化和高科技的综合发展之路，称为"综合性技术进步"模式；等等。

与其他国家相比，由于国情农情不同，我国农业现代化既要符合世界农业发展的一般规律，也要体现出自身的本质特征：一是农村土地农民集体所有，决定了推进中国特色农业现代化建设，必须实行以家庭承包经营为基础、统分结合的双层经营体制，始终沿着社会主义道路、共同富裕方向前进。二是人口众多，解决好14亿人口的吃饭问题，始终是最根本的民生问题，是关系国家发展与安全大局的头等大事，必须主要依靠国内生产保障粮食等重要农产品供给。三是农业资源相对稀缺，必须注重提高农业基础设施水平，从而提高资源配置和利用效率。四是我国"大国小农"的基本国情农情，决定了促进小农户与现代农业有机衔接成为农业现代化的首要任务，农业现代化离不开小农户的现代化。五是我国地域广阔是农业现代化模式差异性的决定性因素，由此决定了我国的农业现代化建设，不可能按照一个模式去运行，需要积极探索适合各地区实际情况的实现农业现代化的路子。

二、我国农业现代化的进展与挑战

习近平总书记指出,没有农业现代化,没有农村繁荣富强,没有农民安居乐业,国家现代化是不完整、不全面、不牢固的。2016年10月国务院印发的《全国农业现代化规划(2016—2020年)》(简称:《规划》),围绕农业现代化的关键领域和薄弱环节,提出创新强农、协调惠农、绿色兴农、开放助农、共享富农五大发展任务,明确构建现代农业产业体系、生产体系、经营体系,走产出高效、产品安全、资源节约、环境友好的农业现代化道路。"十三五"时期,我国坚持稳中求进总基调,坚定不移贯彻新发展理念,紧扣打赢脱贫攻坚战和补上全面小康"三农"短板重点任务,凝神聚力推进《规划》落实、落地,以推进农业供给侧结构性改革为主线,不断完善农业支持保护政策体系,持续深化农村改革,发展壮大新型经营主体队伍,推动农业质量变革、效率变革、动力变革,实现了由改造传统农业到建设现代农业的转变,由一家一户分散经营向多元化适度规模经营的转变,由粗放发展向绿色生态可持续发展转变。据评估,我国农业现代化整体处于转型跨越初期阶段,东部沿海发达地区、大城市郊区、国有垦区和国家现代农业示范区等已基本实现农业现代化,这标志着农业现代化建设又迈上了一个新台阶,为开启全面建设社会主义现代化国家新征程奠定了坚实基础。具体体现在:

一是农业综合生产能力进一步夯实,粮食等重要农产品保障水平稳步提升。主要是始终把解决好14亿人口的吃饭问题作为治国安邦的头等大事，贯彻"确保谷物基本自给、口粮绝对安全"的新粮食安全观，坚持不懈抓好粮食生产，突出做好生猪稳产保供工作，统筹重要副食品生产供应，确保中国人的饭碗牢牢端在自己手上，为经济发展、社会稳定、国家安全提供了重要基础支撑。

二是农业供给侧结构性改革深入推进，农业质量和综合效益明显提升。主要是顺应城乡居民消费结构升级要求，处理好稳定粮食生产、优化农业结构与促进农民增收的关系，持续调整优化农产品结构和区域生产力布局，着力推动农业由数量导向转向提质导向。

三是农业创新体系加快构建，科技装备水平整体跃升。主要是坚持走中国特色农业科技自主创新道路，深化农业科技体制机制改革，全力攻克农业核心关键技术，推进科技与农业生产深度融合，强化实用性技术集成应用，农业机械化、信息化、智能化取得长足进步，加快农业发展由依赖资源要素投入转向创新驱动发展。

四是新型经营主体发展壮大，农业多种形式适度规模经营水平不断提升。主要是坚持以农户家庭经营为基础，合作和联合为纽带，社会化服务为支撑，赋予双层经营体制新内涵，加快发展集约化、专业化、组织化、社会化的现代农业经营体系，多种形式适度规模经营稳步发展。

五是乡村富民产业加快发展，产业融合发展水平明显提升。主要是立足农业农村资源，充分挖掘乡村多种功能和价值，聚焦重点产业，聚集资源要素，延长产业链、完善供应链、提升价值链，加快构建农业与二三产业交叉融合的现代产业体系。

六是农业绿色发展扎实推进，乡村生态环境显著改善。主要是牢固树立"绿水青山就是金山银山"的发展理念，中办、国办印发《关于创新体制机制推进农业绿色发展的意见》，深入推进农业绿色发展五大行动和农村人居环境整治三年行动，创建国家农业绿色发展先行区，加快推进投入品减量化、生产清洁化、废弃物资源化、产业模式生态化，着力构建山清水秀、天蓝地绿的农业生产环境和干净整洁、村美人和的农村生活环境。

七是农村改革全面深化，要素活力、发展动力进一步激发。主要是始终把改革创新作为农村发展的根本动力，从农业农村发展深层次矛盾出发，围绕重点领域和关键环节，坚持不懈推进农村改革和制度创新，有效解放和发展农村生产力。

八是城乡区域协调发展水平持续提高，农民同步迈入全面小康社会。主要是始终把促进城乡融合、区域协调摆在突出位置，着力构建机会平等、服务均等、成果普惠的农业农村发展新体制，让广大农民平等参与现代化进程、共享改革发展成果，努力确保全面小康路上一个都不掉队。

总体上看，党的十八大以来，我国农业现代化理念日趋先进、路径日趋清晰、模式日趋丰富，农业转型升级快、质量效益持续明显提高，使农民实惠不断增多、公平发展机会和权利得到更好保障。但是从全国看，农业发展基础差、底子薄、发展滞后的状况没有根本改变。突出体现在：一是农业设施装备离先进仍有差距。在机播和经济作物的机械化方面还有较大提升空间。温室大棚、喷灌滴灌、先进养殖圈舍等现代设施运用还不够广泛，人工智能等新技术应用到农业生产上还处于起步阶段。二是农业科技支撑力度仍显不足。比如从 20 世纪 80 年代起，发达国家就开始减施化肥、增施有机肥、推广新型肥料，研发推广高效无毒环保农药、兽药，兼顾农业高产和环境质量安全等，我国还需要追赶。还有，我国自主品种的玉米、大豆，单产只有美国的 60%，这些差距有种子技术问题，也有种植技术问题。三是农业经营管理面临诸多挑战。家庭经营规模化、集约化还需不断提高，农民合作社覆盖面普遍很小，大型农业企业市场综合实力普遍偏小。四是在建立现代农业产业体系、生产体系和经营体系方面。不仅是"种植、养殖、加工"，还有休闲旅游、文体体验、健康养老、电子商务等新产业新业态，实现一二三产业融合发展，存在许多明显短板弱项。

三、以农业高质高效发展加快推进"十四五"时期农业现代化

"十四五"时期，我国农业发展面临的外部环境更加复杂变化，这就需要把高质量发展贯穿始终，守牢国家粮食安全底线，坚定不移推进农业供给侧结构性改革，推动农业提质增效，加快农业现代化。

第一，切实保障粮食等重要农产品安全。习近平总书记多次强调，要确保中国人的饭碗任何时候都要牢牢端在自己手上，饭碗应该主要装中国粮。一是要深入实施"藏粮于地、藏粮于技"战略，落实粮食安全省长责任制，引导农业资源优先保障粮食生产，稳定粮食生产面积和产量，确保谷物基本自给、口粮绝对安全。二是大力发展现代畜牧业，加快恢复生猪生产，健全动物防疫体系。三是

加大农业水利设施建设力度，实施高标准农田建设工程，强化农业科技和装备支撑，提高农业良种化水平，巩固提升农业综合生产能力。四是健全农业支持保护制度，保护地方重农抓粮、农民务农种粮积极性。五是坚持最严格的耕地保护制度，严守耕地红线，严禁耕地非农化、防止耕地非粮化。六是加强重要农产品供给保障能力建设，提升粮、棉、油、糖、肉等收储调控能力。

第二，深化农业供给侧结构性改革。推进粮经饲统筹、农林牧渔协调，优化粮食品种结构，稳定发展优质粳稻，大力发展强筋、弱筋优质专用小麦，鼓励发展青贮玉米等优质饲草饲料，增加高油高蛋白大豆的供给。积极发展设施农业，因地制宜发展林果业。推进农业绿色转型，推动品种培优、品质提升、品牌打造和标准化生产，全面提升农业质量效益水平。

第三，强化现代农业的科技支撑。围绕实现高水平的农业科技自立自强，深入推进农业科技创新，开展农业关键核心技术攻关，加强种质资源保护利用和种子库建设，有序推进生物育种产业化应用，培育具有国际竞争力的种业龙头企业。强化大中型、智能化、复合型农业机械的研发应用，加强动物疫病和农作物病虫害的气象环境成因、传播机理、致病机制研究。完善农业科技创新体系，创新农技推广服务方式。

第四，优化现代乡村产业体系。完善乡村产业布局，推动形成县城、中心镇、中心村功能衔接的产业结构，推进县域、镇域产业的集聚，促进镇村联动发展，培育壮大特色鲜明、类型丰富、协同发展的乡村产业体系，打造农业全产业链，加快农村产业融合发展，纵向延伸产业链条，横向拓展农业产业功能，多向提升乡村价值。大力发展乡村新产业新业态，优化乡村休闲旅游业，培育乡村新型服务业，发展农村电子商务，推进农村创业创新，支持返乡入乡在乡创业，推进城市各类人才投身乡村产业发展。

第五，畅通城乡要素双向流动。健全城乡融合发展机制，推进县域内城乡融合发展，促进城乡人力资源双向流动。优化城乡土地资源的配置，建立健全城乡统一的建设用地市场，引导社会资本投向农业农村，不断增强农业农村发展活力。改善县、乡、村三级物流配送体系，构建农村物流骨干网络，改造提升农村寄递物流设施，补齐农村物流基础设施短板，推进乡镇运输服务站的建设，完善农贸市场等传统流通网点，打造农村物流服务品牌，创新物流运营服务模式。

第六，推进农业高水平对外开放。实施农产品进口多元化战略，稳定大豆、食糖、棉花等农产品国际供应链，发挥共建"一带一路"在扩大农业对外开放合作中的重要作用，深化多、双边的农业合作。围绕粮食安全、气候变化、绿色发展、水产等领域，积极参与全球农业科技合作，深度参与世界贸易组织涉农谈判和全球粮农治理。

第二节　以乡村宜居宜业建设为中心推进农村现代化

随着改革开放的开启和深入推进，我国农村生产力得到极大解放，农村现代化建设越来越受到重视，农村面貌在一定程度上得到改善。

一、"农村现代化"的内涵

十三届八中全会首次提出"农业和农村现代化"的表述，十五届三中全会将农村发生历史性巨变的标志总结为"开创了一条有中国特色的农村现代化道路"，2003年中央工作会议确定20世纪80年代以来中国农村发展取得的伟大成就之一是"开创了中国特色的农村现代化道路"。2005年，十六届五中全会提出"建设社会主义新农村"，在"生产发展、生活宽裕、乡风文明、村容整洁、管理民主"五项要求中，后三项均与推进农村现代化相关。党和国家也通过实施"村村通"工程（包括公路、电力、生活和饮用水、电话网、有线电视网、互联网等）、农村电影放映工程、"农家书屋"等一系列国家级工程，显著推动了农村现代化进程。十三届八中全会提出"农村的稳定和全面进步、农民的小康与农业的现代化"，这是党和国家首次将农业、农村、农民三方面联系起来并加以阐述。十六届五中全会提出的社会主义新农村建设，标志着党和国家真正将"三农"融为一体进行战略规划设计。

2013年中央农村工作会议提出"中国要强，农业必须强；中国要美，农村必须美；中国要富，农民必须富"，这标志着我国"三农"工作实现了由"重要"到"必须"的跨越。2017年，十九大明确提出"坚持农业农村优先发展""加快推进农业农村现代化"，这是农村现代化与农业现代化首次共同进入战略规划。2018

年中央一号文件将农业农村现代化与国家现代化并提，并将推进农业农村现代化发展划分为三个阶段；同年国务院印发的《国家乡村振兴战略规划（2018—2022年）》则进一步明确了农业农村现代化的发展愿景以及实践路径。这标志着党对农业农村现代化的认知实现了从"为何发展"上升到"如何发展"的跨越。2021年、2022年的中央一号文件均进一步强调，要全力加快农业农村现代化，明确到2025年农业农村现代化取得重要进展。

习近平总书记深刻指出，"在现代化进程中，城的比重上升，乡的比重下降，是客观规律，但在我国拥有13亿多人口的国情下，不管工业化、城镇化进展到哪一步，农业都要发展，乡村都不会消亡，城乡将长期共生并存，这也是客观规律"[①]。中国超大的人口规模决定即便城镇化率达到70%也仍将有四亿多人口在农村，这是中国现代化不能忽视的客观现实。没有农业农村现代化，中国式现代化是不可能取得成功的，这就决定中国式现代化必须既要推进工业化、信息化、城镇化，也要同步推进农业农村现代化，努力构建工农互促、城乡互补、全面融合、共同繁荣的新型工农城乡关系，让广大农民平等参与现代化进程、共同分享现代化成果。从理论研究和国内外实践看，农村现代化的基本要素至少有五个要素：一是基本生活设施现代化。就是要做到农村与城市在水、电、气、道路、通信等基本生活设施水平基本相当。20世纪70年代，法国、德国、日本等国农村基本是大电网供电，而我国2020年年底大电网刚全

---

① 中共中央党史和文献研究院编：《习近平关于"三农"工作论述摘编》，中央文献出版社2019年版，第44页。

覆盖到县。瑞典、芬兰等国能对90%的生活污水进行集中处理。而我们只有25%，任务还非常艰巨。二是基本公共服务健全。新时代脱贫攻坚使农村的教育文化、医疗卫生、社会保障有了显著改善。但是跟城市相比，差距依然明显。乡村振兴的目标就是要尽量实现县域内城乡公共服务一体化。三是物质生活水平较高。在收入水平上，农民与市民收入大体相当。有关专家推算，到2050年，我国农民平均收入与城市居民基本相当，城乡收入差距基本消除。四是生态环境宜居。普遍注重农村生态环境保护和人居环境整治，主要是污水、垃圾得到有效处理，卫生厕所得到普及。五是治理体系完善。结合中国乡村的实际，探索中国特色的乡村治理机制和体系，以党的基层组织为核心的农村组织体系进一步健全，真正实现自治、法治、德治，乡村社会和谐有序，农民获得感、幸福感、安全感更强。

到2035年我国基本实现现代化之际，农村现代化体现为一个有品质、有活力、有乡愁、有别于城市现代化的空间单元。有品质的农村，是指有完善的现代化设施体系、高质量的公共服务供给体系、安心舒适且高度便捷的环境，让生活在城市和农村相差无几，不仅让农村居民感受到幸福，也对城市居民产生强大吸引力。有活力的农村，是指有人气、有朝气、有活力的农村，是一个人人愿意居住、适合创新创业的场域。有乡愁的农村，是指能充分展现中国范、乡土韵、现代风，是一幅居民"望得见山、看得见水、记得住乡愁"的美丽画卷。

二、农村现代化的进展和面临的挑战

"十三五"时期,农村现代化进展主要体现在农村人居环境明显改善。主要是:深入学习浙江"千村示范、万村整治"工程经验,因地制宜、持续发力,全力推进农村人居环境整治各项重点任务,组织实施村庄清洁行动,集中整治农村环境脏乱差。扎实推进农村厕所革命,建立健全农村厕所建设与管护机制,集成推广一批适宜不同区域的农村改厕模式,着力抓好农村厕所粪污无害化处理与资源化利用。统筹推进农村污水治理与粪污处理,实行县域农村生活污水治理统一规划、统一建设、统一运行、统一管理,加强农村黑臭水体治理,累计建成农村污水治理设施50余万套。全面推进农村生活垃圾收运处置体系建设,积极推动农村生活垃圾分类,累计建成生活垃圾收集、转运、处理设施450多万个(辆)。截至2020年年底,全国农村卫生厕所普及率超过68%,农村生活垃圾收运处置体系覆盖90%以上的行政村,农村生活污水治理水平不断提升,95%以上的村庄开展了清洁行动,基本实现村庄干净整洁。

按照上述"三有"农村现代化目标,具体分解为设施齐全、服务便利、环境优美、文化繁荣、治理有效等"五大特征",以此为对照,现阶段农村现代化建设仍面临许多挑战。

从设施齐全看,当前,农村基础设施水平与农民美好生活需要还不匹配。加快补齐农村基础设施短板,不仅要在数量上实现水电路气等重要基础设施全覆盖,而且还要在质量上提升基础设施等级。

从服务便利看,教育、医疗、养老等公共服务是农民最关切的民生问题,高品质的公共服务是农村富裕的重要体现。在满足基本和兜底需求全覆盖后,需要适应农民美好生活需要提升品质。目前城乡标准还没有完全实现统一,与城市相比,部分农村公共服务的便利性、可及性还有比较大差距,品质化程度提高空间还比较大。

从环境优美看,现代化农村是生产、生活、生态"三生"功能有机体,既是保障自然系统安全的生态空间,又拥有美丽宜居的人居环境和绿色循环的农村生产生活方式。当前,不少乡村还不同程度存在"垃圾围村、污水横流"现象,村容村貌提升仍有较大空间。

从文化繁荣看,现代化农村要有农村的独有的味道和特点,不能丢了乡土特色。从各地实践看,农村现代化在文化方面的挑战主要是传承和弘扬好乡土文化还存在不少短板弱项,体现在居住形态单一、生活习惯过度城市化、文化传统的乡土特色淡化等。

从治理有效看,乡村治理是实现国家治理体系和治理能力现代化的重要内容,也是实现农村现代化的基石。现代化农村要求进一步夯实党的领导,实现基层自治水平不断提升,社会主义核心价值观深入人心,"德行唤德治"蔚然成风,尊法守法成为农村群体共同追求和自觉行动。但在不同区域,发展很不平衡,特别是在深化村民自治实践、推动乡村法治建设、提升乡村德治水平、建设平安乡村等方面还需要大力加强。

三、大力实施乡村建设行动加快推进农村现代化

乡村建设是实施乡村振兴战略的重要任务，也是国家现代化建设的重要内容。要牢固树立农业农村优先发展政策导向，把乡村建设摆在社会主义现代化建设的重要位置，加快推进乡村全面振兴。

一是科学推进乡村规划建设。规划是建设的蓝图，乡村建设必须坚持规划引领、有序推进。要统筹县域城镇和村庄规划建设，促进县域内整体提升和均衡发展。综合考虑土地利用、产业发展、居民点布局、生态保护和历史文化传承等因素，适应村庄发展演变规律，科学布局乡村生产生活生态空间，分类推进村庄建设。保护传统村落和乡村风貌，防止盲目大拆大建，注重保留乡土味道，让乡村"望得见山、看得见水、留得住乡愁"。乡村建设要坚持从实际出发，充分尊重农民意愿，不能搞"大跃进""一刀切"，不能违背农民意愿强行推进村庄撤并。

二是持续提升乡村宜居水平。围绕建设更加宜居的现代乡村，全面改善农村生产生活条件，推动实现城乡居民生活基本设施大体相当。要实施村庄基础设施改善工程，完善乡村水、电、路、气、通信、广播电视、物流等基础设施，健全运营管护长效机制。因地制宜推进农村改厕、生活垃圾处理和污水治理，实施河湖水系综合整治，改善农村人居环境。提升农房建设质量，支持新建一批功能现代、风貌乡土、成本经济、结构安全、绿色环保的宜居型示范农房。

三是推进县乡村公共服务一体化。适应农村人口结构和经济社

会形态的变化，强化农村公共服务供给县乡村统筹。要加快推动形成县域统筹规划布局、县乡村功能衔接互补的公共服务体系，提升城乡公共服务均等化水平。强化县城综合服务能力，加强乡镇公共服务功能，推动教育、医疗卫生等公共服务资源在县域内实现优化配置。

四是全面加强乡村人才队伍建设。没有乡村人才的振兴，乡村振兴就缺乏支撑。要着眼提高农民素质和技能，加大农民教育培训力度，提高农民科技文化素质，培育造就一支适应农业农村现代化发展要求的高素质农民队伍。落实吸引人才返乡留乡政策支持体系，打通城乡人才培养交流通道，解决好人才"引不进""留不住""用不好"问题，吸引各类人才投身乡村建设，推动乡村人才振兴。

第三节　以农民富裕富足为目标推进农民现代化

习近平总书记高度重视农民问题，特别是重视提高农民素质，促进农民现代化问题，为农民现代化建设指明了方向。习近平总书记指出，要促进农业全面升级、农村全面进步、农民全面发展，培养有文化、懂技术、会经营的新型职业农民。突出农民主体地位、保障农民发展能力，实现小农户和现代农业发展有机衔接。要加快构建促进农民持续较快增收的长效政策机制，让广大农民都尽快富裕起来。党的十九大报告、"十四五"规划、《中华人民共和国乡村振兴促进法》《农村工作条例》《国家乡村振兴战略规划（2018—2022年）》都对构建新型工农城乡关系，提高农民综合素质，提升农民思想道德和科学文化素质，培育新型农民和农村实用人才，推动乡村人才振兴，保障农民权益，增加农民收入等方面作出了部署安排。近年特别是党的十八大以来，连续多年的中央一号文件都对提高农民素质，加强农民教育培训，加快农业科技进步，支持农民开展双创，发展农村各类教育，促进乡村人才振兴等作出重要部署。这些重要论述和政策取向的实质，就是要提高农民的现代化水平。农民全面发展就是要实现农民现代化，农民全面发展是农民现代化的最高境界。

一、实现农民现代化的意义和内涵

（一）实现农民现代化的重大意义

首先，实现农民现代化是"以人民为中心"发展理念的具体体现。我们党根基在人民、血脉在人民。"以人民为中心"是我们党矢志不渝的价值追求。我国现在有超过5亿人居住在农村。中国要富，农民必须富。习近平总书记强调，"要围绕农民群众最关心最直接最现实的利益问题，加快补齐农村发展和民生短板"。为此，要通过健全基本公共服务体系，完善共建共治共享的社会治理制度，推动县域内城乡融合发展，持续缩小城乡区域发展差距，让低收入人口和欠发达地区共享发展成果，在现代化进程中不掉队、赶上来，扎实推动共同富裕，不断增强人民群众获得感、幸福感、安全感，促进农民的全面发展，实现全面现代化。让广大农民平等参与现代化进程、共同分享现代化成果，是"以人民为中心"发展理念的具体体现。

其次，实现农民现代化是实现乡村振兴核心目标的关键。广大农民是"产业兴旺、生态宜居、乡风文明、治理有效、生活富裕"的建设者、见证者和享有者，农民现代化是实现农业农村两个现代化的根本和前提，全面推进乡村振兴就是要实现"三农"现代化。没有农民的现代化，就没有真正意义上的农业农村现代化，就没有国家现代化；抓住了农民现代化就抓住了农业农村现代化的关键，就抓住了全面乡村振兴的根本，就抓住了农民全面发展的重点，就抓住了走共同富裕道路的核心。

最后，实现农民现代化是中国特色社会主义现代化的重要内容。中国特色社会主义现代化本质上是以人民为中心的全面发展现代化。没有农民现代化就没有人的全面发展现代化，没有农民现代化就没有"五位一体"总体布局的现代化，没有农民现代化就不可能实现国家治理的现代化，实现农民现代化是中国特色社会主义现代化的重要内容。

（二）实现农民现代化的丰富内涵

中国特色社会主义现代化立足于"人"的现代化，是在马克思主义理论指导下形成的具有中国特色的综合性概念，既包含物质层面的现代化，也包括精神层面的现代化。农民现代化作为中国特色社会主义现代化的重要内容，应该从"走向共同富裕、提升现代生活质量、实现人的全面发展"等方面进行深入理解。

第一，走向共同富裕是中国特色农民现代化的首要任务。共同富裕是社会主义的本质要求，是"农民富"的具体体现，是中国式现代化的重要特征，是实现第二个百年奋斗目标的重要内容。为实现共同富裕，一是需要提高全体农村居民的收入水平，实现收入绝对值的增长，二是进一步缩小城乡收入差距，不断扩大乡村中等收入群体，实现收入差距的缩小、收入相对值的增长。

第二，提升现代生活质量是中国特色农民现代化的重要内容。人民生活水平的高低是新型现代化的重要表现，现代生活质量的提升也自然构成了农民现代化的重要内容。为提升现代生活质量，不仅要让农民吃得好还要吃得起，不仅要让农民用得起耐用消费品还要让农民居住质量高、能够享受信息经济社会带来的便利。

第三，实现人的全面发展是中国特色农民现代化的应有之意。实现人的全面发展是中国特色农民现代化的应有之意，是以人民为中心发展的具体体现，也是人类发展的最终追求。为实现人的全面发展，不仅要提高农民文化素养，使其成为"文化人"；还要"提高农民素质"，"培养有文化、懂技术、会经营的新型职业农民"，"要完善职业培训政策，提高培训质量，造就一支适应现代农业发展的高素质职业农民队伍"；还要把保障人民的健康放在优先发展的战略位置，加快实施健康中国行动；还要提升农民的自治、法治和德治意识与能力。

按照农民的现代化是指传统农民转化为现代农民的理解，农民现代化至少包括三个方面：一是文化素质较高。农民平均受教育水平至少达到12年（中职或高中水平），持续接受技能培训，熟悉现代农业经营管理知识和政策法规，掌握一门以上现代农业实用技术。村干部达到专科以上文化水平。二是现代观念较强。农民社会责任感显著增强，彻底根除厚葬薄养、高价彩礼等陈规陋习，重视生态环境保护，自愿参与基层治理。具有强烈的市场意识，善于利用市场规则经营管理，主动参加农业合作社，会用现代金融手段扩大生产、规避风险。三是生活方式健康。农民生活与城市逐步接轨，精神生活丰富，健康文体活动成为主要休闲方式，绿色低碳生活方式得到普及，养成健康的卫生和饮食习惯。

二、农民现代化的进展与挑战

改革开放以来，特别是党的十八大以来，我国实施乡村振兴战略，大力推进农业农村现代化，农民现代化水平明显提高。一是农民收入水平快速提升。始终把千方百计促进农民持续增收作为农业农村工作的中心任务，在国家各项强农惠农富农政策的推动下，不断稳定基本盘、拓宽增收面、提升增收点，挖掘农业内部增收潜力，获取农村一二三产业融合增值收益，激发新产业新业态发展活力，分享农村改革红利，农民收入的多元化增长态势明显。"十三五"期间，农民收入持续较快增长，2020年农村居民人均可支配收入达到17131元，年均实际增长6%，提前一年实现翻番目标。城乡居民收入比由2015年的2.73稳步下降至2.56。同期，农村居民人均消费支出由9223元提高到13713元，年均实际增长8.3%，农民的获得感、幸福感显著提升。二是高素质农民加快培育。启动实施高素质农民培育工程和百万高素质农民学历提升行动计划，着力健全完善"一主多元"的高素质农民教育培训体系，初步建立教育培训、发展扶持、引导激励相衔接的培育机制，培育的针对性、规范性、有效性大幅提升，基本实现高素质农民培育由单一的技术培训拓展向技能培育和经营管理并重转变。截至 2020 年年底，全国高素质农民规模超过 1700 万，高中以上文化程度占比达到 35%，大批高素质农民活跃在农业生产经营一线，成为新型农业经营主体的骨干力量。三是农村实用人才队伍进一步壮大。深入实施农村实用人才带头人素质提升计划，重点面向贫困地区，开展农村实用人才带头人示范培训，累计培训 8 万余人，为农村培养了一大批留得住、用得上、干得好的带头人，辐射带动各地加大农村实用人才培训力度。截至 2019 年年底，全国农村实用人才总量约 2300 万人，为脱贫攻坚和乡村振兴提供了有力人才支撑。

推进农民现代化的主要挑战：一是"大国小农"是我国的基本国情农情。根据第三次农业普查数据，我国小农户数量占到农业经营主体 98% 以上，小农户从业人员占农业从业人员 90%，小农户经营耕地面积占总耕地面积的 70%，全国有 2.3 亿户农户，户均经营规模 7.8 亩，相当于欧洲国家的 1/20，美国的 1/200，预计到 2035 年城镇化率达到 70%，全国仍将有四五亿人生活在农村，小规模分散经营仍将长期存在，因此，小农户是我国农业生产的基本组织形式，必须走中国特色农民现代化道路，引入现代生产要素改造小农户，促进小农户适应和容纳不同生产力水平，在农业现代化过程中不掉队。二是农民现代化的多样性。既要考虑从事农业生产的小农户现代化问题，还要关注新型农业经营主体农民（主要是领办农民合作社、家庭农场、种粮大户等新型农业经营主体农民）、关注农业专业化及社会化服务组织的新农人、关注兼业经营的农民、关注转移进城的 2.9 亿农民工中没有在城市落户的 1 亿多人（这部分农民的现代化建设任务相当艰巨）。三是农民现代化的过程，是改变农民、提高农民、减少农民的过程。随着我国科技创新发展和农业现代化水平的提高，农民数量不断减少。2010 年到 2020 年，我国农村常住人口由 6.5 亿人减少到 5.1 亿人，农村劳动力从 5.3 亿人减少到 3.3 亿人。即使我国城市化率达到 70%，在农村居住的人口仍然有四五亿人。

三、加快推进农民现代化的对策

一是着力提升农民思想政治素质。加强农村思想政治工作，建全农村思想政治工作制度。加强农村基层党组织建设，广泛开展农村基层党员"两优一先"活动，开展共同致富党员带头人活动。加强农村思想文化基础设施建设，开展农村喜闻乐见的文化活动，加强党对农村思想政治工作领导。提高农民思想政治文化素养，树牢"四个意识"，坚定"四个自信"，坚决做到"两个维护"，听党话，跟党走，感觉恩，坚定不移走中国特色社会主义道路。

二是着力提升农民科学文化素质。加强农民科技培训，制订农民定期培训制度，坚持农民科技特派员制度。建全完善乡镇农业科技推广中心，强化农业科技推广和农民培训教育，加强种植、养殖、加工、流通、品牌、植保、动防等专业人才培养和技术培训。以乡镇为单元，实施以会代训、以岗代培方式，争取利用三年时间全国乡镇轮训一遍。举办专业技术传承培训班，培养农村专业特长人才和能工巧匠。

三是着力提升农民创业创新素质。深入开展农村双创活动，搭建农民双创平台，培育农民创业创新的新业态、新模式，培育农村大工匠和能工巧匠。培育农村特色产业带头人，加快"一村一品、一乡一业、一县一特"发展，提高农业科技成果转化率和农民就业率。加大农民创业创新能力培养力度，促进农民就业增收。

四是着力提升农民文明文化素质。学习传承中华民族优秀文化，提高文明程度。勤俭节约，不浪费粮食。倡导移风易俗，不搞封建迷信。加强农村文化设施建设，发挥农村书屋、文化活动站作用。开展农村文化舞台活动，鼓励乌兰牧骑等文艺演出活动。和睦邻里，孝老爱亲，讲究卫生，保护生态环境。传承农耕文明和优秀乡土文化，培育农村文艺工作队伍。

五是着力提升农民受教育程度。开展农民特别是青年农民学历教育，提高受教育程度。改善农民学历偏低、结构不合理、专业知识薄弱状况。办好农村职业学校，加强农民职业教育。鼓励吸引大学生和城市科技人员到农村就业创业。

六是着力提升农民身心健康素质。加强农民健康知识教育，养成良好卫生和生活习惯。加强农村医疗体系建设，完善农村医疗保障体系，实行大病救助制度，地方病得到有效控制。做到农民发病率明显降低，农村居民平均病床有效覆盖。加强农村饮水工程建设，提高自来水系统复盖率。提高农产品质量安全水平，肉类蔬菜水果等综合合格率要达到98%以上。

七是着力提升农民经营管理素质。切实提高农民的管理水平，学会产前产中产后管理，加快提高现代信息技术应用能力，提高农业生产经营管理手段现代化。提高农村电商入村率,掌握用现代流通技术开拓市场能力。以诚信赢得市场,讲究信誉,不生产不销售假冒伪劣农产品,不套牌农业品牌。

八是着力提升农民法治素质。加强农民"三治"(自治、德治、法治)教育,增加法律知识,提高懂法、守法、用法意识。大力减少农村违规违纪违法事件发生率。自觉保护生态环境,严格生活废弃物管理,维护村庄青山绿水。自觉严格生产操作规范,按标准使用农业投入品,把好农产品质量关口。

九是着力提升农民生活水平。农民收入水平明显提高。农村集体经济加快发展,对农民增收贡献率逐步提高。农民衣食住行得到明显改善。农民生活和农村生态环境良好,农民生活方式转变,绿色生活方式蔚然成风,农村居民恩格尔系数中文化支出比重明显增加。

思考题

1. 如何理解实施乡村振兴战略的总目标?
2. 如何理解农业、农村、农民现代化的内涵和意义?
3. 如何加快推进农业、农村、农民现代化?

拓展阅读书目

1. 农业农村部农村经济研究中心:《走好农业农村现代化之路》,研究出版社2021年版。
2. 《"十四五"推进农业农村现代化规划》,2021年11月12日,中国政府网。

第四讲　坚决守住不发生规模性返贫底线

【导读】

巩固脱贫攻坚成果、坚决守住不发生规模性返贫底线是兑现庄严承诺的必然要求，是精准方略的自然延伸，是实现脱贫攻坚制度体系向乡村振兴制度体系转换的重要内容，要切实做到"巩固住了再往前走"。巩固脱贫攻坚成果要牢固树立底线意识，以"三类人群"为重点，不断完善动态防返贫监测和帮扶机制，严格落实"四不摘"要求，保持主要帮扶政策总体稳定。通过推动高质量发展的做法，持续壮大产业、促进就业，提升低收入人群的自我发展能力。继续做好控辍保学工作，促进返校学生能够留得住、学得会、有志向；做好健康扶贫成果巩固，逐步完善和优化医疗保障政策，切实防止因病返贫。对易地移民搬迁社区要加强后续帮扶，完善社会治理和社会服务体系；对生态脆弱地区，要不断增强防灾减灾能力，增强农业体系、社会体系的韧性。

巩固好脱贫成果是精准扶贫精准脱贫基本方略的自然延伸，是兑现好庄严承诺的必然要求，是乡村振兴的底线任务和前提与基础，同时也是重大的政治责任。习近平总书记指出，"胜非其难也，持之者其难也"。要切实做好巩固拓展脱贫攻坚成果同乡村振兴有效衔接各项工作,让脱贫基础更加稳固、成效更可持续。对易返贫致贫人口要加强监测,做到早发现、早干预、早帮扶。对脱贫地区产业要长期培育和支持,促进内生可持续发展。对易地扶贫搬迁群众要搞好后续扶持,多渠道促进就业,强化社会管理,促进社会融入。对脱贫县要扶上马送一程,设立过渡期,保持主要帮扶政策总体稳定。要坚持和完善驻村第一书记和工作队、东西部协作、对口支援、社会帮扶等制度,并根据形势和任务变化进行完善。要压紧压实各级党委和政府巩固脱贫攻坚成果责任,坚决守住不发生规模性返贫的底线。这些重要论述,为做好巩固脱贫攻坚成果工作,提供了根本遵循。巩固拓展脱贫攻坚成果重点要着力做好以下工作:一是进一步完善和落实动态防返贫监测与帮扶机制,切实做到精准监测、精准帮扶。二是抓好产业和就业两个关键,着力发展壮大脱贫地区特色优势产业,逐步提高脱贫人口家庭经营净收入比重;着力稳住脱贫人口就业规模,增强脱贫人口就业能力。三是紧盯国家乡村振兴重点帮扶县和易地移民搬迁扶贫安置区两个重点。四是重点关注医疗保障和饮水安全两个主要的风险点。五是发展好新型农村集体经济,管好用好扶贫项目资产,为稳定脱贫筑牢基础。六是继续发挥好社会力量作用,完善东西部协作、中央定点帮扶和社会力量帮扶机制。七是继续做好驻村帮扶工作,持续加强农村基层组织建设[1]。本章将对上述巩固脱贫攻坚成果的实践路径进行具体阐析。

---

[1] 刘焕鑫:《把巩固拓展脱贫攻坚成果放在突出位置 坚决守住不发生规模性返贫底线》,2022年1月13日,国家乡村振兴局网站。

第一节　保持政策总体稳定

稳定脱贫是精准扶贫精准脱贫基本方略的必然要求，直接表征着脱贫成果的成色，关系到脱贫群众切身利益和人民对党的工作的认可。从国际减贫经验来看，实现稳定脱贫有赖于一揽子支撑性条件，核心是脱贫地区发展环境持续向好和脱贫人口自我发展能力提升。因此要保持政策支持的稳定性，逐渐达至发展环境根本改善、发展能力有效提升的程度；要注重对各种影响稳定脱贫风险因素保持足够重视，逐步降低脆弱性，提升发展韧性。

众所周知，脱贫攻坚制度体系抓手齐全、机制完善、协调有效、落实有力，是中国"三农"理论创新和实践创新成果的集中体现，有效克服了国际减贫政策碎片化、机制重叠冲突的弊端，经过实践证明其科学性和有效性，对打赢脱贫攻坚战提供了坚强支撑。在巩固拓展脱贫攻坚成果阶段，保持主要帮扶政策总体稳定，是守护脱贫成果、确保稳定脱贫的关键。实践层面则涵盖了落实"四个不摘"要求的各项制度设计，具体来说过渡期内严格落实"四个不摘"要求，摘帽不摘责任，防止松劲懈怠；摘帽不摘政策，防止急刹车；摘帽不摘帮扶，防止一撤了之；摘帽不摘监管，防止贫困反弹。现有帮扶政策该延续的延续、该优化的优化、该调整的调整，确保政策连续性。兜底救助类政策要继续保持稳定。落实好教育、医疗、住房、饮水等民生保障普惠性政策，并根据脱贫人口实际困难给予适度倾斜。优化产业就业等发展类政策[①]。

一、提升思想认识，摘帽不摘责任

巩固脱贫攻坚成果是乡村振兴的前提和基础，是当前"三农"工作最重要的任务之一，该项工作的难度不亚于脱贫攻坚，需要切实提升政治站位，逐级压实工作责任。在思想认识层面，基层党委政府要切实摒弃歇脚缓劲思想，保持工作劲头，坚持把巩固拓展脱贫成果作为脱贫县的头等大事和第一民生工程来抓。要充分认识到巩固脱贫成果任务的重大意义和艰巨性，强化组织领导体系，逐级压实责任，有序推进巩固拓展脱贫攻坚成果各项工作，严守不发生规模性返贫的底线。

其一，充分认识巩固脱贫攻坚成果的多层面重大意义。从脱贫攻坚到巩固拓展脱贫成果，贯彻始终的是人民利益至上的执政理念，变的是目标阶段和任务重点，不变的是初心使命和责任情怀，既是讲好中国故事、贡献世界减贫事业的需要，也是增强"四个意识"、做到"两个维护"的践行。严格落实"四个不摘"，保持工作责任、政策帮扶的连续性，确保投入力度不减，工作推动机制更优，是巩固拓展脱贫成果的现实需要，也是地方党政自觉做到"两个维护"的行动体现。具体来说，巩固脱贫成果的意义体现在四个层面：首先，巩固拓展脱贫成果是兑现庄严承诺的必然要求。赢得脱贫攻坚伟大胜利，兑现了执政党对人民的"庄严承诺"，极大增

[①] 中共中央、国务院：《关于巩固拓展脱贫攻坚成果与乡村振兴有效衔接的指导意见》。

强了社会各界"四个自信"。特别是,高质量实现脱贫摘帽,凝聚了党心民心;高标准贯彻精准扶贫精准脱贫基本方略,让老百姓增强了对党的政策的理解与认同,坚定了在党的领导下实现乡村振兴的信心。在此意义上,巩固脱贫成果,实际上就是巩固党的建设成果,体现了巩固党的执政根基的必然要求。其次,巩固脱贫成果是精准扶贫精准脱贫基本方略的自然延伸,是"脱贫成效"赢得人民认可、经得起历史检验的关键。习近平总书记多次强调,赢得脱贫攻坚的伟大胜利是"庄严承诺""一诺千金"。坚持精准扶贫精准脱贫基本方略,建立稳定脱贫长效机制,做到"脱真贫、真脱贫","脱贫成效"要得到人民的认可,经得起历史检验。刚刚实现脱贫目标的农户、社区和贫困地区,在自然、市场等多重风险因素的侵袭下,返贫存在较高风险,需要在一定时期内保持政策的延续性,建立稳定脱贫的长效机制,对于防止返贫具有重要意义。再次,巩固脱贫成果是做好脱贫攻坚与乡村振兴战略衔接的重要内容,是全面实施乡村振兴战略推进社会主义现代化强国建设进程的客观要求。党的十九大报告描绘了未来中国特色社会主义现代化强国建设的宏伟蓝图,指明了未来改革与发展的前进方向。实现脱贫攻坚总体目标,不仅是全面建成小康社会的标志性指标,也是为全面实施乡村振兴补短板、打基础的关键之举。通过实施脱贫攻坚战略,贫困县县域经济社会发展面貌显著改善,初步形成了内生动力和良好发展态势,为全面实施乡村振兴战略打下了较好基础。巩固脱贫成果着眼于进一步夯实基础,提振内生动能,保持良好发展态势,在新一轮发展的机遇期中就会乘势而起,赢得更大的胜利。最后,对于脱贫县而言，巩固脱贫成果是进一步完善县域治理体系提升治理能力的需要，是县域推进国家治理体系现代化的重要内容。县一级在中国国家治理体系中是非常重要的层级，不仅是重要的行政单元、发展单元，也是基本的治理单元，县域治理体系和治理能力的现代化是国家治理体系现代化的重要内容之一。在脱贫攻坚过程中，县域不仅是各项政策资源下沉到基层的前线指挥所，也是改革与创新的前沿阵地。围绕着打赢脱贫攻坚战，县域治理领域各项改革措施密集出台，解决了一些长期想解决却解决不了、解决不好的问题，形成了众多体制机制创新。这些创新成果，不仅对于脱贫攻坚促进贫困治理体系形成本身具有意义，也为未来县域治理的其他领域实践提供可资借鉴的方案。因此，巩固脱贫成果，着眼于将这些创新做法、经验模式，及时转化为县域治理的制度化安排，从而更好提升县域治理水平。

其二，把巩固脱贫攻坚成果作为"头等大事"和第一民生工程，完善组织领导体系，压实工作责任，做好监督检查。对于脱贫县来说，过渡期内要坚持把巩固脱贫成果作为党委和政府的头等大事来抓，坚持以巩固拓展脱贫攻坚成果与乡村振兴有效衔接统揽脱贫县经济社会发展全局。全面建成小康社会时期，把打赢脱贫攻坚作为"头等大事"和第一民生工程，是充分体现党对脱贫攻坚工作领导，发挥好政治优势和制度优势的集中体现。按照习近平总书记关于扶贫工作重要论述，脱贫攻坚战坚持"五级书记一起抓"，党政双组长制的组织领导体系，围绕着打赢脱贫攻坚战各项政策部署落实落细，明确行业部门的工作责任，完善多方协力的工作格局，明确帮扶责任，提升帮扶成效。正是因为建立了完备的组织领导体系，和多方参与、各司其职的工作责任体系，脱贫攻坚各项工作才得以有序推进，取得伟大成就。甚至可以说对于县域治理来说，脱贫攻坚留下了一套组织有力、协作高效的治理体系。这些经验为巩固脱贫攻坚成果提供了重要的参照，值得认真坚持并不断巩固完善。

二、盯紧目标群体，摘帽不摘政策

其一，稳定帮扶政策。针对贫困人口、贫困村、贫困地区减贫与发展的实际需求，科学安排有回应性的政策举措，提升政策供给对多元化、差异化需求的回应能力，是精准扶贫精准脱贫基本方略的要旨，也是中国赢得脱贫攻坚全面胜利的核心经验之一。保持帮扶政策总体稳定，对于巩固拓展脱贫攻坚成果具有根本性意义。众所周知，刚刚实现脱贫的群众、社区和地区，发展的基础依然比较薄弱，在遇到各类风险因素的时候，极容易重新陷入贫困。同时，理论研究表明，可靠降低"易致贫性"最有效的方式是在发展环境得到改善的基础上，持续增强可持续生计能力，降低各维度脆弱性。以此视角来看，保持主要帮扶政策总体稳定，是精准方略的自然延伸，是庄严承诺的必然要求。按照《中共中央 国务院关于实现巩固拓展脱贫攻坚成果同乡村振兴有效衔接的意见》，实现脱贫目标以后，要保持主要帮扶政策总体稳定，防止政策急刹车，结合巩固脱贫成果形势，现有帮扶政策该延续的延续、该优化的优化、该调整的调整，确保政策连续性。实践层面，要找准政策干预的关键点，精细部署、精准谋划，切实巩固"五个一批"脱贫项目的成效，如持续提升产业项目和就业增收的质量，通过推动发展质量的办法，促进脱贫人口持续增收。需要特别注意的是，要及时研判政策调整、市场变动、风险因素对贫困群体生产生活所产生的影响，采取及时有效的政策支持，确保守住"两不愁三保障"的成果。

其二，做好重点帮扶。巩固脱贫成果除了要切实落实好"四个不摘"的总体要求，还要针对重点区域、重点人群对象，做好精准帮扶。对原深度贫困县、深度贫困乡镇和深度贫困群体，做好重点监测，做到格外关心、格外关爱。通过深入调研分析，谋划和实施一批补短板促发展的项目。通过加大教育医疗组团式帮扶，提升重点帮扶县的教育和医疗服务能力，通过选派科技特派团、产业技术顾问等方式做好技术帮扶，解决产业发展和持续增收的瓶颈问题。对易地移民搬迁社区，加强就业指导和就业帮扶，积极解决搬迁户生产生活诸方面的困难，进一步完善易地移民搬迁社区的服务体系，提升治理能力。此外，针对长期病患照料家庭、重度残疾人、独居老人等特殊群体，加强联系和服务，完善救助和服务体系。对于上述重点帮扶区域（对象），要更加注重完善各方主体协力协同的机制。

三、提升工作本领，摘帽不摘帮扶

脱贫攻坚的成功经验表明，落实好中央各项决策部署，将党的好政策执行好，离不开一支有情怀、有能力的帮扶干部队伍。继续做好驻村帮扶工作，是巩固拓展脱贫攻坚成果的重要支撑，也是不断锻炼干部、提升能力，不断密切党群干群关系，夯实党的执政基础的有效举措。

其一，加强驻村帮扶。选派第一书记和驻村工作队，是中国共产党领导"三农"工作的重要实践创新，在脱贫攻坚阶段发挥了重要的作用。脱贫攻坚期间，全国累计选派25.5万个驻村工作队、300多万名第一书记和驻村干部，同近200万名乡镇干部和数百万名村干部一道奋战在扶贫一线，鲜红的党旗始终在脱贫攻坚主战场上高高飘扬。通过驻村帮扶，脱贫攻坚做到了底数清、情况明，各项政策落实落细有了工作队伍基础，老百姓多了知心人，乡村多了与外界的联系。前文已述，巩固拓展脱贫攻坚成果任务依然十分艰巨，通过加强和优化驻村工作帮扶机制，确保动态监测和帮扶及时有效，让各项政策支持能够更加精准地与所在村的实际需求衔接和匹配，对老百姓急、难、愁、盼的需求，做到及时、暖心的服务和跟进。

其二，提升工作能力。巩固拓展脱贫攻坚成果面临着一系列新的要求、新的形势和新的挑战。做好巩固拓展脱贫攻坚成果与乡村振兴有效衔接的各项工作，需要不断增强帮扶干部的工作能力，克服本领恐慌。具体来说主要包括如下几个方面的内容：一是帮扶干部要提升政治能力。正确认识巩固拓展脱贫攻坚成果的重大意义，提升做好该项工作的责任感、荣誉感，要树牢为民情怀，把巩固拓展脱贫攻坚成果作为建功立业的宽广舞台。二是要帮扶干部提升调查研究能力。巩固拓展脱贫攻坚成果与乡村振兴有效衔接的前沿阵地在乡村，有哪些需求、哪些风险、哪些难点要通过怎样的帮扶来解决，需要通过细致的调查研究来精准把握需求，才能为更好落实政策做好帮扶奠定基础。三是要提升谋划发展能力。促进发展质量不断提升是巩固拓展脱贫攻坚成果的最有效支撑,特别是要提升对产业发展规律的认识,提升与村级党组织和农户共同谋划发展的能力,要善于谋划产业提质升级的路径,要善于谋划产业聚力凝心的方法。四是要提升推动改革能力。乡村改革是破解乡村发展、乡村建设、乡村治理瓶颈与难点的关键,也是巩固拓展脱贫成果与乡村振兴有效衔接的重要内容。如何通过改革创新的办法,充分激活乡村社会沉睡资源,促进更有活力、更具韧性的产业组织模式,涉及大量的改革任务,因此驻村干部要不断增强推动实践创新、促进改革目标实现的能力。五是要提升应急、应灾能力。脱贫地区和脱贫人口的发展基础依然十分薄弱,极易受各类风险因素的侵扰而再度陷入贫困,尤其是重点区域和重点人群需要特别关心、特别关注,因此在驻村工作中要牢固树立风险意识,与基层党组织一道着力推动常战兼顾的应灾、应急体系。六是要提升群众工作能力。群众工作关系到党的执政基础,关系到百姓切身利益,关系到各项政策举措落实落地。巩固拓展脱贫攻坚成果是脱贫地区群众的热切愿望,工作中要坚持党的群众路线,提升群众工作本领,善于发动群众、引导群众、团结和带领群众,为持续把作风建设与具体工作相结合,把群众所思所盼记在心上,与群众一起想办法、找路子,抓巩固、促振兴。七是要提高抓好落实能力。发展蓝图、政策部署如何转化为实实在在的成果,抓好落实是关键。特别是落实在基层、落实靠基层,巩固拓展脱贫攻坚成果各项政策的"最后一公里"问题如何解决,需要有精细思维、系统思维,既着眼长远,又兼顾当下，绵绵用力、久久为功。特别是要善于因地制宜、精准施策，找准最大的需求、最短的短板，制定路线图，凝聚行动力。

四、做好资产梳理，摘帽不摘监管

在脱贫攻坚过程中，各类政策投入不仅帮助建档立卡户实现了成功脱贫，同时在乡村形成了规模可观的资产。这些资产如何管护？收益如何分配？如何促进资产可持续增值？这些问题既是巩固脱贫攻坚成果的重要内容，也是为推动乡村全面振兴奠定坚实基础的重要路径。还应看到，管好用好各类资产，涉及公平正义，有助于乡村公共事业发展，是实现好农业农村发展、农民利益的重要依托。

首先，要摸清资产底数。所谓扶贫项目资产，指的是由各级各类财政扶贫资金（各级财政资金、地方政府债券资金、东西部协作、社会捐赠和对口帮扶等）投入形成的资产[1]。大致而言，扶贫项目资产可以分为三个大的类别，分别是公益性资产、经营性资产和到户资产。经营性资产主要为具有经营性质的产业就业类项目固定资产及权益性资产等，公益性资产主要为公益性基础设施、公共服务类固定资产等，到户类资产主要为通过财政补助等形式帮助贫困户发展所形成的生物性资产或固定资产等[2]。对于各种类型资产，要全面摸清底数，分类建立规范管理的台账，特别是对公益性资产和

---

[1] 此外行业部门的财政资金所形成的资产也被鼓励纳入监管。
[2] 国家乡村振兴局、中央农办、财政部：《关于加强扶贫项目资产后续管理的指导意见》。

经营性资产要做到不遗漏、全覆盖。

其次，要做好管护经营。扶贫项目资产的管护经营，是巩固拓展脱贫攻坚成果的重要内容。按照资产的不同类型和权属，要明确管护方式和管护责任。对于公益性资产主要是基础设施和公共服务类，多具有跨区域特点和公共投入性质，因此主要的管护责任主体多在县一级，要明确管护责任主体，完善管护工作体系，安排专门管护资金，确保公益性资产能够维持良好运营状态，避免非正常损耗。对于经营性资产，要明细产权，防止资产流失和被侵占，根据资产性质合理确定资产经营方式，通过委托经营、资产入股等形式实现资产良好经营绩效和保值增值。

最后，要用好资产收益。扶贫项目形成资产是实现项目可持续运转、巩固脱贫成果，以及促进乡村公共事业发展的重要资源，同时用好资产收益是守护公益性质、维护社会公平正义、促进共同富裕的重要议题。在资产收益的使用方面，要通过完善治理结构，明确用途和使用规范，充分实现资产收益的社会价值。要在扶贫资产收益使用中，根据资产性质，合理确定收益统筹使用的比例和范围。

第二节 持续增加脱贫群众收入和壮大集体经济

从根本上改变脱贫地区落后面貌，关键是要把产业切实发展起来。要持续提升帮扶产业规模和质量，积极打造特色优势产业和劳动密集型产业，加强与发达地区的经济联系，不断带动脱贫人口就业和增收。要加强基层党组织建设，健全乡村治理体系，增强乡村服务功能，推动农村集体经济发展壮大。

一、提升产业就业质量

无论是从国际减贫经验还是中国减贫实践探索来看，扶持产业和就业是最为有效的减贫手段，而不断提升脱贫人口的可持续生计能力则是实现高质量稳定脱贫的关键。从提升可持续生计能力的角度，一方面要改善生产生活条件，提供发展参与机会；另一方面要从脱贫人口的人力资本出发，不断提升其技能水平和胜任力。

促进脱贫地区产业高质量发展具有多层面的现实背景。一是产业强是增加农户经营性收入的基础和前提，只有产业进一步做大做强，才有更大的"蛋糕"可以分配，从而更好地带动农民增收。并且，在产业高质量发展过程中，将会提供新的就业机会和增收渠道，有助于农村劳动力更为充分的利用。二是对于大多数的脱贫地区来说，脱贫攻坚阶段，解决的是产业项目从无到有的问题，而实现从有到优，从优到强的转变，仍需要扶持持续的努力。特别是要通过"延链、补链"的方法，提升农业生产的附加值，产出更多高质量的农产品、农文化、农生态。三是要不断完善利益联结机制，增强产业项目的益贫带贫作用。要注意到利益联结机制不仅仅是产业项目带动减贫的关键，也是产业项目获得更好社会嵌入型，降低交易成本，从而实现高质量发展的关键。

就业是民生之本。从农村家庭收入结构来看，就业带来的工资性收入对于支撑农户稳定脱贫具有重要的意义。促进就业、不断提升就业能力和就业质量,是贯穿扶贫和稳定脱贫成果的一项重要工作。对于低收入群体而言,尤其是作为边缘易致贫户和脱贫户,其就业稳定性往往更加脆弱,因此要格外地关心和关注。这些群体,极易受到经济形势变动、自然灾害等因素而导致就业中断,要着力加强巩固就业扶贫成果动态监测和帮扶。此外,在巩固拓展脱贫攻坚成果过程中,要注重就近就地就业岗位的开发,将就业促进与县域发展统筹考虑,通过县域发展创造更多的就业岗位,同时通过职业技能培训提升低收入群体的就业能力,为县域发展提供人力资本支持。

二、持续壮大集体经济

历史地看,社区公共财力在乡村发展、乡村建设和乡村治理中扮演着非常重要的角色,尤其是在提升社区发展能力、培育社区社会资本、加强社会服务能力、开展临时性救济救助、密切党群干群关系诸方面作用值得期待。根据农业部经管司2014年的一项调查,全部统计的58.4万个村中,有超过半数的村属于集体经济"空壳村",有接近77%的村集体经济无收入或集体经济收入小于5万元,其中中西部地区的贫困村中有接近八成属于集体经济"空壳村"。由此可见,脱贫攻坚在村集体经济建设方面取得了历史性功绩。脱贫攻坚明确了"村出列"在集体经济收益方面的要求,各地在实际工作中探索出多种集体经济实现形式,确保完成了预期目标,消灭了集体经济"空壳村"。但不得不承认,脱贫地区集体经济的基础普遍还比较薄弱,持续壮大集体经济,用好集体经济收益,也是提升内生发展能力，巩固脱贫成果的应有之义。

具体来说，目前脱贫村集体经济依然较为脆弱，表现在几个方面：一是多数脱贫村村集体经济的规模还非常小，仅仅是达到了脱贫出列的最低标准。二是众多脱贫出列村，集体经济的实现形式可持续性较差，容易在各类风险因素影响下陷入困境甚至中断。三是集体经济的实现形式还较为单一，缺乏发展集体经济的资源依托和产业依托。四是集体经济管理水平不高，在集体经济可持续发展、集体经济收益使用方面，还存在较多问题。鉴此，巩固脱贫攻坚成果阶段，进一步提升脱贫村集体经济发展质量，促进其可持续发展能力提升，并管好用好村集体经济收益，使之真正发挥各项预期功用，并进一步带动和促进乡风文明和治理有效。在壮大脱贫村集体经济的过程中，要善于从促进高质量发展找思路、善于从深化乡村各项制度改革找思路，结合乡村振兴的时代浪潮，因地制宜地谋划农村集体经济有效实现形式，便能够寻找到发展和壮大农村集体经济的"在地化路径"。

此外，巩固拓展脱贫攻坚成果阶段，促进脱贫村集体经济高质量发展，不仅要善于"创造收益"，更好"用好收益"。具体来说，要让集体经济收益发挥多方面的价值：首先，增强党的基层组织战斗力和凝聚力，巩固党的执政之基。集体经济作为重要的社区公共财力，为提升乡村基层党组织服务能力、引领能力、管理能力的有力支撑。有了社区公共财力的支撑，村级党组织为老百姓办事，就有了基础。正是在有效回应村民各种需要的过程中，老百姓增进了对基层党组织以及对村社区的认同。同时，在使用集体经济收入的过程中，通过规范决策程序和财务程序，可以有效促进党组织引领下的基层协商、基层自治不断巩固和完善，进而让集体经济收入成为服务群众的"红色基金"，为巩固党的执政之基发挥重要作用。其次，促进乡风文明。移风易俗，促进乡风文明，是乡村振兴的基本要求。以集体经济收益为支撑，塑造乡村共同体意识、促进乡村良序，对其成员的行为起到了有效的激励与引导。在实践观察中我们发现很多有了集体经济收入的村，在集体经济收入的使用方面，非常注重对村民孝善、重教、自强、诚信、友爱、互助等美德的激励，取得了很好的效果，有效促进了乡风文明建设。最后，助力完善乡村治理体系。有了集体经济，村民会更加关心村集体事务，增强了社区的凝聚力和向心力。在维护好、使用好集体经济的过程中，基层党组织、村社会组织共同参与，基层民主得到弘扬，乡村治理体系不断完善。例如河南省在使用集体经济收入方面，严格执行"村财乡管村用"，严格按照"四议两公开"办法规范各类开支，发挥村级扶贫理事会、红白事理事会等社会组织作用，尊重群众意愿和主体性，有力促进了基层治理体系的完善。[①]

第三节 完善动态监测帮扶机制

在巩固拓展脱贫攻坚成果过程中，要特别注重基础性工作的落实落细，要强化底线思维、风险思维，切实守住不发生规模性返贫

[①] 吕方等：《找回村落共同体：集体经济与乡村治理——来自豫鲁两省的经验观察》，《河南社会科学》2019年第6期。

底线。前者，要进一步落实好防止返贫动态监测与帮扶机制，完善监测机制、提升监测质量，运用精准思维、做实做细工作，提升监测帮扶的及时性和有效性。后者，要紧盯"三保障"底线目标，确保底线守得住，保障及时高效，在常态化监测帮扶之外，要进一步增强风险防控意识，完善应急、应灾工作机制，提升保障能力。

一、进一步完善动态监测与帮扶机制

全面落实防返贫动态监测和帮扶机制，是巩固拓展脱贫攻坚成果的基础性工作。精准扶贫工作的经验表明，做好及时准确的需求识别，是后续工作的前提条件，具有"第一颗扣子"的性质。建立和完善防止返贫动态监测与帮扶机制，目的是在通过常态化的动态监测和及时有效的干预，建立健全易返贫致贫人口快速发现和响应机制，分层分类及时纳入帮扶政策范围，实行动态清零。

首先，明确监测目标群体。动态防返贫监测与帮扶，重点在于聚焦"三类人群"。主要包括脱贫不稳定户、边缘易致贫户和因病、因灾、因意外事故等刚性支出较大或收入大幅缩减导致基本生活出现严重困难户。这"三类群体"具有较高的"易返贫性"，体现在生计较为单一且脆弱性强，自身资本积累有限，应对风险能力匮乏等。因此，在要把工作的重点放在"三类人群"定期检查、动态监测、动态管理的基础上，确保"两不愁三保障"的底线能够兜得住，可持续。

其次，提升动态监测质量。健全防止返贫动态监测系统，是精准识别"三类群体"，准确把握其需求，是做好动态精准帮扶的关键。要着力提升动态监测质量，通过健全防止返贫大数据监测平台，加强相关部门、单位数据共享和对接，充分利用先进技术手段提升监测准确性，以国家脱贫攻坚普查结果为依据，进一步完善基础数据库。同时，要建立农户主动申请、部门信息比对、基层干部定期跟踪回访相结合的易返贫致贫人口发现和核查机制，实施帮扶对象动态管理。

最后，完善动态帮扶体系。"三类群体"是一个统称概念，具体到每一个农户，仍然要坚持精准思维，从准确研究其返贫致贫原因入手，从其发展的基础和需要入手，采取有针对性的精准帮扶措施。要坚持预防性帮扶和事后帮扶相结合的工作方法，坚持系统思维，既着眼于人力资本提升、保险、产业扶持与就业帮扶等增强稳定脱贫能力的政策帮扶，又要形成精准、及时的应急帮扶救助体系。

二、巩固"三保障"底线目标

基本的教育、医疗和住房安全有保障，是消除绝对贫困的重要标准，是执政党的庄严承诺。"三保障"伟大成就来之不易，对于兜住民生底线，消除贫困代际传递具有重要的意义。在巩固拓展脱贫攻坚成果阶段，要全面梳理既有政策，保持帮扶政策总体问题，不能因为政策的突然变化出现新的辍学问题，因病致贫问题，要切实保障住房安全，尤其是对于因灾害因素导致住房安全问题及时化解。

脱贫地区的教育、医疗、住房安全，在脱贫攻坚阶段有了明显改善，但其基础还非常薄弱，推进城乡基本公共服务均等化，不仅在巩固拓展脱贫攻坚成果阶段仍要抓实抓紧推进，在乡村振兴过程中也要持续做好。具体来说，基本教育、基本医疗和住房安全有保障，涉及社会公平正义，是全面小康的底色和成色所在。脱贫地区财力基础还非常薄弱，中央高度关注脱贫地区的公共服务条件改善和能力提升，明确"要继续改善义务教育办学条件，加强乡村寄宿制学校和乡村小规模学校建设。加强脱贫地区职业院校（含技工院校）基础能力建设。继续实施家庭经济困难学生资助政策和农村义务教育学生营养改善计划。在脱贫地区普遍增加公费师范生培养供给，加强城乡教师合理流动和对口支援。过渡期内保持现有健康帮扶政策基本稳定，完善大病专项救治政策，优化高血压等主要慢病签约服务，调整完善县域内先诊疗后付费政策。继续开展三级医院对口帮扶并建立长效机制，持续提升县级医院诊疗能力。加大中央倾斜支持脱贫地区医疗卫生机构基础设施建设和设备配备力度，继续改善疾病预防控制机构条件。继续实施农村危房改造和地震高烈度设防地区农房抗震改造，逐步建立农村低收入人口住房安全保障长效机制。继续加强脱贫地区村级综合服务设施建设，提升为民服务能力和水平"[①]。

在县域工作层面，要结合县域工作实际落实好中央各项决策部署，特别是要及时发现和跟进"三保障"的主要风险点，在注重各项建设任务如期有序推进的同时，做实做细到户到人的工作。具体

---

① 《中共中央 国务院关于实现巩固拓展脱贫攻坚成果同乡村振兴有效衔接的意见》，人民出版社2021年版。

来说，巩固教育扶贫成果，要及时了解和掌握帮扶对象政策享受情况，跟进了解其学习状态，帮助其学得会、有进步，开展有针对性的成长教育，梳理家校关系，做好各方沟通，为学生成长营造良好环境。在巩固健康扶贫成果方面，要注意对医保政策调整过程中出现"脱保"风险的问题，在避免政策享受"悬崖效应"的同时，注重巩固低收入群体的医保投保率，对突发重大疾病做到及时了解、及时帮扶。在住房安全有保障方面，重点关注因灾害因素住房安全新出现困难的人群，做好危房改造和住房新建改建。

思考题

1. 如何认识巩固拓展脱贫攻坚成果是乡村振兴的前提和基础？
2. 保持主要帮扶政策总体稳定的内涵是什么？
3. 如何进一步健全防止返贫动态监测与帮扶体系？

拓展阅读书目

1.《中共中央 国务院关于实现巩固拓展脱贫攻坚成果同乡村振兴有效衔接的意见》，人民出版社2021年版。

2. 习近平：《在全国脱贫攻坚总结表彰大会上的讲话》，人民出版社2021年版。

第五讲　促进乡村发展

【导读】

本章主要聚焦于乡村发展议题，围绕乡村发展的内涵与高质量推进、确保粮食安全、推进三产融合、坚持绿色发展和传承农耕文明五个方面的内容对乡村振兴与乡村发展这一议题进行深入解读和分析，帮助广大干部深化认识，提高推进乡村发展和振兴，实现国家富强、社会稳定和人民幸福的自觉性主动性。

第一节　推进乡村高质量发展

乡村发展是一个系统、长远的过程，与社会经济发展有着密切的联系，乡村的稳定决定着社会的稳定。2020年脱贫攻坚战取得全面胜利，全面建成小康社会的战略目标得以实现，乡村振兴战略全面推进。进入新发展阶段，乡村社会无论在结构功能还是面貌形态上都已经发生了改变，这更要求我们要重视应对和解决乡村产业发展、生态环境、乡风文明、乡村治理以及社会生活等方面发展的新问题和新挑战。

一、乡村发展的内涵

在新发展理念引领下,乡村发展要求我们要立足于实际,集聚并形成新发展动能,开发当地各种有利的资源要素,激发乡村群众的积极性和主动性,充分发挥农民的主体性,实现乡村产业、生态环境、乡风文化、乡村治理、社会生活秩序等方面的全面发展。实现乡村振兴战略是新时代做好"三农"工作的总抓手,也是实现乡村发展的重要战略举措。习近平总书记在党的十九大报告中指出"新时代我国社会最大的矛盾是人民日益增长的美好生活需要与不平衡不充分的发展之间的矛盾"[1]。最大的不平衡指的就是城乡发展不平衡,最大的不充分就是乡村发展的不充分,而全面实施乡村振兴战略就是破解这两大矛盾的主要举措。要全面实施乡村振兴战略,实现乡村发展和振兴,就必须要走一条高质量发展的道路,要以高质量发展来推动乡村全面振兴,高质量发展是乡村振兴的关键所在。习近平总书记强调指出:"发展必须是科学发展,必须坚定不移贯彻创新、协调、绿色、开放、共享的发展理念。"[2]坚持新发展理念,为实现高质量发展提供了行动指南。推动高质量发展,是保持经济持续健康发展的必然要求,是适应我国社会主要矛盾变化和全面建成小康社会、全面建设社会主义现代化国家的必然要求,也是遵循经济规律发展的必然要求。

---

[1] 中共中央宣传部:《习近平新时代中国特色社会主义思想学习问答》,人民出版社2021年版,第47页。

[2] 中共中央宣传部:《习近平新时代中国特色社会主义思想学习问答》,人民出版社2021年版,第229页。

二、高质量推进乡村发展的重要性

推进乡村振兴和乡村发展,要求我们全面推进高质量发展,加快促进农村全面进步、农业全面升级、农民全面发展。2021年的中央一号文件明确提出,要坚持农业农村优先发展,坚持农业现代化与农村现代化一体设计、一并推进,坚持创新驱动发展,以推动高质量发展为主题,统筹发展和安全,落实加快构建新发展格局要求,巩固和完善农村基本经营制度,深入推进农业供给侧结构性改革,把乡村建设摆在社会主义现代化建设的重要位置,全面推进乡村产业、人才、文化、生态、组织振兴。[①]

结合我国发展历程与世界发展规律来看,乡村作为一个国家经济社会发展的重要基础,在发展的过程中绝对不能被忽略。促进乡村发展、维持乡村秩序,既是乡村治理的时势需要,也是乡村治理永恒的主题。推动乡村社会高质量发展,维护基层社会的稳定,是实现社会整体发展和大局稳定的重要构成和重要条件。

当前我国依然面临乡村发展水平低、城乡发展差距大等许多乡村发展问题,要想早日实现社会主义现代化,必须重视乡村的建设发展。没有乡村高质量的发展,就没有高质量地实现共同富裕,更没有高质量的现代化国家。立足新发展阶段,为实现共同富裕,向第二个百年奋斗目标迈进,迫切需要推动乡村高质量发展,以此来促进巩固拓展脱贫攻坚成果与乡村振兴的有效衔接,实现农业农村

[①] 中华人民共和国中央人民政府:《中共中央 国务院关于全面推进乡村振兴加快农业农村现代化的意见》,2021年2月21日,中国政府网。

现代化。

三、高质量推进乡村发展的路径选择

进入新发展阶段，要实现乡村振兴和发展，选择科学合理的乡村发展路径尤为重要。新时代的乡村发展需要在新发展理念的引领下构建起新发展格局，既要巩固拓展脱贫攻坚的伟大成果，又要朝着农业农村现代化的方向不断推进。在高质量推进乡村发展的征程中，发展路径的选择起着关键性的作用。发展路径的恰当性不仅可以确保乡村振兴实践方向的正确，更有助于乡村发展效率的提升。要想选择科学合理的乡村发展路径，必须要立足于乡村发展现状，把握乡村社会的实际情况，充分认识乡村发展存在的主要矛盾和挑战。目前，虽然绝对贫困和区域性整体贫困问题已经解决，但是乡村发展不平衡不充分的问题仍旧存在，乡村发展仍然面临很多"短板"，如果不能补齐乡村发展的短板，那么就难以实现均衡的高质量发展。

在农业农村现代化的大背景下，结合中国农村实际情况，乡村发展在路径选择上需要坚持走乡村振兴与新型城镇化融合发展之路。

首先，党的十九大提出了乡村振兴战略，确立了"产业兴旺、生态宜居、乡风文明、治理有效、生活富裕"的总体要求，因此，乡村振兴战略作为一项宏观制度安排，无疑规定了新时代推进乡村高质量发展的大方向。为了实现乡村人民对于美好生活的需要，乡村社会需要在产业发展、人居环境、社会治理、乡风建设和收入水平等方面实行振兴举措，以此来实现城乡均衡发展，提升乡村居民的获得感、安全感和幸福感。

其次，中国是一个幅员辽阔的国家，乡村的区域差异较大，因此，在乡村发展的路径选择上必须坚持因地制宜的多样性，各地乡村要根据自身的自然、历史和社会文化的特点，来选择科学合理的发展路径。同时，要尊重当地人民群众的意愿，尊重乡村建设的自然规律，坚持乡村发展的科学规划，建设富有自身特色、彰显现代文明的高质量乡村。

再次，乡村振兴要与新型城镇化有机融合起来，共同推动乡村新发展。乡村发展是全方面、多层次的发展，因此，乡村不是简单地等同于农村，它还包括小城镇的发展。乡村发展要促进城乡资源要素的流动与整合，充分利用现有的资源，以农业为中心拓展多种产业，延长产业链，促进一二三产业融合发展，坚持实行"以工促农，以城带乡"政策，通过政策推进农业高质量发展，实现由城乡一体化向城乡融合的转变。

最后，乡村是广大乡村人民的乡村，发展乡村必须能够充分调动乡村居民的主动性和创造性，鼓励广大农民群众参与乡村发展建设。乡村振兴是全体农民的共同责任，因此，乡村发展必须要"坚持农民主体地位"，充分尊重农民意愿，切实发挥农民在乡村振兴中的主体作用，调动农民的积极性，促进农民增收，不断提升农民的获得感、安全感、幸福感。无数实践经验告诉我们要推动高质量发展就必须坚持以人民为中心的理念，要以农民的生活需求为导向，根据人民日益增长的美好生活需要来发展乡村。但在政策理念实践落实过程中农民发挥主体作用往往面临观念、能力和社会资本等局限。因此，在高质量推进乡村发展过程要注重发挥和调动农民主体性，提升农民的参与积极性，培养新型职业农民，鼓励社会力量和资本力量带动农民参与发展。

第二节　确保粮食安全

"仓廪实，天下安。"我国是个人口众多的大国，粮食是民生之本，解决好吃饭问题始终是治国理政的头等大事，抓住了粮食，端牢了饭碗，就稳住了经济社会发展的"基本盘"，就有了从容应对其他任何困难的信心和底气。

一、确保粮食安全的重要性

习近平总书记高度重视粮食安全问题，党的十八大以来在不同场合明确强调粮食安全的重要性，为我们敲响了粮食安全的警钟。正如习近平总书记2013年在中央农村工作会议上讲道："保障国家粮食安全是一个永恒课题，任何时候这根弦都不能松。"[①]"看看世界上真正强大的国家、没有软肋的国家，都有能力解决自己的吃饭问题。……这些国家之所以强，是同粮食生产能力强联系在一起的。所以，粮食问题不能只从经济上看，必须从政治上看，保障国家粮

[①] 中共中央党史和文献研究院编：《习近平关于"三农"工作论述摘编》，中央文献出版社2019年版，第70页。

食安全是实现经济发展、社会稳定、国家安全的重要基础。"[1]《中华人民共和国乡村振兴促进法》也明确规定要切实保障国家粮食安全。由此可以看出，粮食安全始终是关系我国国民经济发展、社会稳定和国家自立的全局性重大战略问题，保障我国粮食安全，对于构建社会主义和谐社会和推进社会主义新农村建设具有十分重要的意义，同时也是实现国家安全的重要基础。中国有14亿多人口，是世界上人口最多的发展中国家，解决好人民群众的吃饭问题，满足人民生存发展的需求，是我们党要解决的全体人民关心的最根本的问题。因此，保障国家粮食安全是我们党践行以人民为中心思想的直接体现。总之，保障国家粮食安全意义重大，我们要深入贯彻落实习近平总书记关于保障国家粮食安全的重要论述精神，认真落实总体国家安全观和国家粮食安全战略，坚持统筹发展和安全，努力构建更高层次、更高质量、更有效率、更可持续的国家粮食安全保障体系。

二、当前粮食安全面临的风险

当前，中国粮食连年丰收、库存充裕、供应充足、市场稳定，粮食安全形势持续向好。展望未来，中国有条件、有能力、有信心依靠自身力量筑牢国家粮食安全防线。但是从中长期来看，我们要清醒地认识到我国的粮食安全还存在一定的风险和挑战，中国的粮食产需仍将维持紧平衡态势，确保国家粮食安全这根弦一刻也不能

---

[1] 中共中央党史和文献研究院编：《习近平关于"三农"工作论述摘编》，中央文献出版社2019年版，第72—73页。

放松。具体体现在：第一，从需求形势看，随着经济社会发展，人均口粮消费将稳中略降，饲料和工业转化用粮消费继续增加，粮食消费总量刚性增长，粮食消费结构不断升级。第二，从生产形势看，农业生产成本仍在攀升，资源环境承载能力趋紧，农业基础设施相对薄弱，抗灾减灾能力有待提升，在确保绿色发展和资源永续利用的同时，稳定发展粮食生产压力较大。第三，从流通形势看，粮食生产将继续向核心产区集中，跨区域粮食流通量将进一步增加，粮食市场大幅波动的风险依然存在。第四，从国际形势上看，当今世界粮食安全挑战依然严峻，全球仍有8亿多饥饿人口，国际粮食贸易面临着保护主义和单边主义的干扰，不稳定因素增加，随着国际形势的日趋复杂，我国利用国际市场调节国内粮油供给的难度将进一步增大。[①]

三、确保粮食安全的路径

面对当前我国粮食安全所面临的风险和挑战，我们应立足新发展阶段，站在新的历史起点，积极践行总体国家安全观，增强忧患意识，坚持底线思维，把安全发展贯穿于保障国家粮食安全各领域和全过程，贯彻落实好国家粮食安全战略。确保粮食安全要重点做好以下工作：

第一，坚持以我为主、立足国内、确保产能、适度进口、科技支撑的国家粮食安全战略，建立全方位的粮食安全保障机制。粮

[①] 国家粮食和物资储备局：《中国的粮食安全》白皮书，2019年10月14日，国家粮食和物资储备局网。

食是关系国计民生的特殊商品,确保粮食安全是一项长期的战略任务。我国粮食问题从总体上要主要依靠自己解决,完全自给自足或依赖他人都是不可取的。但粮食问题不是孤立的,要充分利用国内外两个市场、两种资源,把确保国家粮食安全与推进农业结构战略性调整,提高农业综合效益和竞争力,实施可持续发展战略等长期目标结合起来。以提高粮食综合生产能力和优化粮食生产布局为主,以粮食储备调节和粮食进出口调节为辅,保护好农民的种粮积极性,强化对低收入阶层的粮食援助,是确保我国粮食安全的合理途径。

第二,要推动"藏粮于地、藏粮于技"落实落地。严守耕地红线,全面落实永久基本农田特殊保护制度,完成永久基本农田控制线划定工作。大规模推进高标准农田建设,所有高标准农田实现统一上图入库,形成完善的管护监督和考核机制。加快将粮食生产功能区和重要农产品生产保护区细化落实到具体地块,实现精准化管理。加强农田水利基础设施建设,实施耕地质量保护和提升行动[1]。继续完善农业科技创新体系,创新农技推广服务方式,建设智慧农业。[2]

第三,推动粮食减损。习近平总书记强调,浪费粮食的不良风气必须坚决刹住!厉行节约,反对浪费,是我国《宪法》中的明确

---

[1] 中华人民共和国中央人民政府:《乡村振兴战略规划(2018—2022年)》,2018年9月26日,中国政府网。

[2] 刘焕鑫、王瑞贺主编:《中华人民共和国乡村振兴促进法解读》,中国农业出版社2021年版。

规定，也是党中央、国务院十分重视的一项工作。[①]节约是另一种方式的"增产"，节约粮食相当于粮食增产，是增加粮食有效供给的"无形良田"，是确保粮食安全的重要内容和举措，也是贯彻落实习近平总书记关于粮食安全重要讲话精神的有力举措。

第三节 推进三产融合

乡村振兴，产业兴旺是重点。当前我国农业农村基础差、底子薄、发展滞后的状况尚未根本改变，经济社会发展中最明显的短板仍然在"三农"，现代化建设中最薄弱的环节仍然是农业农村。其中主要表现之一就是农村一二三产业融合发展的深度不够。

一、推进三产融合的重要性和必要性

2014年的中央农村工作会议上就已经提出要促进一二三产业融合互动，2015年中央一号文件明确提出要推进农村三产融合发展，2018年的中央一号文件则进一步提出要"构建农村一二三产业融合发展体系"，提升农业发展质量，培育乡村发展新动能。同年9月《乡村振兴战略规划（2018—2022年）》再次明确提出要"推进农村一二三产业交叉融合，加快发展根植于农业农村、由当地农民主办、彰显地域特色和乡村价值的产业体系，推动乡村产业全面

[①] 刘焕鑫、王瑞贺主编：《中华人民共和国乡村振兴促进法解读》，中国农业出版社2021年版。

振兴"[1]。《中华人民共和国国民经济和社会发展第十四个五年规划和2035年远景目标纲要》同样明确提出丰富乡村经济业态，推进农村一二三产业融合发展。

农村一二三产业融合发展，不仅是中国城乡一体化发展的重要组成部分，也是提高农民增收的重要手段和实现农村地区可持续发展的客观要求，是促进中国实现农业现代化的重要途径，具有非常重要的现实意义。长期以来，我国农业和农村经济主要聚焦于第一产业的发展，导致农民收益有限，农村经济水平低下。而农村一二三产业融合是以农民为基础，通过地产地销、企业带动、农业生产方式创新等措施提高农民在农业产业链中的地位，增加其享受红利的权利。推进农村三产融合是中国城乡一体化发展的重要组成部分，中国社会经济发展历程已经证明，不能仅仅局限于传统农业的范围来解决中国的农民问题，必须统筹城乡发展，统筹一二三产业的发展，从综合性的角度来考虑和解决中国的"三农"问题。推进农村三产融合是新时期农民增收、农业发展的新方向，它能够有效改变原有的耕作模式、生产模式及销售模式，延伸农业产业链条，促进产业提档升级，让农民更多地享受到农业产业链增加带来的价值增值，缩小城乡收入差距，改变传统农村贫穷落后的局面，创造新型城乡关系；还能够通过产业联动、产业集聚等方式，将生产要素进行跨界集约化配置，将新技术、新业态、新商业模式贯穿于产业发展中，实现农业综合效益提升和农村地区可持续发展。

---

[1] 中华人民共和国中央人民政府：《乡村振兴战略规划（2018—2022年）》，2018年9月26日，中国政府网。

二、推进三产融合面临的问题

近年来,我国广泛探索三产融合的可能性与发展路径,各地均有不同程度的尝试,典型案例不断涌现,转型升级初具成效。但是同时也要看到,目前我国三产融合仍然面临融合程度不高、水平低,地区间融合发展水平不均等问题。具体来说有以下几个方面:

第一,片面追求乡村产业规模扩张和数量增长,加剧部分乡村产业的同质竞争和产能过剩问题。部分地方对主导产业的定位不明确,特色资源挖掘不够深入。乡村产业准入门槛比较低,导致出现一些盲目投资的现象。区域之间同质竞争、产能过剩问题迅速凸显,在乡村旅游和休闲农业领域尤为严重。很多旅游设施投资大、见效慢,而且发展的自身特色不足,难以形成文化和旅游吸引力。个别地方政府和干部急于求成,照搬硬套其他地方的发展模式,忽视了当地的资源禀赋和自然条件,缺乏差异化和创新性思维,从而造成产业发展效益不高。

第二,产业融合主体的带动能力较弱,产业融合稳定性较差。目前,农村产业融合主体普遍存在着发育不充分、带动能力不强的现象,一是有实力的新型经营主体少,而占比较大的专业合作社和家庭农场不具备自我发展能力;二是部分新型经营主体管理经验不足,结构较单一,不少合作社"有名无实",家庭农场和专业大户规模小,参与融合能力差;三是新型农业经营主体呈现"小、散、弱"的特点,质量不高,内生发展动力不足,创新能力较弱,缺乏开发新业态、新产品、新模式的能力，对农业的经营发展带动能力有限。

第三，与产业融合发展相关的基础设施建设和公共服务供给滞后。当前许多农村地区与产业融合发展相关的配套设施和公共服务还很不健全，比如水、电、气供给条件差，道路、通信、仓储及物流等还不发达。这些不利条件会妨碍人才和其他优质要素进入乡村产业，影响产品价值链的升级和市场的挖掘开拓，延缓新业态的发展，增加特色资源开发利用难度，从而加大农村产业融合发展的成本和风险。

第四，三产融合要素供给不足，社会服务体系支撑乏力。农村三产融合离不开要素的投入，但是目前三产融合要素供给不足严重制约了三产融合的发展。一是融资困难，农村金融服务存在针对性不强的问题，创新产品供应不足，新型经营主体贷款成本较高，产业链的延伸受到限制。二是专业人才短缺。农业与互联网融合可以拓宽农民销售渠道，实现农业产业现代化，而在这一过程中需要大量懂技术、懂网络、懂经营战略的复合型人才。目前很多农业经营者文化层次不高、专业知识匮乏，而农村条件艰苦又使其难以吸引到专业人才，农商融合层次不高。

总之，不同的地区面临的产业融合问题和困境是不尽相同的，我们在这里概括的是一些具有普遍性的问题，各地需充分审视自身在产业融合推进过程中的环境与行为，查找问题，分析困难，立足于当地经济社会发展的实际，寻求破解农村三产融合问题的关键，构建推进农村三产有效融合的适当路径。

三、推进一二三产融合的路径

我们要明确的是一二三产业的融合发展并没有完全统一的模式与路径，但发展思路和方针的设计是有明确规定的。《中华人民共和国乡村振兴促进法》第二章第十二条明确表示"各级人民政府应当坚持以农民为主体，以乡村优势特色资源为依托，支持、促进农村一二三产业融合发展，推动建立现代农业产业体系、生产体系和经营体系，推进数字乡村建设，培育新产业、新业态、新模式和新型农业经营主体，促进小农户和现代农业发展有机衔接"[1]。按照上述规定，我们可以试着摸索推进一二三产业融合的发展路径：

第一，培育、打造主导优势产业。农村一二三产业融合发展必须要有主导产业的支撑，以达到"以一带多、以点带面"的效果，避免发展得太过泛化，浪费大量资源。要根据当地的资源禀赋和自然条件来合理规划和选择产业，同时注重产品的品牌化建设，形成主导产业与其他薄弱产业相互促进、相互融合发展的格局。

第二，培育乡村新产业新业态。要深入实施电子商务进农村综合示范，建设具有广泛性的农村电子商务发展基础设施；加强农商互联，密切产销衔接，发展农超、农社、农企、农校等产销对接的新型流通业态；实施休闲农业和乡村旅游精品工程，发展乡村共享经济等新业态，推动科技、人文等元素融入农业；着力优化农村消

---

[1] 全国人大常委会办公厅供稿：《中华人民共和国乡村振兴促进法》，中国民主法制出版社2021年版。

费环境，不断优化农村消费结构，提升农村消费层次。[①]

第三，拉长产业链条，深度挖掘农业多功能价值。乡村振兴的一个有效途径就是改变传统农村长期以第一产业为主的现状，拓展农业多功能性。农村文化是我国传统文化的重要组成部分，各地因为历史背景、自然资源和地理位置的不同，形成了各具特色的文化习俗，这些乡土文化正是进行三产融合的灵魂，也是产业融合发展的重要元素。因此，在三产融合发展过程中，要注重当地乡土优良文化魅力的挖掘，促进乡村旅游和历史文化的结合，建设富有特色的乡村，实现产业的融合发展。同时要加快农村旅游休闲产品升级，提高附加值。结合地域特色和当地文化，做出有创意的品牌化农业休闲产品，把知识和体验融为一体，体现农业的教育和娱乐意义。

第四，逐步完善农村一二三产业融合发展的利益联结机制。要努力引导不同利益主体之间形成风险共担、互惠合作和激励相容关系，引导不同类型经营主体之间、不同利益主体之间形成分工协作、优势互补联动新格局。可以采取订单收购、最低价保护收购和以生产资料入股的方式，打造利益共享、风险共担的经济共同体。

第四节　坚持绿色发展

乡村振兴，生态宜居是关键。良好的生态环境是农村的最大优

[①] 中华人民共和国中央人民政府：《乡村振兴战略规划（2018—2022年）》，2018年9月26日，中国政府网。

势和宝贵财富，也是农村产业发展和农民生活提高的重要基础。加强农村突出环境问题综合治理，是推进乡村绿色发展，打造人与自然和谐共生发展新格局的前提。[1]

一、坚持绿色发展的重要性

2018年2月发布的《中共中央 国务院关于实施乡村振兴战略的意见》将农村生态环境治理作为重要"抓手"，要求"牢固树立和践行绿水青山就是金山银山的理念"，以期通过对环境突出问题的综合治理，"让农村成为安居乐业的美丽家园"。[2] 2018年9月印发的《乡村振兴战略规划（2018—2022年）》特地将"建设生态宜居的美丽乡村"作为"第六篇"的标题，提出要"推动乡村生态振兴，建设生活环境整洁优美、生态系统稳定健康、人与自然和谐共生的生态宜居美丽乡村"。[3] 实施乡村振兴战略，一个重要任务就是推行绿色发展方式和生活方式，让生态美起来、环境靓起来，再现山清水秀、天蓝地绿、村美人和的美丽画卷。[4] 绿色发展是永续发展的必要条件和人民对美好生活追求的重要体现，也是生态文明建设的必然要求，因此，在推进生态文明建设、实现绿色发展的进

---

[1] 刘焕鑫、王瑞贺主编：《中华人民共和国乡村振兴促进法解读》，中国农业出版社2021年版，第138页。
[2] 中华人民共和国中央人民政府：《中共中央 国务院关于实施乡村振兴战略的意见》，2018年2月4日，中国政府网。
[3] 中华人民共和国中央人民政府：《乡村振兴战略规划（2018—2022年）》，2018年9月26日，中国政府网。
[4] 习近平：《论坚持全面深化改革》，中央文献出版社2018年版，第403页。

程中，必须深刻认识到绿色发展在新发展理念中的重要地位，实现经济社会发展和生态环境保护协同共进，掌握绿色发展同创新、协调、开放和共享发展之间的关系。

二、农业绿色发展的目标

一直以来党中央都高度重视生态文明建设，推进农业绿色发展是一项系统工程、一项艰巨任务。"十三五"以来，一方面农业发展方式加快转变，资源节约型、环境友好型农业加快发展，农业绿色发展取得明显进展。但另一方面，我国农业绿色发展仍处于起步阶段，还面临不少困难和挑战：农业生产方式较粗放、土壤退化和污染、绿色技术集成创新不够、绿色优质农产品供给不足等。"十四五"时期是加快推进农业绿色发展的重要战略机遇期，我们必须抓住机遇、创新思路、完善政策、强化支撑，以坚定的决心、务实的举措，推动农业绿色发展取得新的更大突破。"十四五"期间我国农业绿色发展的具体目标如下：

到2025年，农业绿色发展全面推进，制度体系和工作机制基本健全，科技支撑和政策保障更加有力，农村生产生活方式绿色转型取得明显进展。

第一，资源利用水平明显提高。耕地、水等农业资源得到有效保护、利用效率显著提高，退化耕地治理取得明显进展，以资源环境承载力为基准的农业生产制度初步建立。

第二，产地环境质量明显好转。化肥、农药使用量持续减少，农业废弃物资源化利用水平明显提高，农业面源污染得到有效遏制。

第三，农业生态系统明显改善。耕地生态得到恢复，生物多样性得到有效保护，农田生态系统更加稳定，森林、草原、湿地等生态功能不断增强。

第四，绿色产品供给明显增加。农业标准化清洁化生产加快推行，农产品质量安全水平和品牌农产品占比明显提升，农业生态服务功能大幅提高。

第五，减排固碳能力明显增强。主要农产品温室气体排放强度大幅降低，农业减排固碳和应对气候变化能力不断增强，农业用能效率有效提升。

到 2035 年，农业绿色发展取得显著成效，农村生态环境根本好转，绿色生产生活方式广泛形成，农业生产与资源环境承载力基本匹配，生产生活生态相协调的农业发展格局基本建立，美丽宜人、业兴人和的社会主义新乡村基本建成。[1]

三、坚持绿色发展的路径

当今世界，绿色发展已经成为一个重要的趋势，以生态文明为内在价值指向的绿色发展，关乎人类社会永续发展，关乎中华民族永续发展。农业的绿色转型发展有利于推动生态文明建设，保障农产品质量安全，提升我国农产品的国际竞争力。因此，我们要坚决贯彻落实党中央关于绿色发展规划的重要指示精神，持续推动中国

---

[1] 中华人民共和国中央人民政府：《"十四五"全国农业绿色发展规划》，2021 年 8 月 23 日，中国政府网。

农业的转型发展。但同时需要注意，推动农村绿色发展是一个大工程，需要从多个维度、需要多方力量参与来保证工作的全面开展。

第一，加大水土资源保护力度。

新时代，中国农业发展应将为14亿多国人提供优质安全农产品作为最根本的出发点与目标，要实现这个目标，其核心就是要保护水土资源的数量，提升水土资源的质量，以破解实现农产品质量安全所需优质水土资源不足的桎梏，实现农业的绿色发展。

严守18亿亩耕地红线。落实最严格的耕地保护制度，牢牢守住耕地红线和永久基本农田保护面积，实施质量优先序下的耕地结构性保护。严格控制未利用地开垦，落实和完善耕地占补平衡制度。实施农用地分类管理，切实加大优先保护类耕地保护力度。降低耕地开发利用强度，扩大轮作休耕制度试点，制定轮作休耕规划。[①] 严禁违规占用耕地造林绿化、挖湖造景、挖塘养鱼，严格控制非农建设占用耕地，坚决遏制耕地"非农化"、防止"非粮化"。

加强耕地质量建设。实施新一轮高标准农田建设规划，开展土地平整、土壤改良、灌溉排水等工程建设，配套建设实用易行的计量设施，到2025年累计建成高标准农田10.75亿亩，并结合实际加快改造提升已建高标准农田。实施耕地保护与质量提升行动计划，开展秸秆还田，增施有机肥，种植绿肥还田，增加土壤有机质，提升土壤肥力。

加强农业用水管理。强化水资源刚性约束，坚持以水定地、量

---

① 中华人民共和国中央人民政府：《乡村振兴战略规划（2018—2022年）》，2018年9月26日，中国政府网。

水而行。落实最严格水资源管理制度，严格灌溉取水计划管理，实施用水总量控制和定额管理，明确区域农业用水总量指标。加快大中型灌区续建配套和现代化改造，同步建设用水计量设施。加强农户用水管理，完善主要农作物灌溉用水定额，指导科学灌溉，提高农民节水意识。强化农业取水许可管理，严格控制地下水利用。实施国家农业节水行动，建设节水型乡村。深入推进农业灌溉用水总量控制和定额管理，建立健全农业节水长效机制和政策体系。逐步明晰农业水权，推进农业水价综合改革，建立精准补贴和节水奖励机制。[1]

第二，大力推动农业投入减量增效。

近年来，各地区各部门认真贯彻落实党中央国务院一系列决策部署，积极探索农业绿色发展新路径，农业绿色发展取得明显成效，但在获得丰富农产品的同时，也造成了成本增加、环境污染、不可持续等问题。对此，要深刻认识绿色发展对纾解资源承载压力、治理农业农村环境污染、促进农业可持续发展的重大现实意义，着力解决制约"节本增效、质量安全、绿色环保"的相关问题，统筹推进节水、节肥、节药、节地、节能，促进农业节本增效、节约增收。

具体而言，就是要多措并举，开展农业面源污染防治工作。一是完善农业农村生态环境保护制度体系，构建农业绿色发展制度体系、农业农村污染防治制度体系和多元环保投入制度体系。二是着

---

[1] 中华人民共和国中央人民政府：《乡村振兴战略规划（2018—2022年）》，2018年9月26日，中国政府网。

力实施好农业绿色发展重大行动，强化化肥农药减量增效、秸秆地膜综合利用。三是大力推动农业资源养护，加快发展节水农业、加强耕地质量保护与提升、强化农业生物资源保护。四是推进农业清洁生产，提高资源利用效率，转变农业增长方式，实现农业生产降本增效增收。

第三，多元举措发展生态循环农业。

习近平总书记多次强调，要"像保护眼睛一样保护生态环境，像对待生命一样对待生态环境"[1]。必须要坚定不移地贯彻落实习近平总书记重要讲话精神，把建设生态循环农业放在大力推进农业现代化、加快转变农业发展方式的突出位置，推动现代农业走上可持续发展之路。生态循环农业作为现代农业发展的重要形态，既是农业发展理念的创新，又是相关政策、制度、技术的创新，是贯彻落实发展新理念、推进生态文明建设的关键。

新时期发展生态循环农业，一要坚持统筹兼顾，优化产业结构。进一步优化农业区域布局，探索建立粮食生产功能区和重要农产品生产保护区，加大对农产品主产区和重点生态功能区的转移支付力度。优化调整种养结构，大力发展草食畜牧业，开展粮改饲和种养结合型循环农业试点。借力"互联网+"，开发农业多种功能，促进一二三产业融合发展。二要坚持减量优先，推进农业清洁生产。推广节水农业技术，提高自然降水和灌溉用水利用率。推进测土配方施肥，改进施肥方式，鼓励使用有机肥、生物肥料和种植绿

---

[1] 中共中央宣传部：《习近平新时代中国特色社会主义思想学习问答》，人民出版社2021年版，第350页。

肥，降低农业装备耗能，因地制宜发展沼气工程，大力推广清洁能源。三要坚持用养结合，推进耕地质量保护与提升。因地制宜开展生态型复合种植，采用间套轮作、保护性耕作、粮草轮作、增施有机肥等方式，促进种地养地结合。探索实行耕地轮作休耕试点。建立耕地质量调查监测体系，健全耕地质量调查、监测、评价、信息发布制度。加快推进全国农产品产地环境监测调查，建立预警机制，推进污染耕地治理修复和种植结构调整试点示范。[1]

第四，提高农村居民生态意识。

习近平总书记指出，人类发展活动必须尊重自然、顺应自然、保护自然。[2] 推动形成绿色发展方式和生活方式是贯彻新发展理念的必然要求，为此我们要努力实现经济社会发展和生态环境保护协同共进，为人民群众创造良好的生产生活环境。具体而言，要加强生态文明宣传教育，强化公民环境意识，推动形成节约适度、绿色低碳、文明健康的生活方式和消费模式。可以利用广播、电视、网络等宣传阵地，传递党和国家有关环境与资源保护的方针举措，在潜移默化中提升个人素养，使每个人都形成"主人翁意识"，提倡生态型生产生活方式。

第五，完善法律约束体系，建立多渠道投入机制。

完善相关法律法规体系。目前我国已有了相对完备的生态文

---

[1] 中华人民共和国国家发展和改革委员会：《大力发展生态循环农业》，2015年11月30日，中华人民共和国国家发展和改革委员会。
[2] 中共中央文献研究室编：《习近平关于社会主义生态文明建设论述摘编》，中央文献出版社2017年版。

明建设、环境保护法律法规体系。但在环境保护执法中，也应逐步覆盖农村，强化对农村的环境监管，以免农村环境污染恶化，也避免城市和工业污染向农村转移。将环境保护法律法规落实到农村基层，严格执行环境保护标准，这样才能确保乡村建设的绿色可持续发展。例如修订完善渔业法、畜牧法、农产品质量安全法、基本农田保护条例等法律法规。还要强化重点区域农业绿色发展法制保障，完善长江保护规章制度，研究起草《长江水生生物保护管理规定》，推动将黄河流域农业生态保护等纳入相关法律法规等。同时也要确保法律法规的顺利实施，实实在在保障广大农民的实际权益。

建立多渠道投入机制。完善财政激励政策，加大公共财政对农业绿色发展支持力度，推动财政资金支持由生产领域向生产生态并重转变。将符合条件的农业绿色发展项目纳入地方政府债券支持范围。完善农业绿色信贷增信机制，鼓励金融机构向绿色有机、低碳循环农业生产企业提供融资支持，适度扩大农业绿色发展金融投入规模。鼓励地方创新优质特色农产品保险产品和服务。引导社会投入，鼓励企业利用外资、发行企业债券等方式，实施一批政府和社会资本合作项目，扩大农业绿色发展社会投资。

第五节 传承农耕文明

中华农耕文明根植于乡土，千百年来孕育滋长的乡土文化悠远而温润，不仅保留了历史的宝贵记忆，还在现实社会中不断吐故纳新。2021年1月发布的《中共中央 国务院关于全面推进乡村振兴加快农业农村现代化的意见》中就强调，要"深入挖掘、继承创新优秀传统乡土文化，把保护传承和开发利用结合起来，赋予中华农耕文明新的时代内涵"[①]。农耕文化是中华民族文化自信的基础，传统农耕技艺是中国人生产智慧的高度凝结，传统乡土节庆、民族习俗等文化景观带来了体验乡村和寄托乡愁的丰富载体，乡土文化还成为特色农业、文化和旅游产业的重要源泉。传承农耕文化对乡村振兴战略总要求的实现有着很好的促进作用，要遵循乡村自身发展规律，深入挖掘、传承、创新优秀传统文化，留住有形的乡村文化，进而推动乡村振兴。乡村振兴战略中将农耕文化元素融入乡村文化建设中，让农耕文化精华与现代文化有机结合，这样才能让乡土文化生命不息，不断得到传承和创新。

一、传承农耕文明的重要性及挑战

乡村要实现全面振兴，必须要守住农耕文明之魂。中华文明根植于农耕文明，农耕文明承载着华夏文明生生不息的基因密码，是中华优秀传统文化、革命文化和社会主义先进文化的根脉，是坚定中国特色社会主义文化自信的根本依托。因此，我们要增强对农耕文明的理性认知和情感认同，保护好农耕文化，把农耕文化更好地传承下去，让子孙后代受益于这些宝贵文化财富，让农耕文明等多彩中华文化，为人类社会发展提供积极的精神指引。唯有此，我们

---

① 中华人民共和国中央人民政府：《中共中央 国务院关于全面推进乡村振兴加快农业农村现代化的意见》，2021年2月21日，中国政府网。

才能更好地从不同文明中寻求智慧、汲取营养，为人们提供精神支撑和心灵慰藉。

2021年中央一号文件指出，要深入挖掘、继承创新优秀传统乡土文化，把保护传承和开发利用结合起来，赋予中华农耕文明新的时代内涵。持续推进农村移风易俗，推广积分制、道德评议会、红白理事会等做法，加大对高价彩礼、人情攀比、厚葬薄养、铺张浪费、封建迷信等不良风气治理，推动形成文明乡风、良好家风、淳朴民风。加大对农村非法宗教活动和境外渗透活动的打击力度，依法制止利用宗教干预农村公共事务。办好中国农民丰收节。[①]近年来，全国各地按照中央要求，在保护传承农村优秀传统文化方面进行了有益探索。一是加强农业文化遗产保护传承。农业文化遗产是我国农村优秀传统文化的重要组成部分，加强农业文化遗产保护传承是繁荣发展农村文化的重要内容，其蕴含的丰富的生物、技术、文化"基因"，对于乡村振兴战略实施具有重要的现实意义。二是加强传统村落保护。传统村落是指拥有物质形态和非物质形态文化遗产，具有较高的历史、文化、科学、艺术、社会、经济价值的村落。近年来，各地加强传统村落保护发展，保护和传承前人留下的历史文化遗产，助力增强国家和民族文化自信，保持中华文化的完整多样，促进了农村经济社会文化协调可持续发展。三是创新开展农耕、农趣、农味节庆活动。农耕、农趣、农味节庆活动被赋予了更多的含义，从以往单纯的庆祝或纪念型活动，演变成为助推

---

① 国家粮食和物资储备局：《中共中央 国务院关于全面推进乡村振兴加快农业农村现代化的意见》，2021年2月21日，国家粮食和物资储备局网。

当地经济效益与社会效益双丰收的活动，不同地方的农事节庆活动经过历史的演绎逐渐成为传统文化标识。

中华传统农耕文化是中国几千年来积淀下来的精华，深深地渗透于中国人的精神血脉之中，是支撑中华民族的灵魂。目前，尽管我国在传统农耕文化建设方面已经取得了重大的成绩和进步，但是同时我们也应该清醒的认识到在传承和发展农村优秀传统文化方面也面临一些问题和挑战。例如，随着工业化、城镇化快速发展，对传统村落保护重视不够，传统村落衰落、消失的现象日益加剧，传统村落遭到破坏、损坏现象时有发生。与此同时，城市的发展对乡愁乡韵的冲击远没有消失，乡土社会的血缘性和地缘性逐渐减弱，原有的邻里关系被削弱，熟人社会向半熟人社会甚至陌生人社会转变。城镇化在改造乡村文化愚昧落后观念的同时冲击着乡村的文化价值，乡村生活失去了明确的文化归属，并出现了不同程度的价值迷失和认同危机。在城市化背景下，越来越多的农民走出乡村，长时间接受城市多元文化的熏陶，由此失去了对乡村文明的情感寄托，另外大量农村居民涌入城市导致在一些地区出现农耕文化的传承后继无人的情况，农民主动参与保护传承农村优秀传统文化的意识亟待提高。上述这些问题反映了乡村文化亟待振兴，必须要以解决存在的问题为抓手，重塑优秀乡村传统文化。

二、传承农耕文明的路径

传承发展提升农耕文明，走乡村文化兴盛之路要深入挖掘、继承、创新优秀传统乡土文化，中华优秀传统文化是我们的根和魂，必须要重视乡土文化。要把保护传承和开发利用有机结合起来，把我国农耕文明优秀遗产和现代文明要素结合起来，并赋予农耕文明新的时代内涵，让中华优秀传统文化生生不息，让我国历史悠久的农耕文明在新时代展现其魅力和风采，让农耕文化在乡村治理的过程中不断发挥作用，从而凸显出农村文化建设的价值和意义。保护传承优秀农耕文化对延续中华文明火种，推动乡村全面振兴和乡村发展具有重要价值。传承农耕文明需要重点做好以下几个方面的工作：

第一，保护利用乡村传统文化。农业文化遗产中的传统观念和传统技术等农耕文明精粹，至今仍闪烁着智慧之光，要秉承精耕细作的集约化耕作制度，并将其彻底发扬光大。实施农耕文化传承保护工程，深入挖掘农耕文化中蕴含的优秀思想观念、人文精神、道德规范，充分发挥其在凝聚人心、教化群众、淳化民风中的重要作用。划定乡村建设的历史文化保护线，保护好文物古迹、传统村落、民族村寨、传统建筑、农业遗迹、灌溉工程遗产。传承传统建筑文化，使历史记忆、地域特色、民族特点融入乡村建设与维护。支持农村地区优秀戏曲曲艺、少数民族文化、民间文化等传承发展。完善非物质文化遗产保护制度，实施非物质文化遗产传承发展工程。实施乡村经济社会变迁物证征藏工程，鼓励乡村史志修编，鼓励村民参与到编订村史的过程中，加强村民的认同感和参与感。[①]

第二，重塑乡村文化生态。紧密结合特色小镇、美丽乡村建

[①] 中华人民共和国中央人民政府：《乡村振兴战略规划（2018—2022年）》，2018年9月26日，中国政府网。

设，深入挖掘乡村特色文化符号，盘活地方和民族特色文化资源，走特色化、差异化发展之路。以形神兼备为导向，保护乡村原有建筑风貌和村落格局，把民族民间文化元素融入乡村建设，深挖历史古韵，弘扬人文之美，重塑诗意闲适的人文环境和田绿草青的居住环境，重现原生田园风光和原本乡情乡愁。引导企业家、文化工作者、退休人员、文化志愿者等投身乡村文化建设，丰富农村文化业态。[①]

第三，发展乡村特色文化产业。要坚持以社会主义核心价值观为内核，以优秀的传统文化为基础，建构一个有文化认同、有文化自信的乡村文化体系。为此，有关部门要加强规划引导、典型示范，挖掘培养乡土文化本土人才，建设一批特色鲜明、优势突出的农耕文化产业展示区，打造一批特色文化产业乡镇、文化产业特色村和文化产业群。大力推动农村地区实施传统工艺振兴计划，培育形成具有民族和地域特色的传统工艺产品，促进传统工艺提高品质、形成品牌、带动就业[②]。另外活化、提升传统手工技艺，以留守在乡的老人、妇女等人群为重点大力培育乡村能工巧匠，加强创意设计支持，将乡土手艺转变为独特的文化产品。并依托农家书屋等阵地建设乡村文化集市，联通各个主体，打通生产、流通、销售环节，打造出富有特色的乡土文化IP，赋予地域农产品、传统手

[①] 中华人民共和国中央人民政府：《乡村振兴战略规划（2018—2022年）》，2018年9月26日，中国政府网。

[②] 中华人民共和国中央人民政府：《乡村振兴战略规划（2018—2022年）》，2018年9月26日，中国政府网。

工艺产品文化印记、文化韵味，形成品牌价值，拓展乡村产品价值空间。

第四，重塑适应时代发展需要的乡贤文化。中华人民共和国中央人民政府《关于实施中华优秀传统文化传承发展工程的意见》提出"挖掘和保护乡土文化资源，建设新乡贤文化，培育和扶持乡村文化骨干，提升乡土文化内涵，形成良性乡村文化生态，让子孙后代记得住乡愁"[①]，在社会转型时期重新建构新乡贤文化，对于促进社会主义核心价值观扎根乡村、破解乡土社会多重困境、推进新农村建设意义重大。我国大多数乡村形成了独具特色的乡贤文化，乡贤文化深烙着地域精神文化印记，是连接乡情乡愁的精神纽带，更是新时代传承家风、促进"乡风文明"的重要方式。因此，我们要注重乡贤文化资源发掘整理，创新乡贤文化宣传载体，大力培育新时代乡贤群体，为持续推进乡村治理和乡村建设提供智慧和力量。

思考题

1. 如何理解乡村高质量发展？
2. 如何理解确保粮食安全的重要意义？
3. 为什么要推进三产融合发展？
4. 乡村绿色发展的目标及路径是什么？
5. 谈谈农耕文明对于乡村振兴的价值和意义？

---

① 中华人民共和国中央人民政府：《关于实施中华优秀传统文化传承发展工程的意见》，2017年1月25日，中国政府网。

拓展阅读书目

1.《中共中央国务院关于全面推进乡村振兴加快农业农村现代化的意见》,人民出版社2021年版。

2.中华人民共和国国务院新闻办公室:《中国的粮食安全》,人民出版社2019年版。

第六讲　推进乡村建设

【导读】

本章以乡村建设行动为核心，梳理其目标内容，并从乡村建设规划、农村人居环境、乡村基础设施和公共服务四个方面探析如何有效实施乡村建设行动。首先介绍了乡村建设行动的提出、内容和目标；其次阐释了强化乡村建设规划引领的重要性以及如何强化乡村建设规划引领；再次阐述了改善乡村人居环境的重要性以及如何改善乡村人居环境；从次从完善乡村基础设施方面阐述其重要性以及如何完善乡村基础设施；最后从提升乡村公共服务水平的视角出发，重点分析乡村文化建设的重要性以及如何加强乡村文化建设。

实施乡村振兴战略，是以习近平同志为核心的党中央从党和国家事业发展全局作出的重大战略决策。全面实施乡村振兴战略的深度、广度、难度都不亚于脱贫攻坚，必须加强顶层设计，以更有力的举措、汇聚更强大的力量来推进。为此，习近平总书记在2020年12月中央农村工作会议上提出七个方面的要求，其中之一就是"实施乡村建设行动"。本章以乡村建设行动为核心，全面、系统地梳理乡村建设目标内容和政策举措。

第一节　乡村建设行动内容和目标

习近平总书记强调，要实施乡村建设行动，继续把公共基础设施建设的重点放在农村，在推进城乡基本公共服务均等化上持续发力，注重加强普惠性、兜底性、基础性民生建设。要接续推进农村人居环境整治提升行动，重点抓好改厕和污水、垃圾处理。要合理确定村庄布局分类，注重保护传统村落和乡村特色风貌，加强分类指导。[①]

一、乡村建设行动的提出

"乡村建设行动"一词，最早是在 2020 年 10 月党的十九届五中全会上提出的，会议审议通过的《中共中央关于制定国民经济和社会发展第十四个五年规划和 2035 年远景目标的建议》[②]把乡村建设作为"十四五"时期全面推进乡村振兴的重点任务进行部署。2021 年，《中华人民共和国国民经济和社会发展第十四个五年规划和 2035 年远景目标纲要》[③]进一步强调了"实施乡村建设行动"的规划内容，围绕"强化乡村建设的规划引领""提升乡村基础设施和公共服务水平"和"改善农村人居环境"等方面进行部署。同

[①]《习近平出席中央农村工作会议并发表重要讲话》，新华社 2020 年 12 月 29 日。

[②]《中共中央关于制定国民经济和社会发展第十四个五年规划和 2035 年远景目标的建议》，人民出版社 2020 年版。

[③]《中华人民共和国国民经济和社会发展第十四个五年规划和 2035 年远景目标纲要》，人民出版社 2021 版。

年11月12日,国务院印发了《"十四五"推进农业农村现代化规划》[①],从乡村规划、乡村基础设施建设、整治提升农村人居环境、加快数字乡村建设、提升农村基本公共服务水平和扩大农村消费方面详细部署了实施乡村建设行动的重点任务。2021年的中央一号文件《中共中央 国务院关于全面推进乡村振兴加快农业农村现代化的意见》强调"大力实施乡村建设行动",2022年的中央一号文件《中共中央 国务院关于做好2022年全面推进乡村振兴重点工作的意见》强调"扎实稳妥推进乡村建设"。

二、乡村建设行动的内容

乡村建设行动,要求把乡村建设摆在社会主义现代化建设的重要位置,优化生产生活生态空间,持续改善村容村貌和人居环境,建设美丽宜居乡村。乡村建设行动是一个系统性工程,需要整体统筹和部署,具体包括以下内容。

(一)强化乡村建设的规划引领

强化乡村建设规划引领是实施乡村建设行动的前提和基础。只有立足全局、科学规划乡村建设,才能统筹安排各类资源、优化乡村发展空间,推动建设美丽乡村。强化乡村建设规划引领的重点包括:统筹县域城镇和村庄规划建设,通盘考虑土地利用、产业发展、居民点建设、人居环境整治、生态保护、防灾减灾和历史文化

---

① 国务院:《"十四五"推进农业农村现代化规划》,2022年2月11日,中国政府网。

传承；科学编制县域村庄布局规划，因地制宜、分类推进村庄建设，规范开展全域土地综合整治，保护传统村落、民族村寨和乡村风貌，严禁随意撤并村庄搞大社区、违背农民意愿大拆大建；优化布局乡村生活空间，严格保护农业生产空间和乡村生态空间，科学划定养殖业适养、限养、禁养区域；鼓励有条件地区编制实用性村庄规划。

（二）改善农村人居环境

改善农村人居环境是推动乡村建设行动的重点。只有顺应农民对美好生活的期望，改善农村人居环境，才能提升农民生活质量，增进农民福祉，切实保障农民对美好生活的向往和追求，才能真正在推进乡村建设行动中赢得民心、守住人心。改善农村人居环境的重点包括：开展农村人居环境整治提升行动，稳步解决"垃圾围村"和乡村黑臭水体等突出环境问题；推进农村生活垃圾就地分类和资源化利用，以乡镇政府驻地和中心村为重点梯次推进农村生活污水治理；支持因地制宜推进农村厕所革命；推进农村水系综合整治；深入开展村庄清洁和绿化行动，实现村庄公共空间及庭院房屋、村庄周边干净整洁。

（三）提升乡村基础设施水平

提升乡村基础设施水平是推动乡村建设行动的动力引擎。完善便利的乡村基础设施，对乡村经济社会发展有重要的推动作用。只有提升乡村基础设施水平，才能改善乡村生产、生活、生态条件，为乡村建设行动提供动力支持。提升乡村基础设施水平的重点包括：以县域为基本单元推进城乡融合发展，强化县城综合服务能力和乡镇服务农民功能；健全城乡基础设施统一规划、统一建设、统一管护机制，推动市政公用设施向郊区乡村和规模较大中心镇延伸，完善乡村水、电、路、气、邮政通信、广播电视、物流等基础设施，提升农房建设质量。

（四）提升乡村公共服务水平

提升乡村公共服务水平是乡村建设行动实施的保障。乡村公共服务水平的提升，与农民利益密切相关，是保障农民生存和发展的基本需要，有利于增强人民的获得感、幸福感、安全感，进而保障了乡村建设行动的高质量实施。提升乡村公共服务水平的重点包括：推进城乡基本公共服务标准统一、制度并轨，增加农村教育、医疗、养老、文化等服务供给，推进县域内教师医生交流轮岗，鼓励社会力量兴办农村公益事业；提高农民科技文化素质，推动乡村人才振兴。

三、乡村建设行动的目标

乡村建设行动的实施是循序渐进的过程，乡村建设行动的目标也需要根据不同的阶段制定相应的目标。基于《乡村振兴战略规划（2018—2022年）》[①]《"十四五"推进农业农村现代化规划》

[①] 中共中央 国务院：《乡村振兴战略规划（2018—2022年）》，人民出版社2018年版。

《中共中央 国务院关于全面推进乡村振兴加快农业农村现代化的意见》[1]《农村人居环境整治提升五年行动方案（2021—2025年）》[2]《数字乡村发展战略纲要》[3]等政策文件中对乡村振兴战略目标的规划，我们也分阶段梳理出乡村建设行动的目标。

从远景目标来看，到2035年，城乡基本公共服务均等化基本实现，城乡融合发展体制机制更加完善；农村生态环境根本好转，生态宜居的美丽乡村基本实现。

"十四五"时期是我国推动乡村全面振兴的关键期，更是推进乡村建设行动的历史窗口期。该时期的目标是：到2025年，乡村建设行动取得明显成效，乡村面貌发生显著变化，乡村发展活力充分激发，乡村文明程度得到新提升，农村发展安全保障更加有力，农民获得感、幸福感、安全感明显提高。具体而言：

——农村人居环境显著改善，生态宜居美丽乡村建设取得新进步。农村卫生厕所普及率稳步提高，厕所粪污基本得到有效处理；农村生活污水治理率不断提升，乱倒乱排得到管控；农村生活垃圾无害化处理水平明显提升，有条件的村庄实现生活垃圾分类、源头减量；农村人居环境治理水平显著提升，长效管护机制基本建立。

——农村基础设施建设取得新进展。乡村建设行动取得积极成

---

[1] 《中共中央 国务院关于全面推进乡村振兴加快农业农村现代化的意见》，人民出版社2021年版。

[2] 中共中央办公厅 国务院办公厅：《农村人居环境整治提升五年行动方案（2021—2025年）》，2021年12月5日，中国政府网。

[3] 中共中央办公厅 国务院办公厅：《数字乡村发展战略纲要》，人民出版社2019年版。

效，村庄布局进一步优化，农村生活设施不断改善，城乡基本公共服务均等化水平稳步提升。

——数字乡村建设取得重要进展。乡村4G深化普及、5G创新应用，城乡"数字鸿沟"明显缩小。初步建成一批兼具创业孵化、技术创新、技能培训等功能于一体的新农民新技术创业创新中心，培育形成一批叫得响、质量优、特色显的农村电商产品品牌，基本形成乡村智慧物流配送体系。乡村网络文化繁荣发展，乡村数字治理体系日趋完善。

为了定量化乡村建设行动的目标、突出可操作性，这里列出乡村建设行动的具体指标。（见表6-1）

表6-1　乡村建设行动相关的目标

指标	2020年基期值	2025年目标值	年均增速〔累计〕	指标属性
较大人口规模自然村（组）通硬化路比例（%）	—	>85	—	预期性
农村自来水普及率（%）	83	88	〔5〕	预期性
乡村义务教育学校专任教师本科以上学历比例（%）	60.4	62	〔1.6〕	预期性
乡村医生中执业（助理）医师比例（%）	38.5	45	〔6.5〕	预期性
乡镇（街道）范围具备综合功能的养老服务机构覆盖率（%）	54	60	〔6〕	预期性
县级及以上文明村占比（%）	53.2	60	〔6.8〕	预期性
农村居民教育文化娱乐消费支出占比（%）	9.5	11.5	〔2〕	预期性

注：〔〕内为5年累计数。
资料来源：摘选自《"十四五"推进农业农村现代化规划》。

第二节　强化乡村建设规划引领

乡村建设是个长期过程，必须保持历史耐心，规划先行，注重质量，从容推进。浙江省从启动"千村示范、万村整治"工程到建设美丽乡村，基本经验是以科学规划为先导，一张蓝图绘到底。

一、强化乡村建设规划引领的重要性

乡村集生产生活功能于一体，需要统筹考虑产业发展、人口布局、公共服务、土地利用、生态保护等，科学合理规划生产生活的空间布局和设施建设。《中华人民共和国乡村振兴促进法》[①]明确要求："县级人民政府和乡镇人民政府应当优化本行政区域内乡村发展布局，按照尊重农民意愿、方便群众生产生活、保持乡村功能和特色的原则，因地制宜安排村庄布局，依法编制村庄规划，分类有序推进村庄建设，严格规范村庄撤并，严禁违背农民意愿、违反法定程序撤并村庄。"

做好乡村建设规划，有利于理清村庄发展思路，明确乡村振兴各项任务优先序，做到发展有遵循、建设有抓手；有利于统筹安排各类资源，集中力量、突出重点，加快补齐乡村发展短板；有利于通过科学设计和合理布局，优化乡村生产生活生态空间；有利于引导城镇基础设施和公共服务向农村延伸，促进城乡融合发展。

强化乡村建设规划引领是实施乡村建设行动的前提和基础。因

[①] 全国人大常委会办公厅供稿：《中华人民共和国乡村振兴促进法》，中国民主法制出版社2021年版。

此，有必要以习近平新时代中国特色社会主义思想为指引，牢固树立新发展理念，按照产业兴旺、生态宜居、乡风文明、治理有效、生活富裕的总要求，深入学习浙江实施"千村示范、万村整治"工程以规划先行的经验，坚持县域一盘棋，推动各类规划在村域层面"多规合一"；以多样化为美，突出地方特点、文化特色和时代特征，保留村庄特有的民居风貌、农业景观、乡土文化；因地制宜、详略得当规划村庄发展，做到与当地经济水平和群众需要相适应；坚持保护建设并重，防止调减耕地和永久基本农田面积、破坏乡村生态环境、毁坏历史文化景观；发挥农民主体作用，充分尊重村民的知情权、决策权、监督权，打造各具特色、不同风格的美丽村庄。

二、乡村建设规划工作成效与存在问题

根据中央部署要求，乡村规划工作全面推进，取得了一定成效，但也存在一些问题。

（一）乡村建设规划的成效

一是规划编制稳步推进。目前31个省（自治区、直辖市）已全部出台实施了乡村振兴规划，市、县层面规划或实施方案基本实现全覆盖。农业农村部、国家发展改革委、自然资源部等也印发了一系列专项规划。

二是实践经验模式不断涌现。各地因地制宜开展乡村规划、村庄规划实践，探索行之有效的模式。如浙江省实施"千万工程"，

坚持党政一把手亲自部署、亲自推动，从人居环境、基础设施、公共服务建设入手，突出重点、分步实施，实现一张蓝图绘到底。

三是社会各界积极参与乡村规划编制。当前，国内不少高校都设置了城乡规划专业，各类规划设计机构、高等院校、科研事业单位等，都纷纷开展乡村规划研究和编制工作。一些地方和规划设计机构还积极开展了规划师下乡活动，比如重庆市推进规划师、建筑师、工程师、艺术家"三师一家"下乡村，引导大专院校、规划设计单位驻村开展规划编制服务。

（二）存在的主要问题

一是乡村规划理论脱离农村实际。由于缺乏成熟的乡村规划理论指导，很多乡村规划照搬城市规划理论，脱离农村实际，具体表现在：忽视城乡人口布局变化规律，忽视乡村社会和治理结构的变化规律，忽视乡村特色和原有文化挖掘等。

二是法律法规无法适应乡村振兴的要求。《城乡规划法》等法律法规关于乡村规划的相关规定，有些已不适应全面推进乡村振兴的要求，需要进一步健全完善。大部分乡村规划编制标准，已不适用于当前农业农村的实际需求，部分建设标准甚至缺失，影响了乡村规划的总体质量。

三是规划实施中问题层出。部分地方政府对规划的重要性、严肃性认识不到位，在一定程度上存在为政绩编规划、为完成任务编规划的现象，导致各部门协同发力编好规划的动力不强。在规划实施进度方面，急于求成，存在将乡村振兴长期历史任务短期化的倾向，具体到一些涉农土地、资金等相关政策落实，不能做到因事而异。有的规划没有充分发挥农民主体作用，不能反映农民意愿与诉求，难以落地实施。

三、如何强化乡村建设规划引领

各地各有关部门要切实提高思想认识，把加强乡村规划作为实施乡村建设行动的基础性工作，持之以恒推动乡村振兴战略落实落地。

（一）完善县镇村规划布局

完善县镇村规划布局，主要是依托县域城镇、重点乡镇建设的龙头牵引作用，优化配置县内公共资源，推动形成县、镇、村三级功能衔接互补的建管护格局。具体包括：

一是强化县域国土空间规划管控。坚守耕地和永久基本农田保护红线，严禁违规占用耕地和违背自然规律绿化造林、挖湖造景，严格控制非农建设占用耕地，推进农村乱占耕地建房专项整治行动，坚决遏制耕地"非农化"、防止"非粮化"，强化土地流转用途监管，确保耕地数量不减少、质量有提高。完善乡村产业发展用地政策体系，明确用地类型和供地方式，实行分类管理，将农业种植养殖配建的保鲜冷藏、晾晒存贮、农机库房、分拣包装、废弃物处理、管理看护房等辅助设施用地纳入农用地管理，根据生产实际合理确定辅助设施用地规模上限。农业设施用地可以使用耕地。

二是持续推动高标准农田规划和建设。统筹规划、同步实施高效节水灌溉与高标准农田建设。研究制定增加农田灌溉面积的规划，加大中低产田改造力度，提升耕地地力等级。加大大中型灌区续建配套与改造力度，在水土资源条件适宜地区规划新建一批现代化灌区，优先将大中型灌区建成高标准农田。在高标准农田建设中增加的耕地作为占补平衡补充耕地指标在省域内调剂，所得收益用于高标准农田建设。加强和改进建设占用耕地占补平衡管理，严格新增耕地核实认定和监管，加强耕地保护督察和执法监督。

三是优化乡村产业项目空间布局。在符合国土空间规划前提下，通过村庄整治、土地整理等方式节余的农村集体建设用地优先用于发展乡村产业项目。新编县乡级国土空间规划应安排不少于10%的建设用地指标，重点保障乡村产业发展用地。省级制定土地利用年度计划时，应安排至少5%新增建设用地指标保障乡村重点产业和项目用地。农村集体建设用地可以通过入股、租用等方式直接用于发展乡村产业。按照"放管服"改革要求，对农村集体建设用地审批进行全面梳理，简化审批审核程序，下放审批权限。

（二）加快推进村庄规划

村庄规划是国土空间规划体系中乡村地区的详细规划。加快推进村庄规划要整合村土地利用规划、村庄建设规划等乡村规划，实现土地利用规划、城乡规划等有机融合。

一是合理划分县域村庄类型。要逐村研究村庄人口变化、区位条件和发展趋势，明确县域村庄分类，将现有规模较大的中心村，确定为集聚提升类村庄；将城市近郊区以及县城城关镇所在地村庄，确定为城郊融合类村庄；将历史文化名村、传统村落、少数民族特色村寨、特色景观旅游名村等特色资源丰富的村庄，确定为特色保护类村庄；将位于生存条件恶劣、生态环境脆弱、自然灾害频发等地区的村庄，因重大项目建设需要搬迁的村庄，以及人口流失特别严重的村庄，确定为搬迁撤并类村庄。对于看不准的村庄，可暂不做分类，留出足够的观察和论证时间。

二是统筹谋划村庄发展。要加快推进村庄规划编制实施，统筹谋划村庄发展定位、主导产业选择、用地布局、人居环境整治、生态保护、建设项目安排等，合理保障农村新产业新业态发展用地，明确产业用地用途、强度等要求，做到不规划不建设、不规划不投入。结合村庄资源禀赋和区位条件，引导产业集聚发展，尽可能把产业链留在乡村，让农民就近就地就业增收。统筹安排农、林、牧、副、渔等农业发展空间，推动循环农业、生态农业发展，保障设施农业和农业产业园发展合理空间，促进农业转型升级。除少量必需的农产品生产加工外，一般不在农村地区安排新增工业用地。

三是充分发挥村民主体作用。紧紧依托村党组织和村民委员会开展村庄规划编制工作。由乡镇党委政府、县（市）政府有关部门、规划设计单位、村民代表共同组成村庄规划编制工作组，深入开展驻村调研、逐户走访，充分听取村民诉求，获取村民支持，要严禁随意撤并村庄搞大社区、违背农民意愿大拆大建。规划文本形成后，应组织村民充分发表意见，参与集体决策。规划报送审批前，应经村民会议或者村民代表会议审议，并在村庄内公示，确保规划符合村民意愿。

第三节 改善农村人居环境

习近平总书记强调,要持续开展农村人居环境整治行动,实现全国行政村环境整治全覆盖,基本解决农村的垃圾、污水、厕所问题,打造美丽乡村,为老百姓留住鸟语花香田园风光[①]。

一、改善农村人居环境的重要性

改善农村人居环境,是以习近平总书记为核心的党中央从战略和全局高度作出的重大决策部署,是实施乡村振兴战略的重点任务,事关广大农民根本福祉,事关农民群众健康,事关美丽中国建设。《中华人民共和国乡村振兴促进法》明确要求:各级人民政府应当建立政府、村级组织、企业、农民等各方面参与的共建共管共享机制,综合整治农村水系,因地制宜推广卫生厕所和简便易行的垃圾分类,治理农村垃圾和污水,加强乡村无障碍设施建设,鼓励和支持使用清洁能源、可再生能源,持续改善农村人居环境。

改善农村人居环境是推动乡村建设行动的重点。因此,有必要以习近平新时代中国特色社会主义思想为指导,深入贯彻党的十九大和十九届二中、三中、四中、五中、六中全会精神,坚持以人民为中心的发展思想,践行"绿水青山就是金山银山"的理念,以农村厕所革命、生活污水垃圾治理、村容村貌提升为重点,巩固拓展农村人居环境整治三年行动成果,全面提升农村人居环境质量,为

[①] 2018年5月18日,习近平在全国生态环境保护大会上的讲话。

全面推进乡村振兴、加快农业农村现代化、建设美丽中国提供有力支撑。

二、农村人居环境整治成效与存在问题

2018年农村人居环境整治三年行动实施以来，各地区各部门认真贯彻党中央、国务院决策部署，全面扎实推进农村人居环境整治，取得了一定成效，但也存在一些问题。

（一）农村人居环境整治的成效

各地统筹推进农村人居环境整治，取得了阶段性成效：

一是农村厕所革命取得明显进展。截至2020年年底，全国农村卫生厕所普及率达68%以上，2018年以来累计改造农村户厕4000多万户。同时，东部地区、中西部城市近郊区等有基础、有条件的地区，实现无害化治理的农村卫生厕所普及率超过90%。

二是农村生活污水治理水平不断提升。2020年，全国31%的农村生活污水得到处理，比2015年（仅为18%）提高了13%。还有一些地区采取纳管、集中、联户、分户等模式，采用自然净化、工程治理等技术，加强污水有效管控和治理。

三是垃圾处理体系初步建立。截至2020年年底，95%以上的村庄开展了清洁行动，农村生活垃圾进行收运处理的行政村比例超过90%，全国秸秆综合利用率超过87%。同时，通过推广"户分类、村收集、乡转运、县处理"的城乡环卫一体化模式，各地全面推进农村生活垃圾收运处置体系建设。

四是村容村貌显著提升。各地普遍开展了以提升村容村貌为重点的美丽乡村建设或创建工作，全面提升农村基础设施，通过全域美化改善整体风貌，实现绿化、亮化、洁化、美化，突出乡土特点和地域民族特色。

（二）存在的主要问题

一是农村改厕问题任重道远。虽然农村厕所革命取得了积极进展，但与城市相比还有很大差距。目前未改厕的地区多是地形条件不方便、没有能力建设的生活贫困地区，尤其是在地形条件没有优势、自然灾害较多的地区改厕进程缓慢，大部分村庄没有达到农村卫生厕所建设标准，仍然使用旧有的非无害化厕所。还有一些地方存在思想认识不到位、技术创新跟不上、推动方式简单化、发动农民不充分等问题，个别地方还出现形式主义、官僚主义等现象，搞"政绩项目"和"形象工程"，未将群众满意度作为衡量标杆。

二是农村生活污水处理中的"两难一低"问题突出。全国还有近70%的农户生活污水没有得到处理，村庄生活污水乱倒乱排，黑水臭水漫流现象依然存在。与城市居民相比，农村居民居住分散，居住距离和地形地貌进一步增加了农村生活污水管网铺设的成本。因此，这些地方农村普遍缺乏污水收集管网与处理设施，收集生活污水相当难。不同地域农村居民用水习惯不同，生活污水产生量和排放规律空间异质性很大，也增加了农村生活污水的处理难度。还有一些地方存在污水处理模式不适应当地实际的现象，这也导致农村生活污水处理效率较低。

三是农村生活垃圾、厕所粪污等废弃物转运处理能力及资源化利用水平有待提升。一些地方基础设施不完善，生活垃圾收集后处理不到位，缺乏必要的转运设施，有的地方随意倾倒填埋或就地简单焚烧。现在依然有很多地方的农户在使用传统旱厕，近一半的农户厕所粪污没有得到无害化处理或资源化以利用。

四是村容村貌整治成效有待进一步稳固。个别村庄仍存在垃圾乱丢乱扔、柴草乱堆、污水滥倒、畜禽乱跑、粪污随地排放等现象。村容村貌整治成效机制有待建立健全，一些运行管护机制不健全的问题比较突出，影响到整治效果的可持续性。

三、如何改善农村人居环境

农村人居环境整治提升是一项长期工程。《农村人居环境整治三年行动方案》[①]的目标任务基本完成后，要实施《农村人居环境整治提升五年行动方案（2021—2025年）》。改善农村人居环境的重点任务和主要举措包括：

（一）因地制宜推进农村厕所革命

习近平总书记指出，厕所问题不是小事情，要把这项工作作为乡村振兴战略的一项具体工作来推进，努力补齐这块影响群众生活

---

① 中共中央办公厅 国务院办公厅：《农村人居环境整治三年行动方案》，中国政府网，2018年2月5日。

品质的短板[1]。

一是逐步普及农村卫生厕所。新改户用厕所基本入院，有条件的地区要积极推动厕所入室，新建农房应配套设计建设卫生厕所及粪污处理设施设备。重点推动中西部地区农村户厕改造。合理规划布局农村公共厕所，加快建设乡村景区旅游厕所，落实公共厕所管护责任，强化日常卫生保洁。

二是切实提高改厕质量。科学选择改厕技术模式，宜水则水、宜旱则旱。技术模式应至少经过一个周期试点试验，成熟后再逐步推开。严格执行标准，把标准贯穿于农村改厕全过程。在水冲式厕所改造中积极推广节水型、少水型水冲设施。加快研发干旱和寒冷地区卫生厕所适用技术和产品。加强生产流通领域农村改厕产品质量监管，把好农村改厕产品采购质量关，强化施工质量监管。

三是加强厕所粪污无害化处理与资源化利用。加强农村厕所革命与生活污水治理有机衔接，因地制宜推进厕所粪污分散处理、集中处理与纳入污水管网统一处理，鼓励联户、联村、村镇一体处理。鼓励有条件的地区积极推动卫生厕所改造与生活污水治理一体化建设，暂时无法同步建设的应为后期建设预留空间。积极推进农村厕所粪污资源化利用，统筹使用畜禽粪污资源化利用设施设备，逐步推动厕所粪污就地就农消纳、综合利用。

---

[1] 中央农办、农业农村部、国家卫生健康委、住房和城乡建设部、文化和旅游部、国家发展改革委、财政部、生态环境部：《关于推进农村"厕所革命"专项行动的指导意见》，2019年1月8日，农业农村部网。

（二）梯次推进农村生活污水治理

由于农村自然环境和经济发展水平差异较大，要因地制宜采取纳入城镇污水管网、建设集中或者分散处理设施等处理方式，梯次推进农村生活污水治理，提升农业农村水资源良性循环和污水资源化利用水平。

一是分区分类推进治理。优先治理京津冀、长江经济带、粤港澳大湾区、黄河流域及水质需改善控制单元等区域，重点整治水源保护区和城乡接合部、乡镇政府驻地、中心村、旅游风景区等人口居住集中区域农村生活污水。开展平原、山地、丘陵、缺水、高寒和生态环境敏感等典型地区农村生活污水治理试点，以资源化利用、可持续治理为导向，选择符合农村实际的生活污水治理技术，优先推广运行费用低、管护简便的治理技术，鼓励居住分散地区探索采用人工湿地、土壤渗滤等生态处理技术，积极推进农村生活污水资源化利用。

二是加强农村黑臭水体治理。摸清全国农村黑臭水体底数，建立治理台账，明确治理优先序。开展农村黑臭水体治理试点，以房前屋后河塘沟渠和群众反映强烈的黑臭水体为重点，采取控源截污、清淤疏浚、生态修复、水体净化等措施综合治理，基本消除较大面积黑臭水体，形成一批可复制可推广的治理模式。鼓励河长制湖长制体系向村级延伸，建立健全促进水质改善的长效运行维护机制。

（三）健全农村生活垃圾处理长效机制

为有效处理农村生活垃圾，要以"户分类"和"村收集"环节为突破口，加强农村环卫基础配套设施建设和强化农村环卫管理工作目标考核，提高农民群众对农村居住环境的满意率。

一是健全生活垃圾收运处置体系。根据当地实际，统筹县、乡、村三级设施建设和服务，完善农村生活垃圾收集、转运、处置设施和模式，因地制宜采用小型化、分散化的无害化处理方式，降低收集、转运、处置设施建设和运行成本，构建稳定运行的长效机制，加强日常监督，不断提高运行管理水平。

二是推进农村生活垃圾分类减量与利用。加快推进农村生活垃圾源头分类减量，积极探索符合农村特点和农民习惯、简便易行的分类处理模式，减少垃圾出村处理量，有条件的地区基本实现农村可回收垃圾资源化利用、易腐烂垃圾和煤渣灰土就地就近消纳、有毒有害垃圾单独收集贮存和处置、其他垃圾无害化处理。有序开展农村生活垃圾分类与资源化利用示范县创建。协同推进农村有机生活垃圾、厕所粪污、农业生产有机废弃物资源化处理利用，以乡镇或行政村为单位建设一批区域农村有机废弃物综合处置利用设施，探索就地就近就农处理和资源化利用的路径。扩大供销合作社等农村再生资源回收利用网络服务覆盖面，积极推动再生资源回收利用网络与环卫清运网络合作融合。协同推进废旧农膜、农药肥料包装废弃物回收处理。积极探索农村建筑垃圾等就地就近消纳方式，鼓励用于村内道路、入户路、景观等建设。

（四）整体提升村容村貌

村容村貌提升是农村人居环境整治的重要抓手。

一是改善村庄公共环境。全面清理私搭乱建、乱堆乱放，整治残垣断壁，通过集约利用村庄内部闲置土地等方式扩大村庄公共空间。科学管控农村生产生活用火，加强农村电力线、通信线、广播电视线"三线"维护梳理工作，有条件的地方推动线路违规搭挂治理。健全村庄应急管理体系，合理布局应急避难场所和防汛、消防等救灾设施设备，畅通安全通道。整治农村户外广告，规范发布内容和设置行为。关注特殊人群需求，有条件的地方开展农村无障碍环境建设。

二是推进乡村绿化美化。深入实施乡村绿化美化行动，突出保护乡村山体田园、河湖湿地、原生植被、古树名木等，因地制宜开展荒山荒地荒滩绿化，加强农田（牧场）防护林建设和修复。引导鼓励村民通过栽植果蔬、花木等开展庭院绿化，通过农村"四旁"（水旁、路旁、村旁、宅旁）植树推进村庄绿化，充分利用荒地、废弃地、边角地等开展村庄小微公园和公共绿地建设。支持条件适宜地区开展森林乡村建设，实施水系连通及水美乡村建设试点。

三是加强乡村风貌引导。大力推进村庄整治和庭院整治，编制村容村貌提升导则，优化村庄生产生活生态空间，促进村庄形态与自然环境、传统文化相得益彰。加强村庄风貌引导，突出乡土特色和地域特点。弘扬优秀农耕文化，加强传统村落和历史文化名村名镇保护，积极推进传统村落挂牌保护，建立动态管理机制。

第四节　完善乡村基础设施

乡村基础设施建设是乡村建设行动的主要内容和全面实施乡村振兴的关键桥梁。要实施乡村建设行动，继续把公共基础设施建设的重点放在农村。

一、完善乡村基础设施的重要性

完善乡村基础设施，是实施乡村振兴的重要战略，是提升农业生产力、发展现代农业的物质保障；是增加农民收入、改善农民生活的基本途径；是建设新农村、改善农村面貌的重要推手。因此必须下大力气加快农村基础设施建设，助推乡村振兴。《中华人民共和国乡村振兴促进法》明确要求："县级以上地方人民政府应当统筹规划、建设、管护城乡道路以及垃圾污水处理、供水供电供气、物流、客运、信息通信、广播电视、消防、防灾减灾等公共基础设施和新型基础设施，推动城乡基础设施互联互通，保障乡村发展能源需求，保障农村饮用水安全，满足农民生产生活需要。"

提升乡村基础设施水平是推动乡村建设行动的动力引擎。因此，有必要继续把基础设施建设重点放在农村，持续加大投入力度，加快补齐农村基础设施短板，促进城乡基础设施互联互通，推动农村基础设施提档升级。

二、乡村基础设施建设成效与存在问题

各地认真落实党中央、国务院决策部署，紧紧抓住重点任务重

点环节，有力推进乡村基础设施建设，取得了一定成效，但也存在一些问题。

（一）乡村基础设施建设的成效

各地多渠道筹措工程建设资金，推动农村基础设施建设提档升级。一是"四好农村路"深入推进，截至2021年8月，全国农村公路总里程突破438万公里，具备条件的乡镇、建制村通硬化路比例以及通客车比例均为100%；二是农村供水保障水平进一步提升，2021年累计提升了4263万多农村人口的饮水保障水平，全国农村自来水普及率达84%，规模化供水工程覆盖农村人口比例达51%；三是农村电网改造升级，全国农村供电可靠率达99.8%；四是宽带网络加快覆盖，全国行政村通光纤和通4G比例均超过99%，互联网普及率明显提升。

（二）存在的主要问题

虽然近年来农村基础设施建设成效明显，但与全面推进乡村振兴的要求相比，与广大农民群众的期盼相比，仍存在一些突出问题：

一是乡村道路质量差，管护工作不到位。部分地方政府关注的重点在于乡村道路是否建设，对建成之后的道路质量及后期维护和管理工作缺乏足够的重视，导致一些路段使用寿命降低，功能缺失。另外，部分农村道路较窄，无法设置错车道，降低了农民出行的便利性。

二是农村供水、供电等基础设施供给质量不高。虽然全国农村供水保障水平不断提升，仍有近一半的农村人口是规模化供水工程无法覆盖的，这无疑给农村饮水安全问题带来隐患。大多数村庄道路两边电力、电视、网络"三线"纵横交错，形成"天空蜘蛛网"，存在安全隐患。

三是基础设施带给农民的幸福感有待加强。部分地区更多关注乡村道路、农村电网等生产性基础设施、生活性基础设施以及流通性基础设施建设，对农村互联网普及等人文基础设施建设关注相对较少，农民获得感、幸福感有待增强。例如，在信息基础设施建设方面，截至2020年3月，农村地区互联网普及率提高到46.2%，但比全国平均水平仍低18.3%，比城镇地区更低30.3%。

三、如何完善乡村基础设施

有必要围绕促进城乡基础设施互联互通的目标，坚持共享发展理念，加快补齐农村基础设施短板，持续提升乡村宜居水平。尤其是重点完善农村交通运输、饮水、清洁能源、物流、宽带网络等传统基础设施，统筹推进乡村管理服务数字化，推动城乡客运、供水、能源、环卫、物流等一体化发展。

（一）完善农村交通运输体系

农村交通运输体系是非常重要的基础设施，为全面实施乡村建设行动提供有力支撑。

一是推进农村公路建设项目更多向进村入户倾斜，统筹规划和建设农村公路穿村路段，兼顾村内主干道功能。二是推进人口密集村庄消防通道建设。深化农村公路管理养护体制改革，落实管养主体责任。三是完善交通安全防护设施，提升公路安全防控水平，强化农村公路交通安全监管。四是推动城乡客运一体化发展，优化农忙等重点时段农村客运服务供给，完善农村客运长效发展机制。

（二）提升农村供水保障水平

农村供水问题是确保农民饮水安全，提高农民生活水平和质量，促进农村物质文明建设、精神文明建设和社会主义新农村建设的重要基础设施。

一是合理确定水源和供水工程设施布局，加强水源工程建设和水源保护。二是实施规模化供水工程建设和小型供水工程标准化改造，提高农村自来水普及率。鼓励有条件的地区将城市供水管网向周边村镇延伸。三是建立合理水价形成机制和水费收缴机制，健全农村供水工程建设运行和管护长效机制。四是加强农村消防用水配套设施建设。五是完善农村防汛抗旱设施，加强农村洪涝灾害预警和防控。

（三）加强乡村清洁能源建设

利用清洁能源可以无害化处理农村生活垃圾、畜禽粪污，改善农村人居环境。

一是提高电能在农村能源消费中的比重。因地制宜推动农村地区光伏、风电发展，推进农村生物质能源多元化利用，加快构建以可再生能源为基础的农村清洁能源利用体系。二是强化清洁供暖设施建设，加大生物质锅炉（炉具）、太阳能集热器等推广应用力度，推动北方冬季清洁取暖。

（四）建设农村物流体系

农村物流体系的建设为农民的生产生活提供便利，要加强县乡村物流基础设施建设，鼓励地方建设县镇物流基地、农村电子商务配送站点。

一是完善县、乡、村三级物流配送体系，构建农村物流骨干网络，补齐物流基地、分拨中心、配送站点和冷链仓储等基础设施短板，加大对公用型、共配型场站设施的政策支持力度。二是改造提升农村寄递物流基础设施，推进乡镇运输服务站建设，改造提升农贸市场等传统流通网点。三是打造农村物流服务品牌，创新农村物流运营服务模式，探索推进乡村智慧物流发展。

（五）加强乡村信息基础设施建设

为适应信息化快速发展需要，有必要加强乡村信息基础设施建设，具体包括：

一是加快农村光纤宽带、移动互联网、数字电视网和下一代互联网发展，支持农村及偏远地区信息通信基础设施建设。二是推动农业生产加工和农村地区水利、公路、电力、物流、环保等基础设施数字化、智能化升级。三是开发适应"三农"特点的信息终端、技术产品、移动互联网应用软件，构建面向农业农村的综合信息服务体系。

第五节　加强乡村文化建设

2018年,习近平总书记对做好"三农"工作作出重要指示,其中包括"加快补齐农村公共服务短板"[1]。由于本书第十一讲会涉及农村的教育、医疗、养老等公共服务内容,为避免内容重复,本节只谈乡村文化建设方面。[2]

一、加强乡村文化建设的重要性

习近平总书记强调,乡风文明是乡村振兴的紧迫任务[3]。乡村振兴,既要塑形,也要铸魂。优秀乡村文化能够提振农村精气神,增强农民凝聚力,孕育社会好风尚。乡村文化建设,重点是弘扬社会主义核心价值观,保护和传承乡村优秀传统文化,加强乡村公共文化建设,开展移风易俗,改善农民精神风貌,提高乡村社会文明程度。要紧紧围绕实现乡风文明、文化繁荣,大力加强乡村社会主义精神文明建设,大力弘扬发展革命文化、社会主义先进文化,大力弘扬农村传统优秀文化,大力发展乡村公共文化,大力丰富农民群众文化生活,大力培育乡村优良风尚,大力提高农民思想道德素质

---

[1]《中央农村工作会议召开 习近平对"三农"工作作重要指示》,《人民日报》2018年12月29日。

[2] 本节参考北京师范大学中国乡村振兴与发展研究中心、北京师范大学中国扶贫研究院《全面推进乡村振兴——理论与实践》,人民出版社2021年版。

[3] 中央政治局第八次集体学习新闻报道,《人民日报》2018年9月23日。

和文化综合素质,增强乡村文化吸引力和感召力,增强乡村社会内在活力和凝聚力,推动乡村文化繁荣。

二、乡村文化建设成效与存在问题

近年来,各地各部门从政策保障、产业扶持、公共服务等方面着力,有力推进乡村文化建设,取得了一定成效,但也存在一些问题。

(一)乡村文化建设的成效

一是密集出台乡村文化振兴的政策文件。国家先后出台《关于加强和改进乡村治理的指导意见》《关于进一步推进移风易俗建设文明乡风的指导意见》《关于印发〈推进乡村文化振兴工作方案〉的通知》等文件,对乡村文化振兴进行部署。各地纷纷出台相关政策,如山东省和重庆市等制定《推动乡村文化振兴工作方案》等。

二是推进公共文化服务体系建设。国家连续多年实施"广播电视村村通、户户通""数字图书馆"等文化惠民工程。中央财政引导和支持地方落实国家基本公共文化服务指导标准和地方实施标准,推动改善基层公共文化体育设施条件和加强基层公共文化服务人才队伍建设,安排资金专门支持戏曲进乡村、村综合文化服务中心设备购置等项目。通过扎实推动基层综合性文化服务中心、县级文化馆图书馆总分馆制建设,全国建成了村、社区综合性文化服务中心超过57万个,基本实现了全覆盖。

三是保护传承优秀乡村文化遗产,发展特色乡村文化产业。

2018年开始设立中国农民丰收节，举办各种民俗风情展示活动。乡村非物质文化遗产保护力度加强，大批历史文化古村落成为网红打卡地。地方通过充分挖掘传统文化、民族文化和非遗资源的潜在价值，大力发展文创产业和文化旅游业。一批以传统工艺为支撑的村落、企业和专业合作社迅速崛起，带动了村民在家门口轻松实现就业。

（二）存在的主要问题

一是乡村公共服务供给数量还有待提高。虽然我国农村社区的综合服务设施覆盖率2020年达到65.7%，但是距离2025年达到80%的目标还有不少差距，很多村庄缺乏综合性公共服务平台。再加上一些村庄分布较为分散，很少组织文化活动，即使有相关活动，也会因为缺少专业人员的指导和安排，难以长期坚持下去。

二是乡村文化形式相对单一，符合村民文化消费需求的文艺产品相对匮乏。大部分农村只有在传统节日才会组织秧歌、舞龙舞狮等文艺活动，内容相对陈旧，吸引力明显不足。文艺战线开展的"文化下乡"是个好办法，但专业团队一年到头直达乡村的机会有限。

三是乡村公共文化设施管理有待规范。由于一些地方建设标准不切实际、重建设轻管理，以及缺少统筹协调和统一规划，公共文化资源难以有效整合，条块分割、重复建设、多头管理等问题普遍存在，基层公共文化设施功能不健全、管理不规范、服务效能低等问题仍较突出，总量不足与资源浪费问题并存，难以发挥出整体效益。

三、如何提升乡村文化服务水平

增加乡村文化服务供给，加强乡村公共文化服务建设，能为广大农民提供高质量的精神营养。

（一）健全公共文化服务体系

一是推动乡村综合性公共文化设施和场所全覆盖。基层综合性文化服务中心的建设，要充分利用乡村闲置的办公室、校舍等，主要采取盘活存量、调整置换、集中利用等方式进行建设，不搞大拆大建。二是加强文体广场建设。与乡村综合性文化设施相配套，按照人口规模和服务半径，建设选址适中、与地域条件相协调的文体广场，满足农民群众空闲时间多之后对文体小广场的日益旺盛的需求。三是改革创新乡村文化设施运行机制。推动基层公共文化设施资源共建共享，统筹公共文化设施网络和重点文化惠民工程，整合宣传文化、党员教育、科普普法、体育健身等资源，建设乡村综合文化服务设施。

（二）增加乡村公共文化产品和服务供给

一是提高公共文化服务供给质量。重点围绕文艺演出、读书看报、广播电视、电影放映、文体活动、展览展示、教育培训等方面，设置具体服务项目，明确服务种类、数量、规模和质量要求，实现"软件"与"硬件"相适应、服务与设施相配套，为城乡居民提供大致均等的基本公共文化服务。二是繁荣农村题材文艺创作。加强农村题材文艺创作的规划和扶持，组织动员作家艺术家开展农村题材文艺创作生产，推出一批具有浓郁乡村特色、充满正能量、深受农民欢迎的农村题材文艺作品。三是创新服务方式和手段。畅通群众文化需求反馈渠道，根据服务目录科学设置"菜单"，采取"订单"服务方式，实现供需有效对接。

（三）支持广泛开展群众文化活动

一是开展送文化下乡。加强资源整合，综合用好文化科技卫生"三下乡"、文化惠民消费季、文艺会演展演、"一村一年一场戏"免费送戏工程等平台载体，把更多优秀的电影、戏曲、图书、期刊、科普活动、文艺演出、全民健身活动送到农民中间，丰富农民群众文化生活。二是组织引导群众文体活动。支持群众自办文化，依托基层综合性文化服务中心，兴办读书社、书画社、乡村文艺俱乐部，组建演出团体、民间文艺社团、健身团队以及个体放映队等。

（四）建好管好用好农村网络文化阵地

一是推进乡村公共文化网络载体建设。推进乡村数字图书馆、乡村远程教育中心、乡村网络服务中心、乡村旅游网上展馆、乡村文化网上展馆等基层公共文化网络基础设施。全面推进县级融媒体中心建设。推进乡村优秀文化资源数字化，建立历史文化名镇、名村和传统村落"数字文物资源库""数字博物馆"，加强农村优秀传统文化的保护与传承。开展重要农业文化遗产网络展览，大力宣传中华优秀农耕文化。二是加强乡村网络文化引导。要支持"三农"题材网络文化优质内容创作。通过网络开展国家宗教政策宣传普及工作，依法打击农村非法宗教活动及其有组织的渗透活动。

思考题

1. 为什么要实施乡村建设行动？
2. 如何改善乡村人居环境？
3. 如何提升乡村公共服务水平？

拓展阅读书目

1. 北京师范大学中国乡村振兴与发展研究中心，北京师范大学中国扶贫研究院：《全面推进乡村振兴——理论与实践》，人民出版社2021年版。

2. 《中华人民共和国国民经济和社会发展第十四个五年规划和2035年远景目标纲要》，人民出版社2021年版。

3. 国务院：《"十四五"推进农业农村现代化规划》，2022年2月11日，中国政府网。

第七讲　改进乡村治理

【导读】

"产业兴旺、生态宜居、乡风文明、治理有效、生活富裕"是乡村振兴总要求，其中"治理有效"发挥基础作用。习近平总书记指出："乡村振兴离不开和谐稳定的社会环境。要加强和创新乡村治理，建立健全党委领导、政府负责、社会协同、公众参与、法治保障的现代乡村社会治理体制，健全自治、法治、德治相结合的乡村治理体系，让农村社会既充满活力又和谐有序。"这一重要论述明确了乡村治理的基础作用，也指明了加强和改进乡村治理的有效路径。本章分析加强和改进乡村治理的意义与目标，聚焦加强和改进乡村治理的重点任务，以帮助读者厘清"乡村治理"与"乡村振兴"的逻辑关联、理解乡村治理理论内涵、政策要求，从而掌握乡村治理政策落实与实践创新的有效路径。

第一节　加强和改进乡村治理的意义与目标

乡村"治理有效"是党长期执政和国家长治久安的基础，也是农村社会充满活力、和谐有序的有力保障。"乡村治理"不仅构成国家治理体系和治理能力现代化的基础工程,同时也作为全面推进乡村振兴的重要内容和前提条件。加强和创新乡村治理,就是要建立健全现代乡村社会治理体制和乡村社会治理体系,建设充满活力、和谐有序的善治乡村。

一、乡村振兴背景下加强和改进乡村治理的意义

乡村治理作为国家治理的重要内容,涉及乡村社会良性运行,还直接或间接影响着农村政治、经济、文化、生态等乡村振兴战略主要方面的高质量发展。有效的乡村治理,不仅能够提供乡村稳定的发展环境,而且有助于激发乡村内生的发展动力,进而形成农民全面发展的有利条件。

首先,治理有效是乡村社会稳定的有力保障。全面推进乡村振兴战略的背景下,乡村发展要素加速流动、利益格局不断重构,乡村既有规范与秩序面临诸多冲击,社会矛盾与发展风险随之增强。无论是政府自上而下、大包大揽的行政干预,还是乡村自身基于社会传统和社区共同体的自我调适,都无法充分应对乡村发展的新形势与新挑战。因此,加强和改进乡村治理,则成为维持乡村社会稳定的关键之举。相较于过去政府的管理或者乡村的自治,乡村治理能够为化解社会矛盾与冲突建立多元、有效的机制与路径,从而为乡村的繁荣与发展提供更加稳定的社会环境。就农村和农业发展而言,无论是人才的引育、产业的可持续发展以及生态环境的保护,都离不开有效的高效的治理体系作为基础;对于乡村振兴各项政策的落实而言,良好的基层治理体制不仅有助于打通政策执行的"最

后一公里"，为政策的落实提供稳定的社会基础。

其次，治理有效是乡村全面发展的内在支撑。脱贫攻坚阶段，激发贫困地区内生发展动力构成了战胜绝对贫困的重要经验；全面推进乡村振兴，"激发农村各类主体活力，激活乡村振兴内生动力"被写入《乡村振兴战略规划（2018—2022年）》。对于乡村发展而言，内生动力的形成不仅源于个体农民对于美好生活的向往，同样也需要社区环境所蕴含的进取精神与具有现代性的价值规范。加强和改进乡村治理一方面需要优化乡村社会管理和社会运行的体制机制的"硬件"，另一方面也需要传承和再造乡村文化、社区规范和伦理价值等"软件"。在此基础上，个体农民与乡村社区的社会联结将更加稳定，其发展的意愿与能力也将得到释放与提升，从而乡村的发展建立起有力且可持续的内在支撑。因此，"治理有效"不仅能够为社区冲突与矛盾的消解提供制度化的管道，也通过社区共识的凝聚与优秀文化的传承为乡村的发展提供软实力。

再次，治理有效是农民全面发展的必要条件。促进农业全面升级、农村全面进步以及农民全面发展是实施乡村振兴的根本目标，《中华人民共和国乡村振兴促进法》将"坚持农民主体地位，充分尊重农民意愿，保障农民民主权利和其他合法权益，调动农民的积极性、主动性、创造性，维护农民根本利益"作为基本原则。对于农民的发展而言，良好的乡村治理不仅是安全感、获得感的重要来源，也是社会参与自我价值提升的前提。乡村产业发展了，老百姓腰包鼓了，对生活品质、美好环境的需求自然而然也就有了，精神文化生活也需要丰富起来，否则农民无所事事，要么打牌赌博，要么大操大办红白喜事，甚至给非法宗教、封建迷信活动留下滋生的温床。加强和改进乡村治理的一个重要面向就是规范乡村发展中农民的"自治"地位，建立健全自治、法治、德治相结合的乡村社会治理体系。这一体系下，不仅农民的各项权益有了制度保障，农民公共参与的机会也得到了强化，为"发挥亿万农民的主体作用和首创精神，调动他们的积极性、主动性、创造性"创造空间，为促进农民全面发展奠定基础。

二、乡村振兴战略中加强和改进乡村治理的目标

2013年12月23日中央农村工作会议上，习近平总书记就"加强农村社会管理"问题做出了重要论述，提出"要以保障和改善农村民生为优先方向，树立系统治理、依法治理、综合治理、源头治理理念，确保广大农民安居乐业、农村社会安定有序"[1]。乡村振兴战略提出伊始，"治理"问题就成为其中关键议题之一。2017年12月28日，习近平总书记在中央农村工作会议上的讲话中提出"加快推进乡村治理体系和治理能力现代化"的要求，以及"创新乡村治理体系，走乡村善治之路"[2]目标。此后，这一目标不断充实完善，为加强和改进乡村治理明确了方向。《乡村振兴战略规划（2018—2022年）》从三个方面概括了乡村治理的主要目标，包括

---

[1] 习近平：《在中央农村工作会议上的讲话》（2013年12月23日），《十八大以来重要文献选编》（上），中央文献出版社2014年版，第681页。

[2] 习近平：《走中国特色社会主义乡村振兴道路》（2017年12月28日），《论坚持全面深化改革》，中央文献出版社2018年版，第407页。

"加强农村基层党组织对乡村振兴的全面领导""促进自治法治德治有机结合"和"夯实基层政权"。

为了进一步明确有关要求，2019年中共中央办公厅、国务院办公厅印发《关于加强和改进乡村治理的指导意见》，较为完整地阐述了加强和改进乡村治理总体目标。"到2020年，现代乡村治理的制度框架和政策体系基本形成，农村基层党组织更好发挥战斗堡垒作用，以党组织为领导的农村基层组织建设明显加强，村民自治实践进一步深化，村级议事协商制度进一步健全，乡村治理体系进一步完善。到2035年，乡村公共服务、公共管理、公共安全保障水平显著提高，党组织领导的自治、法治、德治相结合的乡村治理体系更加完善，乡村社会治理有效、充满活力、和谐有序，乡村治理体系和治理能力基本实现现代化。"此外，2018—2022年五年中央一号文件，也都对当年乡村治理的重点任务作出了针对性部署。（见表7-1）

表7-1 2018—2022年中央一号文件关于乡村治理的要求

年份	内容
2018	"加强农村基层基础工作，加强乡村治理新体系"
2019	"完善乡村治理机制，保持农村社会和谐稳定"
2020	"加强农村基层治理"
2021	"加强党的农村基层组织建设和乡村治理"
2022	"突出实效改进乡村治理"

2021年4月29日《中华人民共和国乡村振兴促进法》正式颁布，为全面实施乡村振兴战略提供有力法治保障，也进一步规定了完善乡村治理体制和治理体系的具体内容。该法第六章第四十一条中，明确提出："建立健全党委领导、政府负责、民主协商、社会协同、公众参与、法治保障、科技支撑的现代乡村社会治理体制和自治、法治、德治相结合的乡村社会治理体系，建设充满活力、和谐有序的善治乡村。地方各级人民政府应当加强乡镇人民政府社会管理和服务能力建设，把乡镇建成乡村治理中心、农村服务中心、乡村经济中心。"

此后，《中共中央 国务院关于加强基层治理体系和治理能力现代化建设的意见》（2021年7月12日公布）提出"加强基层治理体系和治理能力现代化"的主要目标："建立起党组织统一领导、政府依法履责、各类组织积极协同、群众广泛参与，自治、法治、德治相结合的基层治理体系，健全常态化管理和应急管理动态衔接的基层治理机制，构建网格化管理、精细化服务、信息化支撑、开放共享的基层管理服务平台；党建引领基层治理机制全面完善，基层政权坚强有力，基层群众自治充满活力，基层公共服务精准高效，党的执政基础更加坚实，基层治理体系和治理能力现代化水平明显提高。"这些目标同样与加强和改进乡村治理存在一致性，也需要乡村治理的具体情景加以落实。

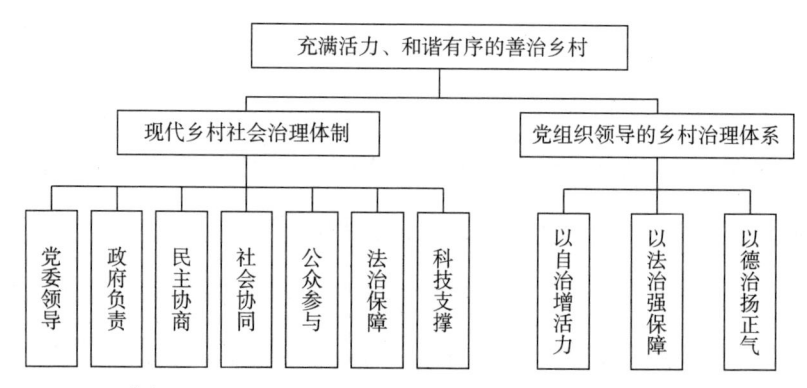

```
                    充满活力、和谐有序的善治乡村
                    ┌──────────────┴──────────────┐
              现代乡村社会治理体制              党组织领导的乡村治理体系
    ┌───┬───┬───┬──┬──┬──┬──┐          ┌──────┬──────┬──────┐
   党  政  民  社  公  法  科           以     以     以
   委  府  主  会  众  治  技           自     法     德
   领  负  协  协  参  保  支           治     治     治
   导  责  商  同  与  障  撑           增     强     扬
                                        活     保     正
                                        力     障     气
```

图 7-1 《中华人民共和国乡村振兴促进法》和《关于加强和改进乡村治理的指导意见》中关于乡村社会治理体制和治理体系的表述整理

第二节 完善现代乡村社会治理体制

完善现代乡村社会治理体制就要是建立健全党委领导、政府负责、民主协商、社会协同、公众参与、法治保障、科技支撑的现代乡村社会治理体制。这七个方面，构成了乡村治理的基本原则与制度框架，明确了乡村治理的参与主体及功能，也明确了法治与科技的具体作用。其中，坚持党委领导是根本，完善政府负责是前提，开展民主协商是渠道，实行社会协同是依托，动员公众参与是基础，推动法治保障是条件，加强科技支撑是手段，七位一体，有机联系，不可分割。

一、完善现代乡村社会治理体制的背景

改革开放以来，我国城乡利益格局深刻调整，农村社会结构深刻变动，农民思想观念深刻变化。这种前所未有的变化，为农村经济社会发展带来巨大活力，同时也形成了一些突出矛盾和问题。西方工业化国家在二三百年里围绕工业化、城镇化陆续出现的城乡社

会问题，在我国集中出现了。随着脱贫攻坚战的全面胜利，乡村发展，尤其是脱贫地区乡村的发展也进入了一个新的阶段。一方面是既有治理结构得以重塑，村级组织发展能力提升，干群关系改善；另一方面是乡村发展与外部联系更加密切，人口、资源和观念的交融更加频繁。这些变化不仅冲击了既有的乡村秩序，而且也将乡村的发展置于更多的冲突情景之中，新的利益协调机制亟待完善。

经过长期的探索实践，我们党对社会治理的认识上升到了一个新的高度，治理理念、治理主体、治理方式、治理范围、治理重点等方面在不断发展和升华。一是党的领导作用不断加强。2018年党中央对《中国共产党农村基层组织工作条例》进行了修订，2019年党中央出台《中国共产党农村工作条例》。二是乡村治理主体由一元向多元转变。改革开放以后，政府、市场和社会三重体系日臻完善，由政府、市场与社会组成的多元主体共同治理的社会共治模式初步形成。三是治理方式和手段不断创新。现代化治理手段与传统治理方式逐步结合，大数据、互联网、积分制等各种新方式、新手段已经在乡村治理中得到创新应用。

党的十八大以来，我国构建起党领导下以村民自治为基础的乡村治理格局，农村社会大局稳定，社会形势总体良好。但与实施乡村振兴战略的要求相比，我国乡村治理体制机制还存在不适应的地方。城乡融合发展的体制机制有待健全，农村基础设施在建设和管理上与城镇还有较大差距，农村社会事业和公共服务仍然滞后，影响了农民群众的获得感和幸福感。因此，建立现代乡村社会治理体制成为加强和改进乡村治理的首要目标，不仅为乡村秩序提供与时俱进的制度框架，也为乡村活力激发提供更多元的社会空间。

二、现代乡村社会治理体制的内涵与要求

"加强和改进乡村治理"是"国家治理体系与治理能力现代化"的重要组成，其主要任务与2019年通过的《中共中央关于坚持和完善中国特色社会主义制度 推进国家治理体系和治理能力现代化若干重大问题的决定》高度一致。"决定"第九部分"坚持和完善共建共治共享的社会治理制度，保持社会稳定、维护国家安全"所提出的要求保持一致，相较于《关于加强和改进乡村治理的指导意见》，"决定"增加了民主协商。在"关于构建基层社会治理新格局"中，提出了"健全党组织领导下的自治、法治、德治相结合的城乡治理体系"。因此，对于"治理有效"的理解，一方面要结合乡村建设与发展的具体情景来分析，另一方面也需要纳入国家治理能力体系与治理能力现代化的视野思考，从"治理体制"的角度加以理解。

（一）健全乡村治理党的领导体制

推进国家治理体系和治理能力现代化就是要"把党的领导落实到国家治理各领域各方面各环节"。"办好农村的事，要靠好的带头人，靠一个好的基层党组织。要抓住健全乡村组织体系这个关键，发挥好农村基层党组织在宣传党的主张、贯彻党的决定、领导基层治理、团结动员群众、推动改革发展等方面的战斗堡垒作用。"[①] 其

---

① 习近平《走中国特色社会主义乡村振兴道路》（2017年12月28日），《论坚持全面深化改革》，中央文献出版社2018年版，第407—408页。

中，党建引领是将制度优势转换为治理效能的关键，激活乡村主体性是实现乡村全面振兴的重要基础。对此，《关于加强和改进乡村治理的指导意见》提出了三个方面的要求：

一是抓实建强农村基层党支部。要全面落实村"两委"换届候选人县级联审机制，坚决防止和查处以贿选等不正当手段影响、控制村"两委"换届选举的行为，严厉打击干扰破坏村"两委"换届选举的黑恶势力、宗族势力。坚决把受过刑事处罚、存在"村霸"和涉黑涉恶、涉邪教等问题的人清理出村干部队伍。坚持抓乡促村，落实县乡党委抓农村基层党组织建设和乡村治理的主体责任。落实乡镇党委直接责任，乡镇党委书记和党委领导班子成员等要包村联户，村"两委"成员要入户走访，及时发现并研究解决农村基层党组织建设、乡村治理和群众生产生活等问题。

二是加强和改善村党组织对村级各类组织的领导。要求村务监督委员会主任一般由党员担任，可以由非村民委员会成员的村党组织班子成员兼任。村民委员会成员、村民代表中党员应当占一定比例。健全村级重要事项、重大问题由村党组织研究讨论机制，全面落实"四议两公开"。加强基本队伍、基本活动、基本阵地、基本制度、基本保障建设，实施村党组织带头人整体优化提升行动，持续整顿软弱涣散村党组织，整乡推进、整县提升，发展壮大村级集体经济。

三是发挥党员在乡村治理中的先锋模范作用。组织党员在议事决策中宣传党的主张，执行党组织决定。组织开展党员联系农户、党员户挂牌、承诺践诺、设岗定责、志愿服务等活动，推动党员在乡村治理中带头示范，带动群众全面参与。密切党员与群众的联系，了解群众思想状况，帮助解决实际困难，加强对贫困人口、低保对象、留守儿童和妇女、老年人、残疾人、特困人员等人群的关爱服务，引导农民群众自觉听党话、感党恩、跟党走。

（二）建构乡村治理的村级组织体系

相较于强调自上而下的管理理念，"社会治理"理念尤其强调多元主体参与公共事务的优势，通过各类在资源配置方式、内部治理结构、社会网络关系具有差异主体的写作，更好地实现管理公共资源、提供公共服务和化解冲突矛盾的功能。对此，《关于加强和改进乡村治理的指导意见》提出要建立以基层党组织为领导、村民自治组织和村务监督组织为基础、集体经济组织和农民合作组织为纽带、其他经济社会组织为补充的村级组织体系。《意见》不仅明确组织体系的构成单元，也对其角色与职能进行了规定。（见表7-2）

表7-2 《关于加强和改进乡村治理的指导意见》中关于村级组织体系

组织主体	角色与职能
村党组织	全面领导村民委员会及村务监督委员会、村集体经济组织、农民合作组织和其他经济社会组织
村民委员会	履行基层群众性自治组织功能，增强村民自我管理、自我教育、自我服务能力
村务监督委员会	发挥在村务决策和公开、财产管理、工程项目建设、惠农政策措施落实等事项上的监督作用
集体经济组织	发挥在管理集体资产、合理开发集体资源、服务集体成员等方面的作用
农民合作组织和其他经济社会组织	依照国家法律和各自章程充分行使职权

规范村级组织工作事务。清理整顿村级组织承担的行政事务多、各种检查评比事项多问题，切实减轻村级组织负担。各种政府机构原则上不在村级建立分支机构，不得以行政命令方式要求村级承担有关行政性事务。交由村级组织承接或协助政府完成的工作事项，要充分考虑村级组织承接能力，实行严格管理和总量控制。从源头上清理规范上级对村级组织的考核评比项目，鼓励各地实行目录清单、审核备案等管理方式。规范村级各种工作台账和各类盖章证明事项。推广村级基础台账电子化，建立统一的"智慧村庄"综合管理服务平台。

加大基层小微权力腐败惩治力度。规范乡村小微权力运行，明确每项权力行使的法规依据、运行范围、执行主体、程序步骤。建立健全小微权力监督制度，形成群众监督、村务监督委员会监督、上级部门监督和会计核算监督、审计监督等全程实时、多方联网的监督体系。织密农村基层权力运行"廉政防护网"，大力开展农村基层微腐败整治，推进农村巡察工作，严肃查处侵害农民利益的腐败行为。

（三）完善党建引领的社会参与制度

"众擎易举，独力难支"，治理体制的完善不仅需要核心力量的领导，还需要多元力量的参与。多元力量参与不仅有助于拓展乡村治理资源，提升乡村公共物品供给的规模与品质，也有助于创新乡村治理方式，优化治理结构，提升治理效能。对此，《关于加强和改进乡村治理的指导意见》提出要支持多方主体参与乡村治理。加强妇联、团支部、残协等组织建设，充分发挥其联系群众、团结群众、组织群众参与民主管理和民主监督的作用。积极发挥服务性、公益性、互助性社区社会组织作用。坚持专业化、职业化、规范化，完善培养选拔机制，拓宽农村社工人才来源，加强农村社会工作专业人才队伍建设，着力做好老年人、残疾人、青少年、特殊困难群体等重点对象服务工作。探索以政府购买服务等方式，支持农村社会工作和志愿服务发展。

三、完善现代乡村社会治理体制的实践创新

近年来，各地认真贯彻落实中央决策部署，发挥农村党支部战斗堡垒作用，健全乡村社会治理体制，创新乡村治理方式，提升乡村治理能力，形成了一批好做法好经验。这些实践创新有效解决了乡村治理面临的一些难点、痛点、堵点问题，体现出较强的实用性、可操作性和可借鉴性。

创新乡村党建引领模式。复杂的乡村治理情景既对基层党建工作提出了挑战，也为发挥党建引领作用提供了广阔空间。因此如何创新党建引领模式，更好发挥党组织在乡村治理实践中的领导作用则成为各地乡村治理创新的重要内容。例如，佛山市南海区将"组织建在网格上、党员融入群众中"，构建行政村、村民小组、党小组三层党建网格，实施重要事权清单管理，推行党支部强基增能。织密党建网格，提升了农村基层党组织的组织力，实现了党建对乡村治理的有力推动。福建省泉州市洛江区罗溪镇整合各类社会组织和社会资源，推动特色经济发展、调解矛盾纠纷、调整产业结构、

夯实人才队伍。通过党建"同心圆"激活基层治理神经末梢推进党群一体，突出共建共治共享，有效激活了乡村治理的神经末梢[①]。

加强乡村治理平台建设。多元主体参与是现代乡村治理体系的一大优势，有助于整合多种力量投身乡村建设与发展。如何实现多元主体的有效合作，则成为考验地方政府治理指挥的关键。对此，各地以平台建设的方式，为多元主体的协调与整合提供了有效路径。例如，重庆市渝北区在农民群众居住集中的地方创新设立"民情茶室"，聚焦加强基层民主协商、促进农村社会和谐稳定，镇村干部重心下移、在老百姓居住集中的地方创新设立，通过"一室、一桌、一茶"，听民情问民需解民忧，调纠纷化矛盾办实事。陕西省汉阴县突出抓好党员干部联系群众工作，建立"三线"联系机制，强调管理网格化、服务精细化，建设村党组织、村民代表大会、村委会、村监委会、村级经济组织、社会组织"六位一体"的治理平台，密切党群干群关系，创新了基层工作的有效载体。

推动乡村治理方式创新。乡村治理的体制的落实与否，根本上还要看微观层面的具体实践，尤其是对于不同主体权力的约束。例如，涟源市探索建立村级小微权力风险防控机制，全面梳理、归纳、审核村级权力事项，将与群众生产生活密切相关、有法律法规和政策制度支撑的28项内容分类建立权力清单，结合"互联网＋监督"工作，构建了一套制度化、规范化、透明化、系统化的村级权力运行体系。

---

① 资料来源：本章所引用案例皆来自中央农办和农业农村部组织征集编写的《全国乡村治理典型案例》（2019—2021）。

第三节　健全"三治结合"的乡村治理体系

乡村振兴诸目标中，治理有效内容和结构最为复杂，因而在具体的实践中面临更多的挑战。一方面，作为治理有效的两个基本目标，"充满活力"和"和谐有序"本身就存在彼此制约的关系；另一方面，个体农民在发展条件、能力和意愿等方面异质性高，协调利益与化解矛盾的成本也更高。因此，加强和改进乡村治理就需要有机地结合不同治理方式来实现。对此，习近平总书记指出，"健全自治、法治、德治相结合的乡村治理体系，是实现乡村善治的有效途径"[①]。其中，自治、法治、德治既相互独立又紧密联系，三者共同构成了乡村治理的有机整体、完整体系，要健全党组织领导的自治、法治、德治相结合的乡村治理体系。

一、健全"三治结合"乡村治理体系的背景

健全党组织领导的自治、法治、德治相结合的乡村治理体系，其中所涉及的三种治理方式既有其现实的针对性，也是对于不同治理资源的有效利用。长期以来，党领导下的村民自治已经成为农村基层社会治理体系中的基础性制度，对保持农村社会和谐稳定、巩固党在农村的执政基础，对维护农民群众的民主权益发挥了重大作用。全面依法治国，必须把政府各项涉农工作纳入法治化轨道，加强农村法治宣传教育，完善农村法律服务，引导干部群众遵法、学

---

① 习近平《走中国特色社会主义乡村振兴道路》（2017年12月28日），《论坚持全面深化改革》，中央文献出版社2018年版，第408页。

法、守法、用法。乡村治理要达到一种春风化雨的效果，就要深入挖掘熟人社会中的道德力量，通过制定村规民约、村民道德公约等自律规范，弘扬中华优秀传统文化，教育引导农民爱党爱国、向上向善、孝老爱亲、重义守信、勤俭持家，增强乡村发展的软实力。因此，健全"三治结合"乡村治理体系不仅是应对新时期乡村发展特征与农民发展需求做出的必然选择，也是长期以来我们党农村工作传统的继承与发展。

就现实的针对性而言，我国农村仍处在一个大变革时代，各种思潮冲击交汇、传统的价值观念不断遭到冲击解构。伴随着城市化和社会转型，原有依赖宗法伦理、道德礼俗维系的传统熟人社会在瓦解，建立在乡村社会基础上的德治遭遇到来自现代性的冲击，传统乡村面临着衰落的窘境，原有的乡村治理体系已经不能适应乡村现代化的需求。农村在乡村文明方面存在很多突出的问题，比如不养父母、不管子女、不守婚则、不睦邻里等有悖家庭伦理和社会公德的现象还不少，一些地方红白喜事大操大办，攀比之风盛行。名目繁多的人情礼金让农民背上了沉重的人情债，农民群众反应非常强烈。

从治理资源的角度来看，中国农村基层社会的"乡土性"仍然是乡村治理的重要资源。一方面，乡村社区共同体成员之间的差异并非政治、行政科层设想的那样泾渭分明；另一方面，乡村社会在长期发展过程中依赖并形成的村规民约以及优秀传统文化等，使得德治是乡村治理体系的重要内容。因此，健全党组织领导的自治、法治、德治相结合的乡村治理体系，不仅要充分发挥法治强有力的保障作用，也需要充分发掘乡村治理的内生力量，从而应对乡村治理异质性与多元性的挑战。

二、健全"三治结合"乡村治理体系的内涵与要求

自治、法治、德治是维持乡村治理格局良性运转的不同治理方式。自治是属于村庄的范畴，法治是属于国家的范畴，德治是属于社会的范畴，这三种方式是互为补充、互相衔接、缺一不可的。习近平总书记强调，"乡村振兴不能只盯着经济发展，还必须强化农村基层党组织建设，重视农民思想道德教育，重视法治建设，健全乡村治理体系，深化村民自治实践，有效发挥村规民约、家教家风作用，培育文明乡风、良好家风、淳朴民风"[1]。这一论述生动地诠释了健全乡村治理体系的主要内涵与要求，即重视德治、法治和村民自治的作用。

（一）深化村民自治实践，提升乡村发展活力

村民自治是我国农村基层民主的一种基本形态，是党领导亿万农民建设社会主义民主政治的一个伟大实践。村民自治已经有30多年的历史，经过了这30多年的发展，党领导下的村民自治已经成为农村基层社会治理体系中的基础性制度，对保持农村社会和谐稳定、巩固党在农村的执政基础，对维护农民群众的民主权益发挥

---

[1]《习近平在看望参加政协会议的农业界社会福利和社会保障界委员时强调 把提高农业综合生产能力放在更加突出的位置 在推动社会保障事业高质量发展上持续用力》，《人民日报》2022年3月7日。

了重大作用。提升乡村发展活力，需要从健全完善村民自治的有效实现形式入手，进一步健全农村基层民主选举、民主决策、民主管理、民主监督的机制。要强化农民的主人翁意识，提高农民主动参与村庄公共事务的积极性。村民自治一个重要的目标就是强化农民的主人翁意识，提高农民主动参与村庄公共事务的积极性，让农民自己"说事、议事、主事"，农民的事让农民商量着办，凸显农民在乡村治理中的主体地位。

随着脱贫攻坚的胜利，进入到乡村振兴的新发展阶段，乡村振兴提出要深化村民自治实践，并拓展了乡村自治的平台载体、方式方法和内容等方面。具体而言，在平台载体上，《关于加强和改进乡村治理的指导意见》提出要拓展村民参与村级公共事务平台，发展壮大治保会等群防群治力量，充分发挥村民委员会、群防群治力量的作用。创新协商议事形式和活动载体，包括村民会议、村民代表会议、村民议事会、村民理事会、村民监事会等。在方式方法上，丰富村民议事协商形式。《乡村振兴战略规划（2018—2022年）》《关于加强和改进乡村治理的指导意见》等文件提出要健全村级议事协商制度，鼓励农村开展各类协商活动，形成民事民议、民事民办、民事民管的多层次基层协商格局。在内容层面，涵盖了乡村产业发展、人才支撑、文化繁荣、生态保护、组织建设等乡村振兴重点任务。

（二）推进法治乡村建设，强化乡村法治保障

党的十八大以来，"全面依法治国"成为国家发展的重要战略，

也成为国家治理能力和治理体系现代化的重要内容。党的十九大提出实施乡村振兴战略，要求健全自治、法治、德治相结合的乡村治理体系。2018年中央一号文件《中共中央 国务院关于实施乡村振兴战略的意见》明确提出"建设法治乡村"。对于乡村治理而言，法治是乡村治理的前提和保障，需要把政府各项涉农工作纳入法治化轨道，加强农村法治宣传教育，完善农村法治服务，引导干部群众遵法学法守法用法，依法表达诉求、解决纠纷、维护权益。

在村民自治的基础上，充分发挥法治对于乡村治理体系的保障作用，以法治指引乡村治理实践。"徒法不足以自行"，必须把加强农村法治宣传教育，完善农村法律服务，引导干部群众遵法、学法、守法、用法，依法表达诉求、解决纠纷、维护权益。具体而言，一是要深入推进基层治理法治建设。对此，《中共中央 国务院关于加强基层治理体系和治理能力现代化建设的意见》提出提升基层党员、干部法治素养，引导群众积极参与、依法支持和配合基层治理。《乡村振兴战略规划（2018—2022年）》强调深入开展"法律进乡村"宣传教育活动，提高农民法治素养，引导干部群众遵法学法守法用法。增强基层干部法治观念、法治为民意识，把政府各项涉农工作纳入法治化轨道。二是加强农村法律服务供给。对此，《关于加强和改进乡村治理的指导意见》指出要充分发挥人民法庭在乡村治理中的作用，加强乡村法律顾问工作，健全乡村基本公共法律服务体系等。

（三）增强德治引领作用，提升乡风文明水平

习近平总书记指出，"要在实行自治和法治的同时，注重发挥好德治的作用，推动礼仪之邦、优秀传统文化和法治社会建设相辅相成"[1]。乡村社会的一个显著特点，就是人们大多"生于斯、长于斯"。虽然城乡结构发生了巨大变化，村庄内部的社会结构、人口结构、村庄形态发生了巨大变化，但是乡村社会作为一个熟人社会，它的基本特征没有发生根本性的变化。在这样一个熟人社会里，大家相互知根知底，都知道自己的邻居是谁。这样一来，就有着因彼此熟悉而产生的一种信任感。熟人社会里我们要降低社会治理成本，必须特别重视德治的作用。乡村治理要达到一种春风化雨的效果，就要深入挖掘熟人社会中的道德力量，德、法、礼并用，通过制定村规民约、村民道德公约等自律规范，弘扬中华优秀传统文化，教育引导农民爱党爱国、向上向善、孝老爱亲、重义守信、勤俭持家，增强乡村发展的软实力。

"法律是成文的道德，道德是内心的法律。法律和道德都具有规范社会行为、调节社会关系、维护社会秩序的作用，在国家治理中都有其地位和功能。"[2] 增强德治引领作用，要从四个方面开展具体工作：其一，积极培育和践行社会主义核心价值观。推动社会主义核心价值观落细落小落实，组织农民群众学习习近平新时代中国特色社会主义思想等。其二，实施乡村文明培育行动。弘扬传统美

---

[1]《习近平主持中共中央政治局第八次集体学习并讲话》，新华社 2018 年 9 月 22 日。

[2] 习近平：《习近平谈治国理政》第 2 卷，外文出版社 2017 年版，第 133 页。

德，开展家风建设，全面推行移风易俗，依靠群众因地制宜制定村规民约等。其三，发挥道德模范的引领作用。深入实施公民道德建设工程，加强社会公德、职业道德、家庭美德和个人品德教育。广泛开展农村道德模范、最美邻里、身边好人等选树活动，开展乡风评议、弘扬道德新风。其四，加强农村文化的引领。挖掘文化内涵，因地制宜广泛开展乡村文化体育活动，加强基层文化产品供给、文化阵地建设、文化活动开展和文化人才培养等。

三、健全"三治结合"乡村治理体系的实践创新

实现乡村有效治理要综合利用现代治理手段和传统治理资源，为了降低乡村社会治理的成本，就要综合运用现代治理手段和传统治理资源，要把自治、法治、德治很好地结合起来，积极搭建多方参与治理的平台和渠道，鼓励引导社会和公众共建共治共享，推动政府治理、社会调节、基层群众自治实现良性互动，以党建统领全局，以自治为基础，以法治为根本，以德治为引领，建立健全党委领导、政府负责、社会协同、公众参与、法治保障、科技支撑的现代乡村社会治理体制。在实际工作中我们应该注意"三治结合"是一种理念，是一种工作方法，应该积极探索"三治结合"的有效实现形式，不断创新乡村治理机制。

坚持"三治结合"的农民主体性。健全"三治结合"乡村治理体系的核心要义是突出农民的主体作用，将村庄的事务交给农民，调动村民参与村级事务的积极性，扩大、提升农民对乡村治理的参与度与意愿，从而增强乡村社区的凝聚力，并为村庄发展提供源源

不断的内生动力,从而真正形成自治、法治、德治相结合的乡村治理新格局。以天津市宝坻区为例,该区从健全基层民主决策、民主管理机制,推进乡村民主政治建设程序化、规范化、制度化入手,制定了规范的民主决策程序,形成了"步决策法",即"确定议题、审核批复、民主协商、表决通过、公开公示、组织实施",解决了村级事务民主决策工作落实不好的问题,激发了农民群众参与乡村治理的内生动力,形成了民事民议、民事民办、民事民管的多层次基层协商格局。

创新"三治结合"的有效载体。创新"三治结合"的有效载体,是健全乡村治理体系的重要举措。其一,通过发挥议事会、监事会、调解委员会等组织的作用,建立和完善自治中的法治和德治载体。例如,浙江省桐乡市将经过实践验证、行之有效的三治载体加以整合,形成了以"一约两会三团"("一约"即村规民约,"两会"即百姓议事会和参事会,"三团"即百事服务团、法律服务团和道德评判团)为重点的三治融合创新载体,协同推动基层社会治理转型。其二,通过村民参与村规民约协商与制定等方式,完善法治中的自治、德治载体。其三,通过鼓励民众参与各种道德问题的讨论等,完善德治中有自治、法治的载体。

完善"三治结合"的运行机制。完善"三治结合"的运行机制,包括建立考核评估与监督机制对"三治结合"执行情况进行督查指导,以及完善奖惩机制确保乡村治理的可持续性。具体而言,通过修订完善村规民约内容等,建立规范和约束机制。通过给予精神激励和物质奖励的方式,有效调动村民参与的积极性,推动乡村崇德向善氛围的形成，助推乡村振兴与乡村治理。例如，北京市顺义区在建立乡村的约束与激励机制上，充分发挥村规民约作为村民自我管理、自我服务、自我教育、自我监督行为规范的作用，将规范村规民约作为加强基层社会治理的重要内容，引导群众有序参加农村事务，加强乡村治理。

第四节　提升乡镇和村为农服务能力

一般而言，治理不仅意味着利益关系的协调，也关注公共物品的生产。乡村振兴背景下，更好发挥市场和社会的作用是推动乡村建设与发展的重要内容。但对具有公共产品性质的服务，尤其是"乡村公共服务、公共管理、公共安全保障水平"的提高，不仅需要乡镇政府作为主体提供，也需要村级组织联通供需。这就意味着，加强和改进乡村治理仍需要提升镇和村为农服务能力，地方各级人民政府应当加强乡镇人民政府社会管理和服务能力建设，加快乡镇政府职能转变，不断增强乡镇的服务功能，提升服务效能。

一、提升乡镇和村为农服务能力的背景

从乡村治理的根本目的而论，治理不仅意味着关系的协调、矛盾的化解，还需要能带来社会福利的增量，提升服务规模与品质。改革开放以来，镇政府服务水平得到了有效提升，但一些乡镇政府还存在服务理念滞后、服务能力不强、服务机制不健全、服务手段

落后、服务效能不高等问题。不均衡、不充分的发展矛盾尤其表现在城乡公共服务的差距上,乡村公共服务和基础设施因缺乏系统持续的投入而存在明显的短板。因此,乡村治理要开创新格局,首先要实现治理目标的转变,乡村治理的核心要从对人的管理转变为如何为乡村居民提供更好的公共服务,要以提高人民群众的获得感和满意度为重要目标。

乡镇上面连着县,下面连着村,是农村资源要素交换的关键节点,也是公共服务的主要供给者,还是乡村治理的重要环节。党的十八大以来,中央对深化行政管理体制改革、转变政府职能、加强基层政府服务能力建设、建设人民满意的服务型政府等作出一系列重要部署。习近平总书记高度重视乡镇工作,多次深入乡镇调研,要求乡镇要把为民服务工作搞好,要以百姓满意不满意为标准改进工作,提高服务水平。

二、提升乡镇和村为农服务能力的内涵与要求

(一)增强乡镇在乡村治理中的作用

构建县乡联动、功能集成、反应灵敏、扁平高效的综合指挥体系,着力增强乡镇统筹协调能力,发挥好乡镇服务、带动乡村作用。乡镇党委要落实抓农村基层党组织建设和乡村治理的直接责任,加强对乡镇和村各类组织、各项工作的领导,乡镇党委书记和乡镇党委领导班子要包村联户,及时研究解决农村基层党建、乡村治理和群众生产生活等方面的问题。乡镇政府要强化社会治安、食

品安全、道路交通安全、矛盾纠纷化解等方面的监督和管理，有效化解农村社会的矛盾隐患。

（二）把乡镇建成农村的服务中心

要加强乡镇公共服务和基础设施的规划建设，不断完善农村义务教育、医疗卫生、社会保险、劳动就业、文化体育等基本公共服务。要加强乡镇中小学、乡镇卫生院、农技推广站等条件建设，形成区域性服务中心。要推动"最多跑一次"改革向基层延伸，加快在乡镇建设综合便民服务平台和网上办事平台，实行"一门式办理、一站式服务"。

（三）把乡镇建成乡村的经济中心

要支持农产品批发市场、加工流通企业向镇域集聚，实现加工在镇、基地在村、增收在户，支持在乡镇发展农资供应、土地托管、统防统治、烘干收储等生产性服务业，发展餐饮休闲、物流配送、养老托幼等生活性服务业。同时要支持乡镇发展劳动密集型产业，有条件的地方可以建设产业集群。

三、提升乡镇和村为农服务能力的实践创新

加强县、乡、村三级联动，完善基层管理体制。作为行政体系不同层级的关键节点，乡镇和村在公共服务方面各有其特殊作用，因此加强县、乡、村三级联动对于提升基层服务水平至关重要。例如，北京市平谷区通过"街乡吹哨、部门报到"工作机制，破解了

基层一线力量薄弱、"看得见却管不了"，相关部门有执法权、"管得了但看不见"，部门和街乡之间响应联动机制不健全的问题，规范了基层组织运转，提升了服务基层水平，促进乡村治理取得显著成效。

运用清单制，创新治理方式。一些地方村级组织负担重、运行不规范等问题客观存在。村级组织运行无序、疲于应付各类考核检查，精力都放在填表打卡迎检上，没时间为农民群众提供优质服务、抓乡村振兴。清单制是一种应用范围广、务实管用的机制，将基层管理服务事项细化为清单，能够有效促进村级组织高效规范运行，提升乡村治理效能。例如，济源市厘清村级组织和村干部的职责权限，形成了小微权力事项清单、责任清单、负面清单，从根本上解决村级小微权力边界不清晰、程序不规范、监督约束难等问题，进一步规范了村级小微权力运行，有效防治群众身边的不正之风和腐败问题。

探索治理数字化，实现技术赋能。数字乡村是乡村振兴的战略方向，也是建设数字中国的重要内容。逐步完善"互联网＋网格治理"服务管理模式，打造基层治理"一张网"，推广"一张图"式乡村数字化治理模式将能够极大地提升乡村治理效能。例如，浙江省桐乡市乌镇以"乌镇管家"云治理平台为抓手，运用物联网、大数据、云计算、人工智能等现代治理手段，创新治理模式，提升治理能力，在新型冠状病毒肺炎疫情防控和乡村治理实践中发挥了独特优势，取得了明显成效。

思考题

1. 为什么说"治理有效"是实施乡村振兴战略基础？
2. 如何理解现代乡村社会治理体制的内涵？
3. 乡村治理中，自治、法治和德治三者之间的关系为何？
4. 如何理解乡镇和村的为农服务能力的主要内容？

拓展阅读书目

1. 习近平:《走中国特色社会主义乡村振兴道路》(2017年12月28日),《论坚持全面深化改革》,中央文献出版社2018年版。

2. 中共中央办公厅、国务院办公厅:《关于加强和改进乡村治理的指导意见》,人民出版社2019年版。

3.《中共中央 国务院关于加强基层治理体系和治理能力现代化建设的意见》,人民出版社2021年版。

4. 中央农办、农业农村部:《全国乡村治理典型案例》(2019—2021)。

第八讲　构建乡村振兴战略实施大格局

【导读】

《中共中央 国务院关于实施乡村振兴战略的意见》提出"营造乡村振兴良好氛围""凝聚全党全国全社会振兴乡村强大合力"等重要内容，深刻指出了新时代凝聚全党全国全社会合力推进乡村振兴工作的重要意义。本章主要介绍新中国成立以来党和国家广泛引导和动员社会力量参与农村扶贫开发工作的历史实践和经验，以及新阶段国家推进东西部协作、定点帮扶，引导企业和社会组织参与乡村振兴的政策意见和决策部署，展示当前东西部协作、定点帮扶以及企业和社会组织参与乡村振兴的典型经验，目的在于帮助乡村振兴干部了解和把握新阶段构建乡村振兴战略实施大格局的制度基础、政策意见以及主要工作任务和内容。

2017年12月28日，习近平总书记在中央农村工作会议发表重要讲话，强调指出"我们有党的领导的政治优势，有社会主义的制度优势，有亿万农民的创造精神，有强大的经济实力支撑，完全可以把实施乡村振兴战略这件大事办好"①。深刻指出了新时代我国实施乡村振兴战略的坚定制度基础、群众基础以及经济基础。2018年9月21日,习近平总书记在十九届中央政治局第八次集体学习时讲话指出,"希望广大农民和社会各界积极参与中国农民丰收节活动,营造全社会关注农业、关心农村、关爱农民的浓厚氛围,调动亿万农民重农务农的积极性、主动性、创造性,全面实施乡村振兴战略、打赢脱贫攻坚战、加快推进农业农村现代化,在促进乡村全面振兴、实现'两个一百年'奋斗目标新征程中谱写我国农业农村改革发展新的华彩乐章!"②因此,在新阶段广泛引导和动员全党全国全社会力量参与乡村振兴,构建乡村振兴战略实施大格局是深入学习贯彻习近平总书记重要指示精神的重要举措,也是巩固拓展脱贫攻坚成果、全面推进乡村振兴的现实需求,具有十分重要的意义。

第一节 构建大扶贫格局的历史实践和经验

长期以来,中华民族形成了守望相助、和衷共济、扶贫济困的传统美德。新中国成立七十多年的历史实践证明,集中力量办大事是中国特色社会主义制度的显著优势。在推动解决农村贫困问题进程中,全党全国各族人民在党中央坚强领导下,充分发挥社会主义

---

① 中共中央党史和文献研究院编:《习近平关于"三农"工作论述摘编》,中央文献出版社2019年版,第7页。

② 中共中央党史和文献研究院编:《习近平关于"三农"工作论述摘编》,中央文献出版社2019年版,第20页。

制度优势，坚持弘扬和衷共济、团结互助美德，营造全社会扶危济困的浓厚氛围，围绕共同的反贫困目标，集中各方面力量，调动各方面资源，形成了反贫困的共同意志、共同行动和强大合力，在推动实现农村反贫困进程中发挥了重要作用。

特别是党的十八大以来，以习近平同志为核心的党中央坚持发挥我国社会主义制度能够集中力量办大事的政治优势，广泛动员东部发达地区、中央单位、民营企业、社会组织等在内的社会力量参与脱贫攻坚，构建起专项扶贫、行业扶贫、社会扶贫等多方力量、多种举措有机结合、互为支撑、协同参与的"三位一体"大扶贫格局，形成了跨地区、跨部门、跨单位、全社会共同参与的多元主体社会扶贫体系，为我国如期打赢脱贫攻坚战、全面建成小康社会做出了突出贡献。可以说，构建实施大扶贫工作格局是我国脱贫攻坚取得决定性成就过程中具有中国特色的一条重要经验，也为乡村振兴阶段凝聚社会力量参与、构建乡村振兴战略实施大格局积累了经验、奠定了基础。

一、构建大扶贫格局的历史实践

坚持动员社会力量参与是我国农村扶贫开发工作进程中探索实践的一条重要经验。改革开放以来，党和国家广泛动员党政机关、企业、社会团体等社会上一切积极力量参与农村扶贫开发工作。党的十八大以来，习近平总书记强调："扶贫开发是全党全社会的共同责任，要动员和凝聚全社会力量广泛参与。"①要求深入推进东西部扶贫协作、党政机关定点扶贫、军队和武警部队扶贫、社会各界力量参与扶贫，调动专项扶贫、行业扶贫、社会扶贫等多方力量，形成了"三位一体"大扶贫格局，凝聚起打赢脱贫攻坚战的强大合力。

（一）东西部扶贫协作和对口支援

开展东西部扶贫协作和对口支援，是党中央、国务院为加快西部贫困地区扶贫开发进程、缩小东西部发展差距、解决区域发展不平衡问题，促进共同富裕作出的一项重大战略决策，也是中国特色扶贫开发道路模式的重要组成部分，集中彰显了中国特色社会主义的政治优势和制度优势。

新中国成立之初，我国就提出"城乡互助，内外交流"的建设方针，以促进城乡、地区之间的支援协作。尤其是对受灾地区进行援建，形成了结对帮扶和援建的最早历史实践。改革开放以来，在邓小平同志"部分先富，先富带动后富，最终实现共同富裕"思想指导下，国家开始对全国，特别是东部沿海发达地区对内地尤其西部地区对口帮扶工作作出重要部署。1979年4月25日，全国边防工作会议召开，确定了东部发达省市对口支援边境及少数民族地区的具体方案，东西部地区的对口支援工作由此拉开帷幕。1996年5月，中央正式作出"东西部扶贫协作"的重大决策，确定9个东

---

① 中共中央党史和文献研究院编：《习近平扶贫论述摘编》，中央文献出版社2018年版，第99页。

部省市和 4 个计划单列市与西部 10 个省区开展扶贫协作。同年 10 月，中央扶贫开发工作会议对东西扶贫协作和对口支援工作作出进一步部署，标志着东西部扶贫协作正式启动。

党的十八大以来，东西部扶贫协作成为习近平总书记关心的重点工作之一。2016 年 7 月 21 日，在东西部扶贫协作开展 20 周年之际，习近平总书记在银川主持召开东西部扶贫协作座谈会并发表重要讲话，强调指出"东西部扶贫协作和对口支援，是推动区域协调发展、协同发展、共同发展的大战略，是加强区域合作、优化产业布局、拓展对内对外开放新空间的大布局，是实现先富帮后富、最终实现共同富裕目标的大举措"[1]，因而必须认清形势、聚焦精准、深化帮扶、确保实效，切实提高工作水平，全面打赢脱贫攻坚战。

从新中国成立初期对受灾地区开展结对帮扶和援建的历史实践，到 20 世纪 90 年代国家正式启动东西部扶贫协作进程，经过多年的接续努力，东西部扶贫协作和对口支援从最早的捐钱捐物，到造血式帮扶，再到抱团式共同发展，协作支援机制不断推进、不断健全，合作领域不断拓展、不断丰富，逐渐形成了多层次、多形式、全方位的扶贫协作和对口支援格局，以及以政府援助、企业合作、社会帮扶、人才支持为主要内容的工作体系，涌现出闽宁协作、沪滇合作、两广协作等各具特色的模式，对于加快西部贫困地区扶贫开发进程、缩小东西部发展差距、解决区域发展不平衡问题、推动实现共同富裕做出了重大贡献。

---

[1] 中共中央党史和文献研究院编：《习近平扶贫论述摘编》，中央文献出版社 2018 年版，第 101—102 页。

（二）定点扶贫

定点扶贫主要是在国家倡导下，一些党政机关、企事业单位和社会团体利用自身优势和资源，定点扶持部分国定贫困县地区。这是最具中国特色的扶贫开发战略，也是新时期我国扶贫开发工作的重大实践，充分体现了党中央、国务院对推动革命老区、少数民族地区、边境地区和贫困地区经济社会发展、改善生产生活条件等工作的高度重视。

定点扶贫工作的兴起与我国扶贫政策变迁密切相关。改革开放以来，为适应扶贫工作形势变化，加快扶贫开发进程，国家采取了多项政策措施，鼓励非政府组织、党政机关、企事业单位等各方力量加入到扶贫开发工作当中。20世纪80年代中期，中共中央、国务院作出组织中央和国家机关、企事业单位开展定点扶贫的重大决策，明确规定中央、国家机关和有关单位通过定点帮扶的形式直接帮扶国家扶贫开发工作重点县。1987年，国务院召开第一次中央、国家机关定点扶贫开发工作会议，拉开了在全国正式推行定点帮扶工作的序幕。此后，除国务院所属部委外，一些中央机关和企事业单位也陆续参与到这项工作中，逐步形成了中央党政机关定点帮扶到县，省、地、县党政机关定点帮扶到贫困乡村的工作格局。

党的十八大以来，农村扶贫开发进入脱贫攻坚新阶段，定点扶贫的意义和作用也更加凸显。习近平总书记强调："承担定点扶贫任务的中央企业，要把帮扶作为政治责任，不能有丝毫含糊。"[1]"做好新形势下的定点扶贫工作，要深入贯彻中央扶贫开发工作会议精神，切实增强责任感、使命感、紧迫感，坚持精准扶贫、精准脱贫，坚持发挥单位、行业优势与立足贫困地区实际相结合，健全工作机制，创新帮扶举措，提高扶贫成效，为坚决打赢脱贫攻坚战作出新的更大贡献。"[2]

多年来，承担定点扶贫任务的各级部门单位利用自身资源，不断发挥各自优势，采取基础设施建设、教育扶贫、技能培训、产业扶贫、健康扶贫、消费扶贫、电商扶贫、科技扶贫等多种扶贫手段开展定点帮扶，为推动贫困地区减贫发展、贫困人口脱贫致富做出了重要贡献。

（三）民营企业和社会组织参与扶贫

民营企业和社会组织参与扶贫主要是在政府引导支持下，民营企业和社会组织自愿利用自身资源，以多种形式参与农村扶贫开发工作，为贫困地区经济社会发展和贫困人口脱贫致富贡献力量。民营企业和社会组织参与扶贫开发，是我国社会扶贫的重要形式，也是我国扶贫开发事业总体布局中的重要内容。

从历史上看，社会组织很早就参与了我国农村扶贫开发工作，

---

[1] 中共中央党史和文献研究院编：《习近平扶贫论述摘编》，中央文献出版社2018年版，第100页。

[2] 中共中央党史和文献研究院编：《习近平扶贫论述摘编》，中央文献出版社2018年版，第101页。

并形成了一批具有广泛影响力和公信力的项目。1989年，中国贫困地区发展基金会（后改为中国扶贫基金会）成立，开始了国内社会组织在扶贫领域的探索。1994年，国务院发出《国家八七扶贫攻坚计划》的通知，在计划中首次提出"充分发挥中国扶贫基金会和其他各类民间扶贫团体的作用"以及"积极开展同扶贫有关的国际组织、区域组织、政府和非政府组织的交流"，社会组织参与扶贫被正式纳入国家扶贫开发政策。

党的十八大以来，党和国家高度重视引导市场主体和社会力量参与扶贫，更加聚焦精准领域，不断创新和优化工作机制和模式，为打赢脱贫攻坚战做出了积极贡献。特别是企业和社会组织在参与扶贫开发工作中，将农村产业开发、基础设施建设、社会事业发展和人力资源开发作为重点领域，创造和积累了许多成功的经验和做法，如定点对口长期援助、村企合作开展扶贫、农业产业化带动扶贫、慈善捐助参与扶贫，等等，对于拓宽扶贫开发资源渠道，弥补政府在脱贫攻坚过程中可能出现的低效和不足具有重要意义。

乡村振兴是全社会的共同责任。广泛动员社会各方面力量参与乡村振兴，发挥东西协作和对口支援、定点帮扶以及民营企业和社会组织在推动乡村全面振兴中的积极作用，也是实施乡村振兴战略的重要内容。同时，发挥企业、社会组织、个人在发展乡村产业、推进乡村善治等方面的显著优势，形成多元主体参与的乡村振兴工作格局，也将为进一步推进实现农业农村现代化发展目标贡献积极力量。

二、构建大扶贫格局的主要经验

我国正式启动有组织、有计划、大规模的农村扶贫开发进程以来,逐步构建形成了政府、市场、社会协同参与的大扶贫工作格局,多种多样的社会力量在农村扶贫开发进程中扮演着越来越重要的角色。特别是党的十八大以来,以东西部扶贫协作、定点扶贫等为代表,社会力量参与脱贫攻坚不仅推动形成了多层次、多形式、全方位的扶贫协作格局,在广泛汇集和凝聚脱贫攻坚资源、丰富脱贫攻坚形式、探索脱贫攻坚路径、提升脱贫攻坚质量等方面也发挥了重要作用。与此同时,我国坚持社会力量参与,在构建大扶贫工作格局进程中积累了丰富的经验,即坚持"输血"与"造血"相结合,不断推动项目援建创新;坚持投入与协作相结合,不断推动区域协同共享发展;坚持政府主导与社会参与相结合,不断推动构建多元化社会扶贫体系。

(一)坚持"输血"与"造血"相结合,推动项目援建创新

党的十八大以来,伴随脱贫攻坚进程不断推进,在贯彻落实中央有关工作部署基础上,东西部扶贫协作、定点扶贫等具体工作不断结合贫困地区地域特点和发展实际,更加注重激发和提升贫困地区内生动力和发展能力,在资金投入、产业发展、人才交流、就业引导等方面开展更多的合作和帮扶,不断推动项目援建形式的丰富和创新,逐步形成了"授人以渔"的"造血式帮扶"路径和模式,为新阶段进一步推动乡村振兴进程、提升乡村发展的内生性和可持

续性积累了成功经验。

如在东西部扶贫协作过程中，东部省份一方面根据财力增长情况，逐步增加扶贫协作和对口支援财政投入，同时加强资金监管，不断提高资金使用效益。另一方面立足贫困地区资源禀赋和产业基础，着重在帮扶地区支持建设特色产业基地，积极培育农村合作组织和龙头企业，以特色产业扶贫激发贫困地区贫困人口内生动力。伴随定点扶贫工作在全国范围稳步推进，国有企业、高等院校、科研院所、人民团体和国有控股金融机构等越来越多的单位参与其中，在加强政策、物质和资金方面的支持以外，也通过开展组团式支教、支医、支农等方式，加大教育、卫生、科技、文化、社会工作等领域的人才和资源支持，以提高贫困地区干部群众的科学文化素质和人力资本。相较于政府主导的扶贫工作模式，社会组织参与扶贫更具开放性和灵活性，目标导向也更加多元化。特别是关注对贫困人口的赋权以及造血能力培养，因而在培养贫困地区贫困人口内生动力层面广泛开展了卓有成效的探索和实践，如小额信贷扶贫、参与式扶贫、"万企帮万村"行动，等等，在激发贫困地区贫困人口内生动力、提升扶贫项目可持续性等方面发挥了积极作用。

（二）坚持扶贫与协作相结合，推动区域协同共享发展

作为一项全党全国全社会共同参与的事业，扶贫开发不仅意味着凝聚政府、企业、社会组织等不同主体的资源和力量，也意味着调动贫困地区贫困人口的发展资源和发展能力，将扶贫主体与贫困地区贫困人口的需求和发展相统一。党的十八大以来，以习近平

同志为核心的党中央坚持把扶贫开发工作纳入"五位一体"总体布局和"四个全面"战略布局,提出以脱贫攻坚统领经济社会发展全局。特别是在推进东西部扶贫协作工作中,习近平总书记强调:"长远看,东西部扶贫协作要立足国家区域发展总体战略,深化区域合作,推进东部产业向西部梯度转移,实现产业互补、人员互动、技术互学、观念互通、作风互鉴,共同发展。"[①]

从宏观上看,东西部扶贫协作和对口支援,不仅是开展社会扶贫的重要形式,也是推动区域协调发展、协同发展、共同发展的大战略。与西部贫困地区相比,东部地区在人才、资金、技术、管理、信息等资源要素方面具有显著优势。而西部地区则具有相应的生态优势、资源优势和充足的劳动力优势。因此,脱贫攻坚进程中开展东西部扶贫协作和对口支援,更加强调立足各地自身的优势和劣势,将各自所能所需紧密结合,形成优势互补、劣势互弥、携手并进、互惠互利、协同发展、共建共享共赢的工作格局和工作模式。同时,中央及地方各单位在开展定点扶贫,加快贫困地区经济社会发展过程中,也在人才交流、组团帮扶工作中实现了锻炼培养干部人才的多重目标。而企业参与脱贫攻坚不仅有效履行了社会责任,在发展贫困地区特色农业产业、促进贫困人口就业等方面发挥积极作用,也能够享受税务、财政、金融、土地等方面优惠和支持,提升企业利润和企业知名度,实现企业、贫困地区、贫困人口的共赢和多赢格局。因此,新时代构建形成的大扶贫格局不仅

---

① 习近平:《在决战决胜脱贫攻坚座谈会上的讲话》,2020年3月6日,中国政府网。

凝聚起更多社会资源和力量参与农村反贫困工作，也将扶贫与协作发展相结合，推动区域合作以及帮扶主体与贫困地区的共建共享式发展。

（三）坚持政府主导与社会参与相结合，构建多元化社会扶贫体系

长期以来，政府在东西部地区扶贫协作、定点扶贫以及引导企业和社会组织参与扶贫工作过程中始终处于首要的主体地位。党的十八大以来，国家提出"发挥市场在资源配置中的决定性作用"，政府在东西部扶贫协作等具体社会扶贫工作的作用开始由主导转变为引导，强调脱贫攻坚工作中的政府主导与社会参与相结合，积极构建多元化的社会扶贫体系。

按照中央有关东西部扶贫协作工作的相关要求，帮扶省市要鼓励支持本行政区域内民营企业、社会组织、公民个人积极参与东西部扶贫协作和对口支援，即坚持以共建共享为原则推进东西部扶贫协作，构建多元化的社会扶贫体系。一方面，中央和东部地区政府通过制定宏观经济政策，引导各种要素向西部贫困地区流动，分担市场化要素区际流动的成本，同时在财政和物资投入等方面向支持西部地区社会发展倾斜。另一方面，企业越来越成为社会扶贫中的重要参与主体，特别是在拓展产业合作过程中发挥重要作用，不仅为贫困地区创造了大量就业机会，也极大地带动了贫困地区产业经济的发展。此外，东西部扶贫协作与定点扶贫、军队和武警部队扶贫的结合日益紧密，并吸引了各民主党派、工商联、无党派人士、

社会组织和个人的广泛参与,发挥不同组织主体在文化、科技、医疗卫生等领域的优势作用。总之,参与社会扶贫的主体日益多元化,社会扶贫的体系不断拓展,形成了政府、企业、社会多层面协同推进的格局和工作机制。

第二节 构建乡村振兴战略实施大格局的政策要求

乡村振兴任务的艰巨性、复杂性和长期性决定了构建以政府为主导、市场与社会力量广泛参与、多元主体协同推进的乡村振兴战略实施大格局具有必然性和必要性。一方面,国家在有关乡村振兴战略的顶层设计和政策要求中,提出构建乡村振兴新格局的重要意义和相关举措,为凝聚全党全国全社会合力、实施乡村振兴战略工作大格局提供了政策指引。与此同时,习近平总书记有关乡村振兴发表的一系列重要论述中,也强调引导和推动全社会共同参与乡村振兴的重要意义。另一方面,乡村振兴工作在对象、目标任务、区域等方面与脱贫攻坚具有显著差异,这些都对新阶段进一步动员和引导全社会参与乡村振兴工作、构建乡村振兴战略实施大格局提出了新要求。

一、国家有关构建乡村振兴战略实施大格局的政策意见

2018年2月4日,《中共中央 国务院关于实施乡村振兴战略的

意见》对实施乡村振兴战略进行全面部署,明确提出"营造乡村振兴良好氛围""凝聚全党全国全社会振兴乡村强大合力"等重要内容。同年9月21日,习近平总书记在十九届中央政治局第八次集体学习时讲话指出,"希望广大农民和社会各界积极参与中国农民丰收节活动,营造全社会关注农业、关心农村、关爱农民的浓厚氛围,调动亿万农民重农务农的积极性、主动性、创造性,全面实施乡村振兴战略、打赢脱贫攻坚战、加快推进农业农村现代化,在促进乡村全面振兴、实现'两个一百年'奋斗目标新征程中谱写我国农业农村改革发展新的华彩乐章!"[1]

一方面,国家在有关农业农村发展以及乡村振兴战略的顶层设计中强调了社会力量参与乡村振兴的重要性和重要意义。2018年9月26日,中共中央、国务院印发《乡村振兴战略规划(2018—2022年)》,明确提出"搭建社会参与平台,加强组织动员,构建政府、市场、社会协同推进的乡村振兴参与机制"。要求"创新宣传形式,广泛宣传乡村振兴相关政策和生动实践,营造良好社会氛围。发挥工会、共青团、妇联、科协、残联等群团组织的优势和力量,发挥各民主党派、工商联、无党派人士等积极作用,凝聚乡村振兴强大合力"。2020年12月28日至29日,习近平总书记在中央农村工作会议上发表重要讲话,指出在向第二个百年奋斗目标迈进的历史关口,巩固和拓展脱贫攻坚成果,全面推进乡村振兴,加快农业农村现代化,是需要全党高度重视的一个关系大局的重大

---

[1] 中共中央党史和文献研究院编:《习近平关于"三农"工作论述摘编》,中央文献出版社2019年版,第20页。

问题。因而要"举全党全社会之力推动乡村振兴,促进农业高质高效、乡村宜居宜业、农民富裕富足"①。这些政策意见和论述深刻指出了引导和推动全社会共同参与乡村振兴的重要意义,特别是发挥东西部协作对于解决区域发展不平衡问题、实现落后地区跨域式发展的重要意义和作用。

另一方面,国家在相关政策文件中明确提出加强东西部协作、定点帮扶,引导社会力量参与乡村振兴等工作部署,并对乡村振兴阶段东西部协作、定点帮扶、社会力量参与等工作作出新的部署和安排。2019年1月3日,《中共中央 国务院关于坚持农业农村优先发展做好"三农"工作的若干意见》,提出"继续加强东西部扶贫协作和中央单位定点扶贫",不折不扣完成脱贫攻坚任务。2020年1月2日,《中共中央 国务院关于抓好"三农"领域重点工作 确保如期实现全面小康的意见》中提出,"保持脱贫攻坚政策总体稳定。坚持贫困县摘帽不摘责任、不摘政策、不摘帮扶、不摘监管。强化脱贫攻坚责任落实,继续执行对贫困县的主要扶持政策,进一步加大东西部扶贫协作、对口支援、定点扶贫、社会扶贫力度,稳定扶贫工作队伍,强化基层帮扶力量"。2020年12月16日,中共中央、国务院提出《中共中央、国务院关于实现巩固拓展脱贫攻坚成果同乡村振兴有效衔接的意见》,提出"坚持和完善东西部协作和对口支援、社会力量参与帮扶机制。继续坚持并完善东西部协作机制,

---

① 《习近平在中央农村工作会议上强调 坚持把解决好"三农"问题作为全党工作重中之重 促进农业高质高效乡村宜居宜业农民富裕富足》,《人民日报》2020年12月30日。

在保持现有结对关系基本稳定和加强现有经济联系的基础上，调整优化结对帮扶关系，将现行一对多、多对一的帮扶办法，调整为原则上一个东部地区省份帮扶一个西部地区省份的长期固定结对帮扶关系"。随后，在国家"十四五"规划以及有关巩固拓展脱贫攻坚成果、健全城乡融合发展体制机制等具体工作中，国家对构建实施乡村振兴战略工作大格局工作也进行了相应部署和安排。2021年3月11日，十三届全国人大四次会议表决通过了关于国民经济和社会发展第十四个五年规划和2035年远景目标纲要的决议，规划中提出"要坚持和完善东西部协作和对口支援、中央单位定点帮扶、社会力量参与帮扶等机制"。同年4月29日，第十三届全国人民代表大会常务委员会第二十八次会议通过了《中华人民共和国乡村振兴促进法》，明确提出"鼓励、支持人民团体、社会组织、企事业单位等社会各方面参与乡村振兴促进相关活动"。2022年2月22日，中央一号文件正式发布，提出"推动乡村振兴取得新进展，农业农村现代化迈出新步伐"，并在"坚持和加强党对'三农'工作的全面领导"工作中强调"广泛动员社会力量参与乡村振兴，深入推进'万企兴万村'行动"。这些对乡村振兴阶段进一步长期持续稳定开展东西部协作工作提出了明确要求和部署。

此外，在一系列有关乡村振兴的行动方案和意见中，国家也对引导社会力量参与乡村振兴提出了具体意见和办法。2018年2月，中共中央办公厅、国务院办公厅印发《农村人居环境整治三年行动方案》提出调动社会力量积极参与，鼓励各类企业积极参与农村人居环境整治项目，规范推广政府和社会资本合作（PPP）模式，通过特许经营等方式吸引社会资本参与农村垃圾污水处理项目。……引导相关部门、社会组织、个人通过捐资捐物、结对帮扶等形式，支持农村人居环境设施建设和运行管护。2019年1月14日出台的《关于深入开展消费扶贫助力打赢脱贫攻坚战的指导意见》中，国家明确提出"推动东西部地区建立消费扶贫协作机制"，将消费扶贫纳入东西部扶贫协作和对口支援政策框架。要求帮扶省市要组织引导本地区农产品批发市场、商贸流通企业和机关、学校、医院、企事业单位等与贫困地区建立长期稳定的供销关系。随后4月15日，《中共中央 国务院关于建立健全城乡融合发展体制机制和政策体系的意见》也提出通过政府购买服务等方式，支持社会力量进入乡村生活性服务业。

同时，在国家不断推动乡村振兴战略实施的顶层设计和政策完善过程中，习近平总书记就乡村振兴发表了一系列重要讲话和论述，其中就包括引导社会力量参与、共同促进乡村振兴的重要指示精神。2020年3月29日至4月1日，习近平总书记在浙江考察时指出，要扎实推进新型城镇化，带动建设好美丽乡村。要认真做好东西部扶贫协作和对口支援、对口合作工作，助力对口地区跨越发展。[①]同年12月28日至29日，习近平总书记在中央农村工作会议上发表重要讲话，指出在向第二个百年奋斗目标迈进的历史关口，巩固和拓展脱贫攻坚成果，全面推进乡村振兴，加快农业农村现代化，是需要全党高度重视的一个关系大局的重大问题。因而

---

① 《习近平在浙江考察时的重要讲话精神》，《人民日报》2020年4月2日。

要"举全党全社会之力推动乡村振兴，促进农业高质高效、乡村宜居宜业、农民富裕富足"①。2021年4月8日，习近平总书记对深化东西部协作和定点帮扶工作作出重要指示，指出开展东西部协作和定点帮扶，是党中央着眼推动区域协调发展、促进共同富裕作出的重大决策。要适应形势任务变化，聚焦巩固拓展脱贫攻坚成果、全面推进乡村振兴，深化东西部协作和定点帮扶工作。习近平总书记强调，要完善东西部结对帮扶关系，拓展帮扶领域，健全帮扶机制，优化帮扶方式，加强产业合作、资源互补、劳务对接、人才交流，动员全社会参与，形成区域协调发展、协同发展、共同发展的良好局面。中央定点帮扶单位要落实帮扶责任，发挥自身优势，创新帮扶举措，加强工作指导，督促政策落实，提高帮扶实效。全党要弘扬脱贫攻坚精神，乘势而上，接续奋斗，加快推进农业农村现代化，全面推进乡村振兴。②这是继2015年对中央单位定点扶贫作出重要指示，2017年专门召开东西部扶贫协作座谈会后，习近平总书记就社会帮扶工作再次作出的重要指示，更加强调了实施乡村振兴战略过程中开展东西部协作和定点帮扶的重要意义，并对全面推进乡村振兴阶段适应形势任务变化、更好地推进东西部协作和定点帮扶工作指明了方向、提供了根本遵循。

---

① 《习近平在中央农村工作会议上强调 坚持把解决好"三农"问题作为全党工作重中之重 促进农业高质高效乡村宜居宜业农民富裕富足》，《人民日报》2020年12月30日。

② 《习近平对深化东西部协作和定点帮扶工作作出重要指示强调 适应形势任务变化 弘扬脱贫攻坚精神 加快推进农业农村现代化 全面推进乡村振兴》，《人民日报》2021年4月9日。

与脱贫攻坚相比，乡村振兴在工作对象、区域、内容以及阶段性特征上具有显著特点。具体来看，乡村振兴的工作对象从农村贫困人口拓展到所有农村居民，工作区域从贫困地区拓展到整个农村，从突出精准到人到户转向推动区域层面的全面发展，关注村、镇乃至县域层面的全域发展；工作内容也从解决贫困人口"两不愁三保障"问题拓展到巩固拓展脱贫攻坚成果，全面推进乡村产业、人才、文化、生态、组织五大振兴，不仅要实现农民富，还要实现农业强、农村美，最终实现农业农村现代化目标；因而在工作阶段上也从短期任务拓展为长期任务。因此，国家有关引导社会力量参与乡村振兴的一系列政策意见以及总书记相关重要论述，不仅明确了乡村振兴阶段继续开展东西协作、定点帮扶、引导企业和社会组织参与的重要意义，也进一步提出新阶段引导社会力量参与乡村振兴的目标、任务变化以及重点工作内容，为构建乡村振兴实施工作大格局奠定了政策基础和思想基础。

二、新发展阶段构建乡村振兴战略实施大格局的新任务新要求

乡村振兴的深度、广度、难度不亚于脱贫攻坚，并在工作对象、区域、内容等方面与脱贫攻坚显著不同。这些对新发展阶段引导社会力量参与乡村振兴的政策机制和考核评价机制都提出新的任务和要求。具体来看，政策机制要从以无偿投入为主转向充分发挥市场机制，在发挥政府主导作用的同时要更加重视市场的作用，强调市场主体按照市场规律参与帮扶。同时在考核评价上，更加强调

推动帮扶地区发展，巩固拓展脱贫攻坚成果和全面推进乡村振兴；更加强调发挥自身优势和工作创新，以及总结经验典型，突出正向激励，以实现带动影响更多更广泛的社会力量和社会主体参与乡村振兴的积极示范作用。因此，新发展阶段适应从脱贫攻坚到乡村振兴的新形势新任务新要求，社会力量参与脱贫攻坚应全面转向社会帮扶，并在重点工作和任务上进行相应的调整和变化。

（一）东西部协作促进乡村振兴

按照习近平总书记对深化东西部协作和定点帮扶工作作出的重要指示，乡村振兴阶段的东西协作工作坚持东部地区省际间结对关系保持总体稳定，城市帮扶在省际间结对帮扶框架下统筹安排。中部省份不再实施省际间结对帮扶，部分帮扶能力强的东部省，在"一对一"基础上承担更多帮扶任务的总体原则下，将东西部协作结对关系调整为，北京市帮扶内蒙古自治区，天津市帮扶甘肃省（不含定西市、陇南市、临夏回族自治州），上海市帮扶云南省，江苏省帮扶陕西省、青海省，浙江省帮扶四川省，福建省帮扶宁夏回族自治区，山东省帮扶重庆市和甘肃省定西市、陇南市、临夏回族自治州，广东省帮扶广西壮族自治区和贵州省。

在新的结对关系下，新发展阶段东西部协作工作在内容和目标上主要包括巩固脱贫成果、加强区域协作以及促进乡村振兴三个方面，即积极开展省级党委政府领导层面的协作、互访，组织东部经济较发达县（市、区）结对帮扶西部脱贫县、国家乡村振兴重点帮扶县；组织有条件、有能力的学校、医院结对帮扶西部学校、医院等。同时帮助西部结对地区农村劳动力实现稳定就业，支持西部地区加强仓储保鲜、冷链物流等农产品流通设施建设，组织开展消费帮扶。加大协作双方园区特别是农业产业园区的共建力度，引导更多企业到西部投资兴业、吸纳就业，带动群众增收，推动西部地区产业提档升级，推动区域协调发展。继续深化干部人才"双向交流"，帮助西部地区培养乡村振兴干部人才。继续向西部地区提供资金援助，积极动员社会力量捐款捐物，西部地区要管好用好帮扶资金。此外，新发展阶段东西部协作工作要围绕巩固拓展脱贫攻坚成果、全面推进乡村振兴和推动区域协调发展，复制推广东部地区乡村振兴经验做法，创新引导企业、社会组织等社会各方面力量参与，充分挖掘发展潜力、夯实发展基础、增强发展能力。

（二）中央单位定点帮扶乡村振兴

在结对关系上，国家要求中央单位定点帮扶结对关系保持总体稳定，两年后适时调整，并在具体工作任务上提出开展调查研究、加强工作指导、创新帮扶方式、培育乡风文明、加强基层党建、选派挂职干部6个方面的工作内容。

具体来看，新发展阶段定点帮扶工作要求把帮扶县作为调查研究的重要基地、联系基层的重要渠道、改进作风的重要平台。同时发挥中央部门优势，及时指导帮扶县把工作重心从脱贫攻坚转向巩固拓展脱贫攻坚成果、全面推进乡村振兴；督促帮扶县落实主体责任以及过渡期各项帮扶政策措施。一方面，巩固好"两不愁三保障"成果，接续帮助乡村特色产业发展壮大、持续助力脱贫人口稳岗就业；另一方面，围绕"五大振兴"，积极参与农村人居环境整治、农村厕所革命、乡村治理等工作，用新的理念、技术、方式，指导和带动帮扶地区全面振兴。在"授人以渔"的同时，注重激发内生动力，培育文明乡风、良好家风、淳朴民风。指导定点帮扶县抓党建促振兴，充分发挥基层党组织战斗堡垒作用以及驻村第一书记和工作队的重要作用，推动乡村治理体系和治理能力现代化。此外，要把乡村振兴作为培养锻炼干部的广阔舞台，继续向定点帮扶县选派挂职帮扶干部和驻村第一书记，加强对挂职干部的管理使用和关心支持，鼓励开展干部双向挂职交流。

（三）民营企业和社会组织助力乡村振兴

除东西部协作和定点帮扶外，广泛动员民营企业、社会组织等参与乡村振兴也是社会帮扶的一项重要工作任务。在全面推进乡村振兴战略实施的新阶段，国家也对企业和社会组织参与乡村振兴工作提出了新任务新要求。

一方面，组织开展"万企兴万村"行动。全国工商联、农业农村部、国家乡村振兴局等单位联合印发了《关于开展"万企兴万村"行动的实施意见》，明确了动员广大民营企业参与乡村振兴的指导思想、基本原则、行动内容和工作要求，提出巩固拓展"万企帮万村"成果、"回报家乡"专项行动、深化东西部协作三项重点工作。另一方面，民政部、国家乡村振兴局也印发相应文件，动员引导社会组织参与乡村振兴工作，提出围绕产业发展、人才培育、特殊群体关爱、乡村治理等领域重点任务落实，开展国家乡村振兴重点帮扶县结对帮扶行动、打造社会组织助力乡村振兴公益品牌行动和社会组织乡村行活动，并在社会组织评估、评优等工作中增设社会组织参与乡村振兴指标，激发社会组织参与乡村振兴活力。

第三节　构建乡村振兴战略实施大格局的地方实践

实施乡村振兴战略是做好"三农"工作的总抓手。当前，我国各地区各部门充分认识实施乡村振兴战略的重大意义，把实施乡村振兴战略摆在优先位置，积极探索实践新时代东西协作和对口支援、定点帮扶等工作，引导企业和社会组织参与，让乡村振兴成为全党全社会的共同行动。

一、嘉兴屏山东西协作，推动传统产业梯度转移

产业振兴是乡村振兴的重中之重，乡村产业发展可以为全面推进乡村振兴提供强劲动能。在东西部协作参与乡村振兴过程中，加强产业协作、促进乡村产业发展不仅是一项重要的工作目标，也是深化东西部地区区域协作发展的关键抓手和主要内容。事实上，国家在新发展阶段有关东西部协作工作中也提出加大东西部产业园区共建力度，引导企业到西部投资兴业，促进西部乡村产业发展等相关部署和要求。

为深入贯彻落实习近平总书记关于深化东西部协作和定点帮扶工作重要指示精神，2020年以来，实现脱贫摘帽的四川省屏山县在

对口援助的嘉兴市大力支持下，立足资源禀赋、土地、劳动力等县域资源优势，结合协作帮扶省份浙江省纺织龙头企业多、市场竞争力强的优势，实行产业转移发展，从无到有建设纺织产业，构建起"硒彩屏山、纺织新城"的新格局。园区以"产业配套高地、要素成本洼地、人力资源富地"特点，主动同浙江海盐县、秀洲区、嘉兴港区对接，引导东部纺织企业转入浙川纺织产业园，并在转移中升级，快速聚集上下游企业，基本形成涵盖纤维、纺纱、纺丝、织布、服装等纺织全产业链，初步建立起集纺丝、纺纱、织布、服装为一体的纺织产业体系。先后荣获全国纺织业产业转移示范园区、中国纺织服装业十大产业园区、四川省生物基特色产业园区等称号。

在两地产业协作过程中，两地省份深刻分析研判各自优劣势，根据屏山县工业基础薄弱、园区建设落后、支柱产业欠缺等县情，抢抓东部产业结构转型升级、转移输出的机遇，寻求产业带动发展突破口，从而选准支柱产业，谋求产业协作共同发展。同时，浙川两省、嘉兴宜宾两市、海盐秀洲港区屏山四地多次率党政代表团互访、商谈东西部协作事宜，共同编制《宜宾市千亿纺织产业发展规划（2019—2025年）》和《屏山县打造东西部协作"五张金名片"三年行动计划》，出台《关于印发2021年工业总产业实现200亿目标的实施方案（2018—2022年）》，为浙川纺织产业协作示范园良性发展奠定坚实基础。此外，在园区基础设施建设、园区管理以及用水用电等要素保障层面，两地积极协商合作，不断优化投资发展环境，有效促进了项目落地和投资企业引入，不仅推动了屏山县工业企业发展，促进了当地人口就业和增收，也在很大程度上推动了东部地区产业梯度转移，实现了东部与中西部地区优势互补、产业协作、共同发展的格局和成效。

乡村振兴背景下，东西部协作和对口支援工作不仅是助力推进乡村全面振兴的重要支持力量，更是缩小区域发展差距、实现共同富裕的关键任务。因此，深化东西部协作和对口支援工作，不仅要在原有结对帮扶基础上进一步扩大覆盖面，拓展对接领域，推动东西部地区人才、物资、资金、信息、技术的交流互通，也要优化完善帮扶机制方式，提升帮扶的精准性，增强协作双方的互补性、兼容性，促进区域间协同发展和可持续发展。

二、华润集团"造血式"定点帮扶，促进宁夏海原产业发展

脱贫攻坚战全面胜利以后，脱贫摘帽地区农村依然面临发展基础薄弱，脱贫人口自我发展能力不足等现状和问题，巩固拓展脱贫攻坚成果的任务依然艰巨。因此，在全面推进乡村振兴的新阶段，如何让脱贫群众提高发展能力、共享发展成果，在现代化进程中不掉队、赶上来，是定点帮扶工作面临的新课题。

宁夏海原县地处中国西北、黄土高原腹地，是"苦瘠甲天下"的西海固的核心区，六盘山集中连片特殊困难地区国定重点贫困县。2014年以来，根据中央单位定点帮扶结对安排，华润集团作为一家红色央企，定点帮扶宁夏海原县。在共同调研论证基础上，华润集团依托海原养殖业传统、风能资源、生态建设以及人才队伍实际，探索企业发展和海原脱贫攻坚的契合点，实施产业、投资、

公益、人才"四位一体"帮扶模式，开启"造血型"精准帮扶之路，为海原脱贫攻坚和经济社会发展注入了强大动力、做出了重要贡献。

定点帮扶工作开展以来，华润集团和自治区党委、政府坚持高层引领，强化顶层设计，真正做到"海原所需，华润所能"，立足海原实际，发挥企业优势，提出精准帮扶的目标、任务、保障措施等，有针对性地做好定点帮扶工作。针对海原产业发展中面临的规模小、层次低、链条短，缺乏龙头企业带动、科技服务支撑、品牌市场营销等难题，立足农民种草养牛养羊基础较好的优势，华润集团与海原县经过反复调研论证，确定发展高端肉牛产业，既立足本地优势特色，又借助华润集团市场优势。通过央企帮扶既为当地培育了一个特色优势鲜明的主导产业，又为华润集团在西部贫困地区建立了一个高端肉牛繁育基地、高端供港牛肉绿色生产基地，实现了政企双赢。结合宁夏回族自治区"530"帮扶计划及海原县草畜发展战略，华润集团捐赠3.85亿元人民币定向用于海原县发展肉牛养殖产业，扩大当地基础母牛养殖规模。同时，华润集团不断创新帮扶思路，加大产业帮扶，充分运用市场机制实现脱贫攻坚新突破，激发贫困群众内在动力，探索出一套行之有效、深受贫困群众欢迎的帮扶模式。为解决群众资金难题，华润集团积极创新金融帮扶模式，建立社会金融扶贫机制，建设"基础母牛银行"，通过发放贴息贷款，按照从无到有、从小到大引导贫困群众发展养牛产业。不仅降低了养殖风险和压力，也提高了农户发展养殖业的积极性，增强了农户自觉融入市场的发展能力。此外，为了破解村级集体经济"空壳"问题，海原县整合财政扶贫资金，与华润集团联合建立"村企合作+肉牛赊销+托管代养"机制，有效促进了农业增效、农民增收和农村发展。为了使部分"痴傻残障"等特殊贫困户发展基础母牛养殖，华润集团创新实施"无能力养殖户托管代养"模式，充分利用政府产业扶贫资金和华润帮扶资金，解决了自身发展能力不足的建档立卡贫困户生产生活问题，为打赢脱贫攻坚战，促进部分建档立卡贫困户与全县人民同步进入全面小康社会奠定了基础。

定点帮扶作为当前巩固拓展脱贫攻坚成果同乡村振兴有效衔接的重要手段，同时也是助推帮扶地区经济社会发展、加强农村治理的重要载体，以及锻炼干部队伍、加强机关作风建设的重要平台。而以国企、央企为代表的定点帮扶工作，不仅能够为西部地区实现脱贫攻坚、推进乡村振兴建立对接的桥梁，也为企业发展提供了良好契机。新发展阶段深化定点帮扶工作，不仅要结合脱贫攻坚期定点扶贫的主要成效和经验，也要进一步对标乡村振兴战略目标和要求，精准对接帮扶地区各项需求和资源情况，实施更加有效、可持续的帮扶举措。

三、漯河探索社会力量参与，助力消费帮扶新模式

消费帮扶是社会力量参与巩固拓展脱贫成果、助力乡村振兴的一项重要途径，主要是通过社会各界消费脱贫地区和低收入群众的产品和服务，以实现帮助脱贫地区经济发展和低收入群众增收。党中央、国务院明确提出，"十四五"时期要继续大力实施消费帮扶，建立健全长效机制，为巩固拓展脱贫攻坚成果提供重要支撑。可以

说，消费帮扶既关系着脱贫地区低收入群体的"钱袋子"，又关系着城市居民的"菜篮子""果盘子"，一头连着需要帮扶地区，另一头连着广大消费者，中间连着政府和市场，关系着广大人民群众的切身利益，影响着脱贫成果是否稳定可持续，是乡村振兴战略中的一项共赢项目，绝不是简单的一项以消费为手段的帮扶工作。

2021年以来，漯河市坚持以消费帮扶作为应对疫情影响、巩固脱贫成果、提升脱贫质量、带动经济循环、助力乡村振兴的重要举措，坚持以先行示范标准打造全省乃至全国消费帮扶"漯河样板"，以"政府引导、市场主导、社会参与"构建起"1+2+3+4"消费帮扶新模式，即"打造一个品牌，倡树公益帮扶理念；搭建线上线下两个平台，破解产品销售瓶颈；打通供应、流通、销售三个环节，破解供需对接难题；完善工作、管理、应急销售和推广评价四项机制，实现良性循环发展"，不断探索创新可持续的消费帮扶长效机制，确保做细做实消费帮扶各项工作，有效促进了脱贫地区产业发展和低收入群众就业增收，持续为消费帮扶提档升级注入新动能。

具体来看，在开展消费帮扶过程中，漯河市政府积极动员号召社会各界投身消费帮扶公益事业。政府统一设计了漯河消费帮扶LOGO，制定消费帮扶LOGO管理办法，本着"自愿、公开、专项、公益"的原则，采取共享、共用、共推等方式，授权符合条件的企业、合作社、商超等经营主体使用。被授权企业优先参与消费帮扶活动，采取消费帮扶产品纳入工会福利采购、进机关展柜、进食堂、进学校等线下推广方式，帮助企业拓宽销售渠道。依托市慈善总会开设"漯河市同心筑梦"消费帮扶公益基金，被授权使用消费帮扶标识的企业，按经营销售额的3%分季度捐赠至消费帮扶公益基金。各县区分别设立子基金，接收使用消费帮扶LOGO企业的捐赠。为了进一步拓展消费帮扶公益基金的筹集途径，漯河市还发动工商企业、民间团体、社会爱心人士等进行捐赠。同时，坚持"精准滴灌""靶向使用"，严格消费帮扶公益基金的使用管理，确保基金主要用于脱贫村产业发展、设立公益岗位、临时救助等巩固拓展脱贫攻坚成果助力乡村振兴的相关工作。

在消费帮扶工作中，帮扶产品是重点，帮扶带贫是根本，帮扶企业和被帮扶群众、带贫企业之间建立起密切的利益关联机制则是重中之重，同时也不能偏离帮助低收入群众和带贫企业这个中心。只有找准消费帮扶行动中各方之间的利益联结点，牵住建牢利益联结这个"牛鼻子"，切实让低收入群众找到"销售的渠道"、让广大消费者获得"质优价廉"的产品、让参与消费帮扶的企业"有利可图"、让政府部门得到人民群众的普遍欢迎和认可，实现互利共赢，方能行稳致远。漯河市在消费帮扶行动中，通过政府积极搭建平台、建立工作机制，动员引导企业、社会组织、社会爱心人士参与其中，不仅形成了一整套消费扶贫的行动体系和工作模式，也营造起全民全社会工作参与消费帮扶、助力乡村振兴的良好社会氛围。

总之，从东西部扶贫协作到东西部协作、从定点扶贫到定点帮扶，农村扶贫开发进程中构建形成的大扶贫格局以及社会力量参与脱贫攻坚的重要经验，对于新发展阶段广泛凝聚社会合力、构建乡村振兴战略实施大格局、全面推进乡村振兴奠定了重要的制度基础和工作基础。各地广泛开展的社会帮扶实践也为基层乡村进一步对接社会力量、凝聚社会资源、用好社会合力，促进乡村全面振兴提供了实践典范。乡村振兴是全社会的共同责任，不能仅仅将它作为政府的事、干部的事或农民的事，尤其是党和各级政府要发动多方力量共同参与，广泛凝聚社会资源，创新社会参与的平台，完善社会资源的筹集、配置、使用机制，充分运用市场思维，依靠市场力量和社会资源来推动形成乡村振兴发展的合力，最广泛地动员各方社会力量参与到乡村振兴战略实施当中，形成新发展阶段乡村振兴战略实施的大格局。

思考题

1. 简述东西部协作和对口支援、定点帮扶的主要形式和内容？
2. 简述市场和社会力量参与乡村振兴的优势和作用？
3. 如何理解构建乡村振兴战略实施大格局？

拓展阅读书目

1.《中共中央 国务院关于全面推进乡村振兴 加快农业农村现代化的意见》，人民出版社2021年版。

2.《中共中央 国务院关于做好2022年全面推进乡村振兴重点工作的意见》，人民出版社2022年版。

3.《民政部 国家乡村振兴局关于动员引导社会组织参与乡村振兴工作的通知》（民发〔2022〕11号）。

4.《社会组织助力乡村振兴专项行动方案》（国乡振发〔2022〕5号）。

第九讲　实施乡村振兴战略的要素保障

【导读】

根据马克思主义经济理论，劳动者和生产资料是基本的生产要素，二者结合的方式对经济发展具有重要的推动作用。实施乡村振兴战略，要推动资金、人才、土地、技术、数据等生产要素与乡村发展有机结合，确保农业农村优先发展。近年来，我国在统筹城乡发展方面取得了积极进展，但城乡要素合理流动的体制机制仍不完善，要素渠道仍不通畅，要素不平等交换问题还比较突出。因此，在城乡融合背景下考虑乡村振兴战略的实施路径的核心是要把生产要素从农村向城市单向流动转变为生产要素在城乡之间双向流动，尤其是要促进发展资源，包括资金、人才、技术等要素从城市向乡村流动，这就要求各级政府大力推动体制机制改革，从吸引优质生产要素向乡村流动的角度提供相应的配套政策和措施。本章重点介绍乡村振兴中的资金要素、人才要素、技术要素这三大关键要素的基本现状、突出问题及未来政策支持方向。

习近平总书记强调，深入实施乡村振兴战略，把农业农村优先发展的要求落到实处，要在干部配备上优先考虑，在要素配置上优先满足，在资金投入上优先保障，在公共服务上优先安排。这为我们强化要素保障推进乡村振兴战略实施指明了方向。当前，全面推动乡村振兴战略实施，坚持农业农村优先发展，必须强化制度性供给和政策安排设计，破除阻碍要素自由流动、平等交换的体制机制壁垒，改变资源要素向城市单向流动格局，构建城乡互补、全面融合、共享共赢的互利互惠机制，让土地、人才、资金、技术、科技等各类发展要素更多流向农业农村。

第一节　乡村振兴资金要素投入的现状、问题及保障

实施乡村振兴战略需要巨量资金保障。据新华网消息，经过相关部门初步测算，要落实国家乡村振兴战略规划今后五年的重点任务，大约需要投资 7 万亿以上。因此，深入实施乡村振兴战略，实现农业农村现代化，仅靠财政一般公共预算远远不能满足需求，必须拓宽资金来源渠道，健全投入保障制度，创新投融资机制，加快形成财政优先保障、金融重点倾斜、社会积极参与的多元投入格局，确保投入力度不断增强、总量持续增加，逐渐建立健全乡村振兴投入稳定增长的长效机制。目前，乡村振兴资金投入主要来源包括财政投入、金融机构投入和工商资本投入三大类别，本节将进行具体分析。

一、我国乡村振兴资金投入现状

（一）六类财政资金为乡村振兴资金要素投入打好坚实基础

财政投入是乡村振兴资金要素来源的主渠道，目前主要有中央财政衔接推进乡村振兴补助资金、中央预算内投资、土地出让收入、城乡建设用地增减挂钩收益返还农村资金、乡村建设政府债券、乡村建设财政贴息或担保贷款六类财政资金。

1. 中央财政衔接推进乡村振兴补助资金

党中央、国务院高度重视做好巩固拓展脱贫攻坚成果同乡村振兴有效衔接工作，2021年专门设立了中央财政衔接推进乡村振兴补助资金（以下简称"衔接资金"）1561亿元，主要根据各地巩固脱贫攻坚成果任务和成效考核等因素进行分配，重点支持巩固拓展乡村振兴成果、支持衔接推进乡村振兴及其他相关支出。衔接资金项目审批权下放到县，在这项资金的支持下，各县（市、区）在做好监测帮扶对象和易地扶贫搬迁群众后续帮扶工作的基础上，可以根据乡村建设实际情况，将包括非贫困村在内的农民群众所急所盼的农村厕所革命、农村道路、生活垃圾和污水处理、村容村貌提升，以及教育、医疗、文体等村级公益性服务设施纳入县级巩固拓展脱贫攻坚成果和乡村振兴项目库，全面惠及广大农村低收入人口。按照只增不减的原则，2022年中央财政预算安排衔接推进乡村振兴补助资金1650亿元，同口径较2021年增长84.76亿元，增长5.4%。

2. 中央预算内投资

中央预算内投资是由国家发展改革委负责管理和安排的中央财

政性投资资金。2018年中央预算内投资5376亿元，其中"三农"建设总预算投资1540.03亿元，占比28.6%，与乡村建设密切相关资金包括水利投资862.14亿元、易地扶贫搬迁等"三农"建设投资423亿元，合计为1285.14亿元。近年来中央预算内投资持续增长，2021年中央预算内投资规模达到6100亿元。2021年中央一号文件再次强化农业农村优先发展投入保障，要求中央预算内投资进一步向农业农村倾斜，所以未来中央预算内投资用于乡村振兴的资金规模将呈上升趋势。

3. 土地出让收入

土地出让收入是地方政府性基金预算收入的重要组成部分，2020年达到8.4万亿元，资金规模巨大。长期以来，土地增值收益取之于农、主要用之于城，有力推动了工业化、城镇化快速发展，但直接用于农业农村比例偏低，对农业农村发展的支持作用发挥不够。按照习近平总书记关于把土地增值收益更多用于"三农"的重要指示精神，2021年9月，中共中央办公厅、国务院办公厅印发了《关于调整完善土地出让收入使用范围优先支持乡村振兴的意见》[1]，要求从2021年开始各省（自治区、直辖市）分年度稳步提高土地出让收入用于农业农村的比例，到"十四五"期末，以省（自治区、直辖市）为单位核算，土地出让收益用于农业农村比例达到50%以上，若计提数小于土地出让收入8%的，则按不低于土地出

---

[1] 中共中央办公厅、国务院办公厅印发《关于调整完善土地出让收入使用范围优先支持乡村振兴的意见》，中国政府网。

让收入 8% 计提[①]。各省（自治区、直辖市）也可以按照当年土地出让收入用于农业农村的资金占比逐步达到 10% 以上计提。全国土地出让收入用于农业农村比例每提高一个百分点，就相当于"三农"投入增加 600 亿—700 亿元[②]。根据近年来全国土地出让支出用于农业农村的资金仅占土地出让收入的比重不足 7% 计算，若土地出让支出用于农业农村的资金占土地出让收入的比重达到 10% 以上，意味着用于农业农村的资金将能增加约 2000 亿元，可以有力地支撑乡村建设资金需求。

4. 城乡建设用地增减挂钩收益返还农村资金

为贯彻落实党中央、国务院决策部署，围绕解决发展不平衡、不充分的问题，国土资源部通过城乡建设用地增减挂钩收益返还政策把深度贫困地区土地复垦节余的建设用地指标流转到经济发达地区，同时将经济发达地区土地增值收益转移到深度贫困地区。城乡建设用地增减挂钩收益大部分专项用于土地整治村庄的农民新居建设、农村基础设施建设和拆旧区复垦等，是当前乡村振兴的重要资金来源。截至目前，城乡建设用地增减挂钩先后经历了县域内试点支持新农村建设、省域内流转助推脱贫攻坚、跨省域调剂实施东西部扶贫协作三个发展阶段（见表 9-1）。城乡建设用地增减挂钩收益

---

① 土地出让收益等于土地出让收入减去征地和拆迁补偿支出、土地出让前期开发支出、计提农业土地开发资金支出、补助被征地农民社会保障支出等土地出让成本。根据中央要求，如果土地出让收益用于农业农村比例达到 50% 以上，但是计提数小于土地出让收入 8%，则按不低于 8% 计提，此举旨在防止地方政府做虚土地出让成本，变现减少土地出让收入用于农业农村的比例。

② 黄晓芳：《"十四五"末土地出让收益用于农业农村比例将达 50% 以上》，2020 年 9 月 25 日，中国政府网。

返还农村资金在国家财政转移支付之外为脱贫攻坚、乡村振兴开辟了新的资金来源。

表 9-1 城乡建设用地增减挂钩收益返还农村资金三个阶段

阶段	时间	文件	内容
县域内试点支持新农村建设	2005.10	《城乡建设用地增减挂钩试点工作》	原国土资源部组织启动了城乡建设用地增减挂钩试点工作，并严格限定在县域范围内实施
省域内流转助推脱贫攻坚	2015.11	《关于用好用活增减挂钩政策积极支持扶贫开发及易地扶贫搬迁工作的通知》	允许集中连片特困地区、国家扶贫开发工作重点县将增减挂钩节余指标在省域内流转使用。自2016—2019年，累计流转指标超过45万亩，收益超过1300亿元
跨省域调剂实施东西部扶贫协作	2018.7	《城乡建设用地增减挂钩跨省域调剂管理办法》	确定北京等东部8省市主要帮扶"三区三州"及其他深度贫困县，跨省域调剂由国家统一下达调剂任务，统一实施调剂价格，统一资金收取和支出，实现东西部调剂资金的整体平衡。截至2020年10月，共计安排深度贫困地区跨省域调出节余指标61.8万亩，可获得资金超1800亿元

5. 乡村建设政府债券

发行乡村振兴债券是拓展资金来源的重要途径之一。2017年，国务院办公厅印发《关于创新农村基础设施投融资体制机制的指导意见》，提出创新政府投资支出方式，建立规范的地方政府举债融资机制，允许地方政府发行一般债券支持农村道路建设，发行专项债券支持农村供水、污水垃圾处理设施建设，探索发行县级农村基础设施建设项目集合债。2018年，财政部明确将乡村振兴专项债列入发行支持范围；2019年中央一号文件明确指出"地方政府债券资金要安排一定比例用于支持农村人居环境整治、村庄基础设施建设等重点领域",为发行乡村振兴专项债创造了更加有利的政策条件。2021年中央一号文件《中共中央 国务院关于全面推进乡村振兴加快农业农村现代化的意见》,进一步明确支持地方政府发行一般债券和专项债券用于现代农业设施建设和乡村建设行动。自2018年8月,四川省成功试点发行全国首单乡村振兴专项债券后,山东、河北、江西等地就特色小镇、乡村扶贫、高标准农田等项目相继发行乡村振兴专项债券。从募集资金用途来看,已发行的乡村振兴债主要投向粮食收储保障、农村智慧能源设施、农村公路项目建设等多个领域。

6. 乡村建设财政贴息或担保贷款

为缓解乡村发展和建设中的融资难、融资贵难题,强化财政资金撬动作用,实现财政与金融协同支农机制,财政部会同有关农业农村部、银保监会和金融机构出台了众多财政增信措施。其中最重要的举措是建设政府性融资担保体系,2016年5月成立国家农业信贷担保联盟有限责任公司,随后33家省级农业信贷担保公司陆续组建完成。截至2020年年底,共设立专职分支机构924家,与地方政府或其他金融机构合作设立660家业务网点,对全国县域业务覆盖率达到94%以上,形成了较为完善的全国农业信贷担保体系。2016—2018年,中央财政每年安排相关资金主要用于各级农担公司的注资。截至2020年年底,全国农担体系资本金总额794.07亿元,其中国家农担公司150亿元,省级公司644.07亿元,全国农担在保余额2117.98亿元,政策性职能逐步发挥。除了政策性担保之外,各地政府还通过贷款贴息、农村金融机构定向费用补贴、政府投资基金引导等多种方式，引导金融资本和社会资本投入乡村振兴。

（二）金融机构加快改革力度健全乡村金融服务体系

乡村金融服务体系是全面推进乡村振兴战略实施的重要支撑。习近平总书记曾指出，要研究开辟新的投融资渠道，建立健全"三农"投入稳定增长的长效机制。农村金融仍然是个老大难问题，解决这个问题关键是要在体制机制顶层设计上下功夫，鼓励开展农民合作金融试点，建立适合农业农村特点的金融体系。要在规范运行、严格监管、控制风险的前提下，允许承包土地的经营权向金融机构抵押融资，采取多种方式为农业发展开辟新的融资渠道[①]。国家"十四五"规划中单列专章对"优先发展农业农村，全面推进乡村振兴"进行部署，强调要"健全农村金融服务体系"。党的十九届五中全会明确提出"健全农村金融服务体系"，为金融更好服务乡村振兴战略、促进农业农村现代化指明了方向。当前，我国农村金融服务体系日益健全，农村金融基础设施建设不断完善，农村金融生态环境持续改善，农村金融服务的可得性、便利性和有效性显著提升，为资金要素向乡村振兴倾斜创造了良好条件。

1. 大力推动金融制度创新

习近平总书记指出，要坚持农村金融改革发展的正确方向，健全适合农业农村特点的农村金融体系，推动农村金融机构回归本

[①] 习近平，《在中央农村工作会议上的讲话》（2013年12月23日），《十八大以来重要文献选编》（上），中央文献出版社2014年版，第658—686页。

源，把更多金融资源配置到农村经济社会发展的重点领域和薄弱环节，更好满足乡村振兴多样化金融需求。要强化金融服务方式创新，防止脱实向虚倾向，严格管控风险，真正提高金融服务乡村振兴能力和水平[①]。近年来，金融机构大力推动乡村金融制度创新，围绕金融组织体系、金融基础设施和金融政策扶持三方面推动农村金融环境改善。

创新完善农村金融组织体系，即逐步完善政策性金融组织、商业性金融组织和其他金融组织等在内的多元化、多层次的农村金融供给体系，实现优势互补，保证金融服务在农村的全覆盖。根据《中国农村金融服务报告（2020）》，截至2020年年末，全国乡镇银行业金融机构覆盖率为97.13%；全国行政村基础金融服务覆盖率为99.97%。

完善金融基础设施建设，主要针对农村支付服务环境、信用体系建设、融资担保体系建设展开。近年来，金融系统持续推动改善农村支付服务环境，巩固规范银行卡助农取款服务，鼓励指导支付产品创新，推动移动支付便民工程向县域下沉，不断健全多层次、广覆盖、可持续农村支付体系。金融系统大力加强农村信用体系建设，因地制宜推动农村信用服务平台建设、强化评级结果应用、多措并举增强农村经济主体的信用意识，取得了突出成就。与此同时，我国农村信用担保体系建设进入了快车道。截至2020年年末，全国农担在保余额为2119.98亿元，放大倍数3.4倍，政策性职能

[①] 中共中央党史和文献研究院编：《习近平关于"三农"工作论述摘编》，中央文献出版社2019年版，第17页。

逐步发挥。该模式整合了小而分散的农业信贷需求，将银行与小农户的关系升级为银行与政府的直接往来，不仅能减少交易成本，又能分散信贷风险，提高金融服务机构的积极性。

创新金融扶持政策。鉴于农业农村发展的弱质性，金融机构加大对国家乡村振兴重点帮扶县的金融资源倾斜，鼓励和引导金融机构在产品和服务创新、信贷资源配置、资金转移定价、绩效考核等方面对国家乡村振兴重点帮扶县予以倾斜。近年来加大对粮食安全金融服务、种业企业融资服务等方面的金融政策扶持。围绕高标准农田建设、春耕备耕、农机装备、粮食流通收储加工等全产业链制定差异化支持措施，建立重点种业企业融资监测制度，强化银企对接，对符合条件的育种基础性研究和重点育种项目给予中长期信贷支持，加大对"南繁硅谷"、制种基地和良种繁育体系的金融支持力度，等等。

2. 金融产品创新

金融机构大力推进乡村振兴金融产品创新，并高度重视数字化手段的充分运用。针对乡村经济特点，各机构推出了"创业贷""小额扶贫贷款"等特色贷款产品，取得了明显的成效。例如，工商银行针对陕西农业产业，创新推出"果商贷""椒商贷""猕猴桃贷"等特色产品。数字化等科技手段在农村金融产品创新中应用广泛。一是积极运用金融科技手段创新开发低成本、广覆盖、便捷可得的普惠型农村金融产品。例如农业银行推出农村集体"三资"管理平台、智慧乡村旅游等"三农"数字金融场景。二是深化数字技术与农村地区供应链金融融合创新，提升农村物流信息化、智能化水平，促进农村产业链、供应链稳定，提高农产品输出速度和运转效率。开发设计诸如"区块链+"供应链金融、"区块链+"农业产业化联合体金融等业务模式，开发基于农业电商平台的互联网金融、网络供应链金融等相关产品，不断拓展农村普惠金融的服务边界。

3. 金融服务模式创新

金融服务模式不断创新。近年来，人民银行、银保监会、财政部、农业农村部等相关部门立足各自职责职能，加大金融政策创新支持力度，推动金融服务模式不断创新。在探索中形成了三种典型模式。一是"银行贷款+风险补偿金"模式。该模式是合作银行在无担保、无抵押、低成本的条件下为贷款需求方提供贷款，如果出现不良贷款，仍然按照相关程序得到补偿，这部分补偿金会从由财政资金设立的风险补偿金中扣除。二是"双基联动合作贷款"模式。该模式是在基层银行机构和基层党组织的联动合作下实现的，首先对农户进行信用评级，并由二者共同完成贷款的发放和管理，基层银行机构和基层党组织充分发挥各自优势，实现信息、组织、行政资源、风险管理等优势的全面整合。三是"政银保"模式。该模式中，保险公司介入并为贷款需求主体提供担保，进而由银行发放贷款，在此基础上，政府会提供相应的保费补贴和风险补偿支持，实现财政、信贷和保险的"三轮驱动"，协同培育新型农业经营主体。

（三）有序引导工商资本入乡

工商资本入乡是指城市工商企业的资本、技术、管理等要素与农村土地、劳动力等要素组合生产的过程。习近平总书记指出，要以深入实施乡村振兴战略为抓手，推动工商资本、科技和人才"上山下乡"，加快推进农业农村现代化[①]。有序引导工商资本入乡，是工业反哺农业、城市支持乡村的重要举措，也是推动农业供给侧结构性改革、农村社会结构转型和乡村振兴的重要引擎。

工商资本入乡目前政策主要从营造支持环境和加强利益联结两个方面积极引导。一是营造法治化便利化的基层营商环境，强化政策支持引导，培育一批城乡融合典型项目，激发工商资本入乡积极性。2020年，重庆市加快引导工商资本入乡发展，以"万企帮万村"行动为抓手，大力推动"城市工商资本下乡"和"渝商回归"，支持引导工商资本和金融资本入乡发展。充分发挥中央预算内投资和国家城乡融合发展基金作用，培育一批城乡融合典型项目，形成承载城乡要素跨界配置的有效载体。二是引导完善工商资本与农民的利益联结机制，让广大农民共享收益。工商资本入乡为乡村发展带来资金、技术、管理、市场等先进要素，通过利益联结机制，如合作社、入股分红等方式，与农民共同推动乡村产业发展、提高农民收入，有利于破解乡村要素瓶颈，为乡村发展注入源头活水。《"十四五"推进农业农村现代化规划》在提出加强财政资金支持的

[①] 《习近平在浙江考察时强调　统筹推进疫情防控和经济社会发展工作奋力实现今年经济社会发展目标任务》，2020年4月1日，央视网。

基础上，特别强调要建立工商资本入乡促进机制，探索在政府引导下工商资本与村集体的合作共赢模式。

二、乡村振兴资金要素突出问题

乡村振兴需要巨量资金，虽然目前国家财政、金融机构、社会资本多管齐下加强资金投入，但仍面临较为突出的资金问题，其中既有金融服务供给不足的原因，也有财政资金支持不足、社会资本入乡面临障碍等因素。

（一）财政资金支持仍需加强

财政资金是乡村振兴资金投入的重要部分。乡村振兴相关产业和基础设施建设投资的回报率偏低，社会资本进入的动力不足，需要政府主导的财政资金和相关资源更多地向农村倾斜。但2010—2019年，我国一般公共预算收入和支出总体呈小幅波动的快速下降趋势，收入和支出增速分别从两位数的21.3%和17.8%下降到一位数的3.8%和8.1%，特别是2016—2019年，一般公共预算收入由升转降、支出几乎持续增长，但都保持较低增速，对乡村发展的财政支持增速同步放缓。"十四五"时期，面对乡村建设的巨量资金需求，迫切需要加大改革力度，持续拓宽乡村建设资金来源，为乡村建设投融资创造更多支撑条件。

（二）金融服务供给仍显不足

尽管金融机构已经加大改革力度，推进乡村金融服务供给，但在具体实施过程中，仍存在供给不足以及供需无法对接等问题。一是由于农村金融市场低收益高风险的特征，很多金融机构并不会主动向农村地区投放大规模的信贷资源。在乡村振兴阶段，村庄对金融服务有着迫切的需求，但许多村集体经济比较薄弱的村庄，却难以获得大量的资金支持。二是农村金融产品单一，无法满足农村经营者日益差异化的需求。农业生产所具有的周期性、地域性特点使得农业生产者对资金的需求量、使用期限均存在差异，这与当前金融机构主要提供的短期小额贷款不匹配。同时，当前新型农业经营主体成为农业发展的重要力量，其金融需求不再仅仅是农业生产性需求，综合性金融需求成为趋势。这种综合性的金融需求在农业生产规模化、产业化经营的发达地区愈加强烈，但当前仍较难得到满足。

（三）工商资本入乡风险防控机制尚未建立

习近平总书记曾强调，"特别要防止一些工商资本到农村介入土地流转后搞非农建设、影响耕地保护和粮食生产等问题"[1]。工商资本逐利无可非议，但也要保证农民能平等地获得发展红利，防止资本对农民的挤出效应。近年来，部分地区工商资本入乡仍存在一些问题，出现经营风险。例如，工商资本逐利性导致工商企业追逐利润较高的产业，忽视粮食产业，以圈地占地为目标，耕地非农

---

[1]《习近平就做好耕地保护和农村土地流转工作作出重要指示强调依法依规做好耕地占补平衡 规范有序推进农村土地流转 李克强作出批示》，2015年5月27日，人民网。

化、非粮化经营；部分工商资本对农民利益保护不够，出现了排挤小农，冲击小农经营主体现象；部分工商资本出现了套取财政补贴为主，对农村发展没有实质性贡献的现象；还有一些工商资本自身对于乡村环境、乡村建设、城乡融合项目不熟悉、不专业，盲目投资出现了经营失败现象等。要高度重视工商资本入乡潜在风险，加强相关制度建设和政策引导。

三、进一步加强资金要素保障

全面推进乡村振兴，要继续大力推动资金要素入乡发展。一是充分发挥中央预算内投资和国家城乡融合发展基金作用，为地方乡村建设与发展注入源头活水。二是持续推动金融服务创新，在更大范围、更深层次上为乡村振兴提供金融支持，需要完善农村金融政策体系和机制。完善货币政策、财政政策、差异化监管等政策保障体系，提高金融机构服务乡村振兴的积极性和可持续性。加快运用现代金融科技，结合数字乡村、信用乡村建设，探索将金融服务嵌入智慧政务系统，为广大农村经营主体提供"线上线下一体化"服务。三是积极探索在政府引导下工商资本与村集体合作共赢模式，发展壮大村级集体经济。要建立工商资本租赁农地监管和风险防范机制，确保农村集体产权和农民合法利益不受到侵害。要加强社会资本进入农业的事前审查、事中监管，对社会资本流转农户土地前，要对其投资动机、资金情况、经营能力等方面作出评估，对实施情况实行全程监管，防范和化解损害农民利益的情况。持续完善利益联结机制，在既有农企利益联结模式基础上，积极探索创新股权式、合作型等更为紧密有效的利益联结机制，切实提升农民获得感。引导农民利用自身资源禀赋优势，主动开展适度规模经营，提升农业生产经营组织化水平。

第二节　乡村振兴人才要素的现状、问题及保障

习近平总书记指出，乡村振兴要靠人才、靠资源。如果乡村人才、土地、资金等要素一直单向流向城市，长期处于"失血""贫血"状态，振兴就是一句空话。要着力抓好招才引智，促进各路人才"上山下乡"投身乡村振兴。① 实施乡村振兴战略，必须破解人才瓶颈制约。《中华人民共和国乡村振兴促进法》明确规定，国家健全乡村人才工作体制机制，采取措施鼓励和支持社会各方面提供教育培训、技术支持、创业指导等服务，培养本土人才，引导城市人才下乡，推动专业人才服务乡村，促进农业农村人才队伍建设。按照农业农村部发布《"十四五"农业农村人才队伍建设发展规划》，乡村振兴人才队伍可分为主体人才、支撑人才、管理服务人才三类10支队伍，这一部分将对这三类人才的现状、问题及保障措施进行具体分析。

---

① 习近平：《走中国特色社会主义乡村振兴道路》（2017年12月28日），《论坚持全面深化改革》，中央文献出版社2018年版，第395—396页。

一、乡村振兴人才要素发展现状

近年来,我国农业农村人才总量不断扩大、结构明显优化、素质大幅提升,充分发挥了对农业农村发展的引领带动作用。从主体人才来看,农村基层组织负责人、家庭农场主、农民合作社带头人数量质量实现双提升。家庭农场主、农民合作社带头人达到 549 万人,助推农业现代化进程不断加快;农村基层组织负责人选优配强,带动基层治理能力有效提升。从支撑人才来看,农业科研人才、社会化服务组织带头人、农业企业家、农村创业带头人这四类支撑人才结构优化、队伍壮大。农业科技创新力量不断壮大,推动农业创新驱动实现关键转变;返乡入乡创业人才异军突起,返乡入乡创业人员达到 1010 万人,县级以上农业产业化龙头企业负责人达到 9 万人,促进产业融合发展水平显著提升。从管理服务人才来看,农业公共管理服务队伍日益健全,保障农业农村改革发展有序推进;农业综合行政执法人才、农村改革服务人才、农业公共服务人才三支队伍建设逐步完善,充分发挥了体制内"国家队"在保安全、防风险、守底线中的兜底和保障作用。

(一)加强项目引导和制度创新,增强主体人才培育力度

农村基层组织负责人、家庭农场主、农民合作社带头人是乡村振兴的核心人才队伍,各级政府高度重视主体人才培育工作,通过项目引导和制度创新,促进乡村振兴主体人才发展壮大。一是围绕全面推进乡村振兴、加快农业农村现代化要求,聚焦发展潜力大、

带动能力强的家庭农场、农民合作社等新型农业经营主体的带头人，实施乡村产业振兴带头人培育"头雁"项目。二是大力推动人才选拔机制创新，打破地域、身份、职业界限，注重选拔本村致富能手、外出务工经商返乡人员、本乡本土大学毕业生、退役军人等进入村"两委"班子。三是实施家庭农场主素质提升计划和青年农场主培养计划，开展家庭农场主知识更新工程，充分发挥农广校、职业院校、农技推广单位、农业企业等机构培训功能，采取"田间学校""送教下乡"等形式开展培训，提高培训的针对性和有效性，不断满足家庭农场多样化发展能力需求。

（二）着力提高支撑能力，做强支撑人才队伍

农业科研人才、社会化服务组织带头人、农业企业家、农村创业带头人是乡村振兴重要支撑人才队伍。近年来，我国围绕提高支撑能力，加强支撑人才队伍培育，取得了良好成效。一是面向世界科技前沿、面向经济主战场、面向国家重大需求、面向人民生命健康，不断提升农业科研人才自主培养能力，切实加快农业科技创新主力军队伍建设。聚焦推进农业农村高质量发展，围绕战略必争和新兴技术领域，设立实施"神农英才"计划，培育农业科技战略力量和农业科技领军人才。二是以提升服务能力为核心，以模式创新为抓手，以优化环境为支撑，充分发挥市场作用，促进服务组织带头人队伍加快发展，建设与农业农村公共服务形成优势互补的农业社会化服务体系，补齐农业农村服务短板。三是开展"百千万"农业企业家培育工程，建设一批农业企业家培育实训基地，提高农业

企业家综合素质，提升农业企业家示范带动作用。四是搭建创业平台优化创业服务环境，实施农村创业带头人培育行动，扶持一批返乡创业农民工和在乡创业能人发展乡村产业，吸引各类人才返乡入乡干事创业，提升乡村产业发展水平。

（三）明确任务职责，深化管理人才培育

乡村振兴离不开管理人才的监督、服务与协调，目前乡村振兴管理人才主要包括农村综合行政执法人才、农村改革服务人才和农村公共服务人才。农业综合行政执法人才队伍承担着维护农业生产经营秩序、保障农产品质量安全、保护农民合法权益、开展农业领域应急处置等重要职责，是推进农业依法行政的中坚力量。农村改革服务人才承担着推进农村承包地管理与纠纷调解仲裁、宅基地改革管理、农村集体产权制度改革、农村产权流转交易、农村集体经济组织建设、农村社会事业发展和乡村治理、农垦改革发展等农村改革任务。农业公共服务人才队伍承担推广农业技术、保护种质资源、防控动植物疫病、防灾减灾、保障农产品质量安全和农业生产生态安全等重要职责，是促进农业科研成果转化和实用技术应用的重要力量。我国采取多种方式破解管理人才引进、培育难题，一方面加大公开招录和定向培养力度，鼓励采用人才聘用、劳务派遣、招募志愿者等方式充实基层农村改革服务力量。另一方面大力推动农技推广、质量监管、防灾减灾、动植物疫病防控等综合服务能力水平，加大培育乡村教育人才、乡村医疗卫生人才、社会工作人才等乡村各类公共服务人才力量。

二、乡村振兴人才队伍建设的突出问题

当前我国乡村振兴人才队伍基础良好，但仍面临着乡村中青年、优质人才持续外流，人才总量不足、结构失衡、素质偏低、老龄化严重等问题，乡村人才总体发展水平与乡村振兴的要求之间存在较大差距。进入新发展阶段，全面推进乡村振兴，加快农业农村现代化，乡村人才供求矛盾将更加凸显。

（一）乡村振兴人才结构性短缺问题突出

乡村振兴战略的实施需要大量"三农"人才支撑，我国乡村振兴人才供给难以满足人才需求，乡村主体人才素质偏低，乡村管理人才结构短期等问题突出。根据国家统计局第三次全国农业普查数据，全国农业生产经营人员31422万人，其中初中及以下教育程度的人员占91.8%，高中或中专的占7.1%，大专及以上的仅占1.2%。人才匮乏、素质不高是乡村振兴人才队伍建设的突出问题，困扰"三农"工作的开展和乡村社会的发展。与此同时，我国乡村管理人才结构性短缺问题不容忽视。近年来随着新型城镇化的持续推进，城乡社区服务体系也逐步建立，"十四五"期间，我国11.3万个城镇居民委员综合服务设施实现全覆盖，50.9万个村民委员会社区综合服务设施覆盖率达到80%，良好的城乡社区服务体系需要大量服务类人才，但当前我国农村乡镇便民服务和社会工作服务类人才则较难满足城乡社区发展需求。

（二）乡村引才留才育才难问题突出

由于城乡产业发展、基础设施发展和公共服务等多个方面均存在巨大差异，我国乡村地区多年来一直存在引人才难、留人才难的问题。当前尽管出台了多项措施在一定程度上促进了人才向乡村流动，但相比之下，乡村地区仍然是人才的洼地。特别是近年来不少农村地区新产业新业态蓬勃发展，但大部分农村地区未形成满足电商需求的产业基础，刚性吸引力不强等原因，农村电商人才引不来、留不住。而由于电商经营门槛相对较高，部分培训理论性强，本土农民培训效果不佳。另一方面，农村人才"重引进轻培养、只使用不培养"现象比较普遍，人才队伍培养力度不够，各类人才的知识更新和素质提高较慢，人才培养工作缺乏计划性、系统性和强有力的财力支持。

（三）乡村管理服务人才激励配套政策不完善

当前，乡村管理服务类人才承担着乡村振兴工作落实落地的繁重事务，特别是乡村基层干部工作压力大、话语权少、在职待遇低、退休保障弱、上升空间小，部分基层干部的"职业倦怠"与日俱增，工作积极性、主动性和创造性持续减弱，已难以适应新时代乡村治理的新形势新任务新要求。一是基层工作量大，"上面千条线，下面一根针"，乡村基层干部多忙于行政事务，难以将精力聚焦到做好服务、解决实际问题上。二是基层成长空间小，特别是村级干部较难获得成长晋升机会，培训锻炼机会相对较少。三是基层工作待遇低，日常工作与工资待遇补贴报酬相关性不强，基层工作吸引力有限。乡村管理服务类人才的激励配套政策亟待加强。

三、加大乡村人才要素保障力度

全面实施乡村振兴战略，提升农业农村现代化水平，关键在人。2022年中央一号文件中细化了农村人才工作重点任务，提出为实现农业农村现代化，要加强乡村振兴人才队伍建设，实施高素质农民培育计划、乡村产业振兴带头人培育"头雁"项目、乡村振兴青春建功行动、乡村振兴巾帼行动，培养乡村规划、设计、建设、管理专业人才和乡土人才。下一阶段，要持续围绕乡村振兴人才培育、人才引进、人才使用、人才激励深化支持政策与保障。

（一）完善乡村人才培育体系

在人才培育方面，建立层次分明、结构合理、开放有序的乡村人才教育培训体系，建立学历教育、技能培训、实践锻炼等多种方式并举的培养开发机制，大力培育乡土人才。支持中央和国家机关有关部门、地方政府、高等学校、职业院校加强合作，按规定为艰苦地区和基层一线"订单式"培养专业人才。

（二）拓宽人才引进渠道

在人才引进方面，坚持需求导向实现精准引进。多渠道选拔高素质人才，一是通过"两推一选""人才回引"等措施，拓宽人才引进范围，发动现任村干部、复原退伍军人、优秀选调生、乡村振兴助理员、党员乡村企业主等乡村人才参与竞争。二是推动建立各类人才定期服务乡村制度。建立城市医生、教师、科技、文化等人才定期服务乡村制度，支持和鼓励符合条件的事业单位科研人员按照国家有关规定到乡村和涉农企业创新创业。三是提高人才引进的政策保障，把到农村开展服务活动的经历作为职称评审、岗位聘用的重要参考，鼓励各地整合各领域外部人才成立乡村振兴顾问团，加大对返乡入乡人才住房、子女教育等保障力度。

（三）创新人才使用方式

在人才使用方面，将人才队伍建设与农业农村领域重大工程、项目统筹谋划、同步推进，将带动人才发展情况列入农业农村重大工程项目的考核验收指标，推动资源服务管理向基层倾斜，为人才在乡村干事创业提供培训、信息、金融、就业、创业等系统性支持服务，为各类人才搭建干事创业平台。探索建立县域专业人才统筹使用制度。积极开展统筹使用基层各类编制资源试点，探索赋予乡镇更加灵活的用人自主权，鼓励从上往下跨层级调剂行政事业编制，推动资源服务管理向基层倾斜，鼓励实行"县聘乡用"和"乡聘村用"。

（四）加大人才激励力度

推动工资待遇、职务职称晋升、职业资格评价和职业技能等级认定等方面向乡村基层人才倾斜。打破乡村人才与城市人才在教育医疗、社会保障、公共服务等方面的政策壁垒，破除身份、体制和编制等体制机制障碍，对长期服务基层和艰苦边远地区的人才在工资待遇、职务职称晋升、职业资格评价和职业技能等级认定等方面实行倾斜政策，激励人才扎根一线建功立业。针对各类乡村人才完善和落实认定、培养、服务等方面的具体支持政策，在编制使用、提拔任职、子女教育等方面进行政策创新，为乡村育才引才留才创造基础条件。

第三节　乡村振兴技术要素的现状、问题及保障

习近平总书记指出，农业现代化，关键是农业科技现代化。创新是引领发展的第一动力，也是全面推进乡村振兴的重要战略支撑。扎实推进乡村振兴，要积极促进创新驱动发展战略与乡村振兴战略深度融合，发挥科技第一生产力、创新第一动力的重要作用[1]。加强乡村振兴技术保障，要推动科技创新与乡村产业发展、乡村建设、乡村治理广泛结合，充分发挥科技创新在加快农业农村现代化中的支撑引领作用，推动实现产业兴旺、生态宜居、乡风文明、治理有效、生活富裕的总要求，让农业强起来、农村美起来、农民富起来，走出一条中国特色的创新驱动乡村振兴发展道路。

---

[1] 王志刚：《走创新驱动乡村振兴发展道路》，《求是》2018 年第 15 期。

一、农业农村科技创新发展现状

党的十八大以来,以习近平同志为核心的党中央高度重视粮食安全,深入实施"藏粮于地、藏粮于技"战略,对依靠科技创新加强耕地、黑土地、盐碱地保护等作出一系列重要部署。习近平总书记强调,"粮食生产根本在耕地,命脉在水利,出路在科技,动力在政策"。党的十八大以来,从中央到地方,以前所未有的力度强力推进农业科技发展,有效支撑了农业现代化。最新数据显示,全国农业科技进步贡献率超过60.7%,农作物耕种收综合机械化率达到71%,农作物良种覆盖率稳定在96%以上,支撑保障粮食年产量稳定在1.3万亿斤以上,涌现出一批农业科技标志性成果。我国走出了一条科技创新支撑、农业产出高效、产品安全、资源节约、环境友好的农业现代化道路。

(一)高水平农业科技自立自强取得重要进展

农业领域基础研究不断取得创新突破是农业技术要素支撑乡村振兴的前提条件。近年来,我国坚持农业科技自立自强,不断完善农业科技领域基础研究稳定支持机制,围绕种子和耕地两个要害加强关键核心技术攻关,全力抢占制高点,目前良种增产贡献率达到45%,基本做到有效确保粮食安全。为推动农业基础研究能力提升,我国大力加强农业科研基础条件建设,逐步建设国家作物、畜禽、渔业、微生物的种质资源库和保种场,新建国家农业科学实验站和数据中心,稳扎稳打做好长期性基础性工作,努力实现高水平农业科技自立自强。

（二）多层次农业科技创新平台载体广泛建立

发挥农业科技创新平台的资源整合集聚作用是强化协同创新推动农业技术产业应用和示范推广的关键环节。目前我国已布局建设一批创新基地平台，支持农业企业牵头建设农业科技创新联合体或新型研发机构，打造多测合一的农业科技创新平台载体，促进科技与产业深度融合。例如启动江苏南京、山西太谷、四川成都、广东广州、湖北武汉5个科创中心建设，围绕主导产业，吸引高端科研团队、高科技企业、高水平基金入驻，培育壮大具有创新能力的涉农企业，形成各类创新要素各得其所、融合发展的良好创新创业生态和创新示范作用的区域性创新平台。我国多层次的农业高新技术产业示范区力量不断壮大，目前国家级4个，包括陕西杨凌、山东东营黄河三角洲、江苏南京和山西晋中国家农业高新技术产业示范区，各省也积极创办省级农高区，主要分布于东部区域，推动农业高新技术产业化成为乡村经济发展的增长点。

（三）多元化农业科技社会化服务体系不断完善

技术要素在农业产业发展中发挥作用离不开农业科技社会化服务体系的推广、扩散与指导。当前多元化的农业科技社会化服务体系不断完善，推动先进农业生产技术和相关信息向农村农民扩散。当前农业科技社服务体系特点突出，一是服务方式多种多样，可全程托管，也可聚焦某一个环节或几个环节提供的服务。在数字技术的支撑下商品服务、信息服务、技术服务不断完善创新,服务方式由线下服务拓展到线上、线下相结合,大大提升了服务效率与精准度。二是服务主体多元化,既包括了原有的农业技术推广服务体系、高校科研院所、科技特派员等,也包括了国有大型企业如中化、供销总社,还有大量的农业中小企业和新科技企业都专门从事农业科技社会化服务,2020年全国有89万家各类社会化服务组织,其中从事托管、半托管组织达到44万家。不断完善的农业科技社会化服务体系,满足了农业农民多元化的服务需求,有效推动了技术要素的传导和先进技术的广泛应用。

(四)数字化新技术推动乡村新业态新模式不断涌现

数字技术与土地、资本、人才等要素一并成为推动农业农村现代化的重要支撑。通过数字技术赋能,乡村产业发展中新技术、新业态、新模式不断涌现,特别是随着数字乡村建设、电子商务进农村综合示范和电商扶贫等工作深入推进,我国农村电商正保持迅猛发展劲头,农村网络零售增速不断加快,直播带货、电子商务等新业态逐渐向农村地区延伸,手机成为新农具,直播成为新农活儿,互联网打通了产销对接之路。习近平总书记在陕西考察时指出电商不仅可以帮助群众脱贫,而且还能助推乡村振兴,大有可为。新业态不仅为农村地区增收、脱贫、致富带来更多的机遇和动能,还促进了贫困地区农村人口的生活方式和生活态度发生积极转变。当前我国农村电商发展势头迅猛,提升了一二三产业创新融合的速度和效率。2020年,我国县域网络零售额达35303.2亿元,比上年增长14.02%,占全国网络零售额的比重为30.0%,比上年提高0.9个百分点,其中县域农产品网络零售额为3507.6亿元,同比增长29.0%。①

二、乡村振兴技术要素保障的短板弱项

(一)农业科技创新能力有待提升

全面推进乡村振兴、加快农业农村现代化,我国仍需大力提升农业科技创新能力,利用科技塑造发展新优势。统筹发展与安全,最重要的是国家粮食安全,要害是种子和耕地,根本出路在科技。仍需看到,当前我国粮食生产方面三大主粮技术效率普遍下降,新技术的推广与应用面临严峻挑战。我国农作物种子竞争力虽呈上升趋势,但存在"谷物强、经济作物和园艺作物弱""科研院所强、企业弱""尽管每年新通过审定的三大主粮种子已超过3700个,推广面积前5名的仍为老品种,重量轻质"等突出问题,我国种子企业短期内还难以应对国际竞争②。

(二)科技助力全面乡村振兴有待拓展

全面推进乡村振兴,实现农业农村现代化,需要加快推动乡村建设,实现城乡基础设施、公共服务一体化、城乡"等值化",使

---

① 农业农村部信息中心、中国国际电子商务中心:《2021全国县域数字农业农村电子商务发展报告》,2021年9月。
② 中国农业科学院:《中国农业产业发展报告2021》,中国农业科学技术出版社2021年版。

得农村具备基本现代生活条件，为实现全体人民共同富裕打下良好基础。我国城乡基础设施建设方面存在较大差距，农村人居环境、交通物流、水利、能源、新一代信息网络等基础设施建设有待提升。与此同时城乡在医疗卫生、教育等民生建设中也存在巨大鸿沟。扎实推进乡村建设，离不开技术创新和科技成果转化应用，应高度重视乡村建设过程中的技术支撑能力提升和创新力量培育，对标对表乡村全面振兴和农民群众生活品质改善的要求。

（三）农业农村数字化转型有待加强

我国高度重视农业农村数字化转型，相继出台系列政策，并在多个农业农村发展规划中都将数字乡村、数字农业作为重点进行规划。中化集团、平台企业也围绕数字农业发展开拓布局，取得了先期成果。但目前数字技术与农业生产的深度融合尚不充分，数字经济与农业的结合度仍较低，2019年我国农业数字经济仅占产业增加值比重的8.9%，尚未达到服务业的25%、工业的50%。我国农业数字化发展基础还比较薄弱，生产信息化、精准化水平与发达国家有很大的差距。我国农业农村数字化转型处于初步探索阶段，农业大数据基础较差，数字农业基础研究、系统集成、设备应用、示范推广等方面均有欠缺，特别是农业传感器、作物生长模型、数字农业控制软件等方面与国外有很大差距，很容易被"卡脖子"。同时面临产业链多主体协同困难，相关政策供给尚未形成系统性、战略性、整体性的思考与协同。

三、增强乡村振兴技术保障

（一）推动高水平农业科技自立自强，增强农业技术供给

国家"十四五"规划和2035年远景目标明确提出要实施"粮食安全战略"，并将其作为"强化经济安全保障""实施国家安全战略"的重要组成部分。进入"十四五"，我国把高水平农业科技自立自强作为农业农村发展的战略支撑，聚焦基础前沿热点、关键核心技术卡点、产业发展升级痛点及乡村建设发展重点，面向关键环节和重点领域，聚集科技创新人才和资源，全面提高农业关键技术自主与可控的能力，支撑引领农业高质量发展和乡村全面振兴。

（二）加强科技创新对乡村建设的支撑力度，全面推进乡村振兴

目前乡村振兴局以乡村人居环境整治为重点，逐步推动乡村基础设施建设。要大力推动技术创新在乡村基础设施建设中的应用，通过研发项目支持相关领域技术创新应用，鼓励科技型企业参与乡村基础设施建设工程。统筹有序开展农村人居环境的整治，学习研究各地整治工作的先进经验，建立学科专家和科技人员沟通机制，结合地方实际需求，创新推进垃圾处理和污水治理的科学整治。以数字乡村战略为抓手，加快物联网、地理信息智能设备等现代信息技术与农村生产生活的全面深度融合，深化数字技术与农村教育、医疗卫生领域的融合，提高乡村基础服务能力和水平。强化乡村便民服务的技术支撑，支持完善村级综合服务设施和综合信息平台建设。

（三）大力推动数字技术与农业农村发展融合，促进乡村高质量发展

面向关键问题，推进数字技术与农业农村产业融合发展。一是加强农业信息化建设，积极推进信息进村入户，鼓励互联网企业建立产销衔接的农业服务平台，加强农业信息监测预警和发布，提高农业综合信息服务水平。二是大力支持农业数字技术研发及集成应用，加强农业大数据相关制度法规建设，规范各地区、各部门之间涉农数据的管理、共享和开放。大力发展数字农业，实施智慧农业工程和"互联网＋"现代农业行动，鼓励对农业生产进行数字化改造，加强农业遥感、物联网应用，提高农业精准化水平。三是推进农产品流通过程的信息化。将现代农业信息技术和手段应用到农产品加工、交易、仓储、运输、溯源等过程中，实现农产品网上报价、电子交易、仓储管理、物流配送、产品溯源等，推动网上交易、诚信体系、追溯体系、农产品物流体系的建立和发展，促进农产品小生产与大市场有效衔接，为现代农产品流通提供强有力支撑。四是提高小农户参与农业数字化的积极性。通过新型经营主体的带动，增加小农户应用数字农业的机会。加强数字农业相关培训，鼓励企业在农村地区开展信息化服务，提升农户的数字化能力。

思考题

1. 当前我国推动资金向农村流动，形成多元投入格局的主要做

法有哪些？

2.如何理解乡村振兴中人才的重要地位与作用？

3.技术是农村重要的生产要素，同时也深刻影响着农村资金、人才等生产要素的流动，在您工作中是否有这样的例子，请说明。

拓展阅读书目

1.习近平：《深入实施新时代人才强国战略 加快建设世界重要人才中心和创新高地》，《求是》2021年第24期。

2.国务院发展研究中心农村经济研究部：《迈向2035年的中国乡村》，中国发展出版社2022年版。

第十讲　深化乡村振兴领域改革

【导读】

党的十一届三中全会以来特别是党的十八大以来，我国农村改革波澜壮阔，农业农村发展取得了历史性成就、发生了历史性变革，为党和国家事业全局提供了有力支撑，赢得了战略主动。当前，我国"三农"工作重心已历史性地转向全面推进乡村振兴，务必用好农村改革这个法宝，清除制约农村社会生产力发展的体制机制障碍，有效调动各方面的积极性、聚合要素和资源，激发活力，为实施乡村振兴战略、加快推进农业农村现代化提供强大动力。本章紧紧围绕深化乡村振兴领域改革，推动农村发展不断向纵深推进，阐述了深化农村土地制度改革、巩固和完善农村基本经营制度、完善农业支持保护制度三个重要方面所取得的历史成就、实践成效和重要路径。

全面推进乡村振兴，改革是重要法宝。衡量农村改革是否成功有四条标准，一是契合农业和农村特点，二是兼顾国家、集体、农民三者利益，三是真正调动农民积极性，四是能够解放农村的社会生产力。全面推进乡村振兴背景下的农村改革，要把实现好、维护好、发展好广大农民的根本利益作为出发点和落脚点,"凡是涉及农民基本权益、牵一发而动全身的事情,必须看准了再改,保持历史耐心。要尊重基层和群众创造,鼓励地方积极地试、大胆地闯,用好试点试验手段,推动改革不断取得新突破"[①]。要始终把改革创新作为农村发展的根本动力,从农业农村发展的深层次矛盾出发,坚持不懈地推进农村改革和制度创新,以处理好农民和土地的关系为主线,聚焦深化农村土地制度改革、巩固和完善农村基本经营制度、完善农业支持保护制度等重点领域和关键环节,有效解放和发展农村生产力,不断巩固和完善中国特色社会主义农村基本经济制度,为推进乡村全面振兴提供更有力的支撑。

第一节 深化农村土地制度改革

深化农村土地制度改革,这里的农村土地通常指的是"三块地",即承包地、集体经营性建设用地、宅基地。这"三块地"至关重要,其对国家对社会有保粮食安全和重要农产品供给的功能,对农户对农村有保生存保稳定的功能,不能像一般的财产可以随意让渡和处置。如何立足于国家发展历史阶段,在坚持土地集体所有制的前提下,与时俱进地深化土地制度改革,充分利用好、发挥好农村土地的功能作用,保障农民的基本权益,提高土地要素配置效率,充分释放农村土地的市场价值,对乡村振兴至关重要。

[①] 习近平:《坚持把解决好"三农"问题作为全党工作重中之重 举全党全社会之力推动乡村振兴》,《求是》2022年第7期。

一、农村土地制度改革的成就

党的十八大以来，按照党中央、国务院要求，原国土资源部开展了以农村土地征收、集体经营性建设用地入市和宅基地制度改革为主要内容的试点工作，各地也结合实际进行了积极探索，为改革完善农村土地制度积累了经验。从总体上看，农村土地制度改革取得了积极进展并向纵深推进，在促进农业农村发展和农民增收方面取得明显成效，为乡村振兴奠定了良好基础。

土地征收制度改革试点扎实推进。在缩小征地范围方面，探索制定土地征收目录，严格界定公共利益用地范围，对一些不属于公共利益范围的建设用地，不再实行土地征收；在规范征地程序方面，普遍建立了社会稳定风险评估机制和民主协商机制，签订征收补偿安置协议，建立健全土地征收矛盾纠纷调处机制，保障被征地农民合法权益；在多元保障方面，各地从实际出发积极拓展被征地农民安置和就业途径，通过留地留物业安置、入股安置、留粮食安置以及征地补偿款代管，将被征地农民纳入城镇社会保障体系等方式，保障被征地农民的长远生计。

集体经营性建设用地入市积极稳妥推进。各试点地区均开展了不同形式的有益探索，摸清了试点地区农村集体经营性建设用地的底数，推进集体经营性建设用地确权登记，为入市改革廓清了权属基础，形成了比较完整的工作制度和政策体系，社会和市场对于入市集体土地的接受程度逐步提高。各试点地区将乡镇、村和村民小组的集体土地所有权代表或其委托代理人作为入市主体，积极探索多种入市途径及配套措施，开展就地入市、调整入市和整治入市实践，且均已有成功案例。同时，建立健全市场交易规则和服务监管制度，探索加强村集体内部土地资产处置管理，健全完善集体土地资产处置决策程序，规范集体经营性建设用地交易。

农村宅基地改革稳慎推进。各地在宅基地确权登记颁证、加强村民自治管理、探索新的取得方式以及盘活闲置宅基地等方面取得了积极进展。一是加快宅基地确权登记颁发证，开展房地一体的不动产统一登记，对依法取得的宅基地进行了确权登记发证，切实保障农民财产权益。二是加强村民自治管理，积极探索宅基地取得和使用新路径，积极探索不同地区、不同阶段农民户有所居的多种实现形式，深入探索有偿使用制度。三是加大闲置宅基地盘活力度，稳步探索宅基地自愿有偿退出机制，积极探索适度扩大退出范围，探索通过土地整治等方式统筹利用闲置宅基地。

二、农村土地制度改革中的问题

当前，农村土地制度改革已经站在新起点上，改革成效初步显现。但是，从完善土地制度的角度来看，随着实践发展和改革深入，现行农村土地制度依然存在一些与社会主义市场经济体制不相适应的问题，必须通过深化改革来破解。

土地征收制度改革有待深入。一是试点地区缺乏改革的动力。土地征收制度改革的核心内容是缩小征地范围以及完善对被征地农民的补偿机制。但由于土地财政是很多县（市、区）的重要收入来源，缩小征地范围就减少了财政收入，而且一些改革试点县（市、区）正处于城建提速、产业提升的发展阶段，用地需求量较大，再加上补偿支出增加，导致试点地区缺乏改革的动力。二是补偿政策仍有待进一步完善。2019年新修订的《中华人民共和国土地管理法》修改了土地征收的补偿办法，取消了补偿总和"不得超过土地被征收前三年平均年产值的三十倍"这一既不合理又在事实上早已被突破的最高限额限制，改为按照片区综合价进行补偿。但实际上，区片综合价也实行了很多年，从本质上看，仍然是政府定价而非市场定价，是由政府直接配置土地资源而非市场在土地资源配置中起决定性作用。

农村集体经营性建设用地制度改革深层次矛盾依然存在。一是缺乏对入市地块的管理规划制度。已经试点入市的地块存在分布不集中、项目类型单一、布局规划不完善等问题。二是集体经营性建设用地入市的金融融资与社会融资渠道不畅。集体土地入市需要大量资金用于拆迁补偿、土地一级开发，但由于入市主体多，且集体土地入市存在不确定性，金融机构在提供融资时有着较大的风险敞口，支持意愿有待被激发，也缺少一套标准化的社会资金进入农村的操作办法，因此，亟待构建新型融资模式。三是利益分配机制不够完善。不同乡镇之间、乡镇政府和地方政府之间均存在不同的利益诉求，利益主体之间协调难度较大。集体建设用地宗地具体情况不同，其测算标准和参照系数存在不确定性，加上入市途径的差异，导致了"土地增值收益"的不统一，难以制定合理的集体经营性建设用地入市收益的分配比例。此外，对收益分配的内涵、分配主体、分配方式，还存在诸多分歧，对入市后收益的使用缺乏应有的制约监督，欠缺统一规范的管理。

宅基地制度改革进展相对缓慢。一是农民宅基地权益难以充分保障。部分地区因历史原因造成的宅基地占有不均、强占多占等问题还比较突出，侵害农民宅基地权益的现象时有发生，甚至导致农民合理的建房需求长期得不到满足，宅基地产权不清晰、权能不完整，一户多宅、少批多占或超标准面积占用、未批先建和宅基地闲置等遗留问题缺少赖以遵循的政策和法律依据，也使农民的住房财产权益难以充分体现。二是宅基地管理中问题日益突出，村庄布局无序，农房乱搭乱建，违法占地建房禁而不止，宅基地信访纠纷不断，宅基地民主管理、民主协商机制不健全等阻碍了宅基地制度改革进程的深入推进。三是以宅基地作为抵押和担保品存在着制度障碍。从现实情况看，仅有农民住房抵押是不够的。基于"房地一体"的自然特征，银行不大可能愿意接受没有宅基地作为抵押物的农村住房抵押。因此，农民宅基地的抵押、担保和转让是农民住房财产权抵押、担保、转让的前置条件，但目前在政策和法律层面仍不允许农民宅基地使用权可以作为抵押和担保品。

三、深化农村土地制度改革的路径

农村土地制度变革始终要符合生产关系适应生产力发展的客观规律，要坚决守住土地公有制性质不改变、耕地红线不突破、农民利益不受损三条底线，根据实践发展要求审慎稳妥推进，"不能把农村土地集体所有制改垮了，不能把耕地改少了，不能把粮食产量改下去了，不能把农民利益损害了"①，进一步丰富集体所有权、农户承包权、土地经营权的有效实现形式，促进农村土地资源优化配置，增强土地要素活力，助推乡村振兴大发展。

（一）深化土地征收制度改革

土地制度是国家的基础性制度，土地征收关系国家治理能力和治理体系现代化水平，事关亿万农民切身利益。在土地征收等直接关系农民利益的重点问题上只做加法，不做减法，进一步细化土地征收程序，完善征收补偿安置机制，提升土地征收效率。"十四五"规划《建议》中明确指出，"建立土地征收公共利益用地认定机制，缩小土地征收范围"②。

具体来看，一是缩小土地征收范围。土地改革能否取得成功的关键，在于能否实现征地范围的有效缩小。从提高土地的节约集约利用、有效增加建地供应量的角度讲，应制定用地效率强制标准，建立强制征购收回多余土地的制度，探索制定土地征收目录。从提高征地补偿标准、打破地方政府土地财政依赖的角度讲，应改革补偿定价方式，构建起财政代偿机制。各项改革举措的实施，应配套联动进行。二是规范土地征收程序，建立以充分尊重被征地农民意愿为核心价值的新型征地程序，规范发布土地征收启动公告、土地

---

① 中共中央文献研究室编:《习近平关于社会主义经济建设论述摘编》，中央文献出版社2017年版，第177页。
② 《中共中央关于制定国民经济和社会发展第十四个五年规划和2035年远景目标的建议》,《人民日报》2020年11月4日。

现状调查、社会稳定风险评估、编制征地补偿安置方案、拟定征地补偿安置方案等流程。三是完善对被征地农民的合理、规范、多元保障机制。首先，扩大补偿范围，既要充分考虑土地经济价值、社会价值、潜在价值等，又要考虑预期收益、物价水平等因素，以市场评估价格制定补偿标准；其次，补偿多元化，可采用替换土地安置、土地入股分工、货币补偿等；再次，设立政府管理的征地专项基金，统筹征地补偿安置，给被征地农民购买城镇社会保险，进城被征地农民的子女教育、公共服务等享受和城市居民同等权利；最后，建立就业信息平台，定期发布就业信息，提供更多的就业机会或者岗位，解决被征地农民的就业问题。

（二）深化集体经营性建设用地入市改革

2021年4月，国家发展改革委印发了《2021年新型城镇化和城乡融合发展重点任务》，明确指出要积极探索实施农村集体经营性建设用地入市制度，出台稳妥有序推进农村集体经营性建设用地入市的指导意见。

具体来看，一是建立健全农村集体经营性建设用地入市的参与机制。通过构建社会资金引入、市场主体与农户自主协商、社会多方参与的工作机制，采用市场化手段促进农村集体经营性建设用地的盘活利用，充分发挥市场的主导作用。政府部门通过搭建交易平台，为构建市场机制创造良好的环境，充分发挥政府的引导与监管作用，保障市场行为的规范、有序；出台有利于鼓励农民参与农村集体经营性建设用地入市的相关政策，以同地、同权、同价、同责为要求，落实集体经营性建设用地权能，健全流转顺畅、收益共享、监管有力的集体经营性建设用地入市制度，形成统一、开放、竞争、有序的城乡建设用地市场体系。二是做好规划管理工作，农村建设用地与城镇土地统筹安排、统一规划。编制科学的土地利用规划，尤其是对资源性土地（基本农田和耕地）的使用与保护进行长期规划，积极推行《中华人民共和国城乡规划法》，建构城乡一体的资产性土地（建设用地）利用格局，注重城市、集镇和村庄规划的有机协调。同时，应严格执行土地用途管制制度，加强建设用地入市的法律监督管理工作。对于已纳入城区规划范围内的集体建设用地，应与国有土地一样，必须严格按照城区建设规划要求进行建设。对于没有纳入城区规划范围的集体建设用地，可以由乡镇政府在村民参与的基础上，提出建设规划，报县级规划部门批准。三是构建农村集体经营性建设用地入市收益分配机制。因农村的产业发展用地、基础公益用地、农民宅基地分散在不同的集体经济组织和成员之中，要注重收益在各项公共建设需求之间的统筹协调，防止畸重畸轻。应将较大比例的农村集体经营性建设用地入市收益用于村公共基础设施建设以及村貌改造。同时，探索构建农村集体经营性建设用地入市的风险监管机制，及时公布交易信息和资金使用信息，切实保障农村集体经营性建设用地入市制度的科学性、有效性和可持续性。

（三）深化农村宅基地制度改革

习近平强调："农村宅基地改革要稳慎推进。"[①]农村宅基地制度改革事关农民切身利益，事关农村社会稳定和发展大局，是深化农村改革的重要内容。在全面推进乡村振兴的发展道路上，必须坚持稳中求进工作总基调，坚持审慎与创新并重，不断将宅基地制度改革向纵深推进。

一是改革完善宅基地权益保障和取得方式。深化农村宅基地制度改革试点，加快建立依法取得、节约利用、权属清晰、权能完整、流转有序、管理规范的农村宅基地制度，充分保障宅基地农户资格权和农民房屋财产权。二是探索宅基地有偿使用制度。按照"取之于民，用之于民"的原则，将宅基地有偿使用费纳入村级账户管理。结合新一轮农村宅基地制度改革试点，继续探索宅基地有偿使用制度，规范有偿使用的标准和方式。三是完善宅基地管理制度。探索宅基地所有权、资格权、使用权分置有效实现形式。保障农村集体经济组织成员家庭作为宅基地资格权人依法享有的权益，防止以各种形式非法剥夺和限制宅基地农户资格权。尊重农民意愿，积极稳妥盘活利用农村闲置宅基地和闲置住宅。规范开展房地一体的宅基地确权登记颁证，加强登记成果共享应用。完善农村宅基地统计调查制度，建立全国统一的农村宅基地数据库和管理信息平台。

---

① 习近平：《坚持把解决好"三农"问题作为全党工作重中之重 举全党全社会之力推动乡村振兴》，《求是》2022年第7期。

第二节　巩固和完善农村基本经营制度

改革开放以来，我国在农村实行了以家庭承包经营为基础、统分结合的双层经营体制。实践证明，统分结合的双层经营，既维护了农村土地集体所有制，又让农民获得了生产经营的自主权，极大地促进了农业发展和农村生产力的提高，为推进我国社会主义现代化建设做出了重要贡献。习近平指出，"农村基本经营制度是党的农村政策的基石。坚持党的农村政策，首要的就是坚持农村基本经营制度"[①]。新形势下要立足"大国小农"国情和农村发展实际，把好乡村振兴战略的政治方向，认真分析发展形势，总结提炼经济社会发展规律，巩固与完善农村基本经营制度，稳定土地承包关系，坚守改革底线，掌握农村改革、发展、稳定主动权，走共同富裕之路。

一、农村基本经营制度改革的成就

党的十八大以来，以习近平同志为核心的党中央坚持把解决"三农"问题作为全党工作重中之重，全面深化农村改革，对稳定和完善农村基本经营制度提出一系列方针政策。在坚持农村土地集体所有的前提下，积极推进承包地确权登记颁证和"三权分置"改革，促使承包权和经营权分离，明确了农村土地承包关系保持稳定并长久不变，形成所有权、承包权、经营权"三权分置"、经营

[①] 中共中央文献研究室编：《习近平关于社会主义经济建设论述摘编》，中央文献出版社2017年版，第173页。

权流转的格局。农村集体产权制度改革稳步推进，农村集体资产清产核资在全国开展，农村集体经济不断发展壮大，归属清晰、权能完整、流转顺畅、保护严格的中国特色社会主义集体产权制度逐步形成。

承包地确权登记颁证工作顺利完成。稳定农户承包权，首先要做好确权颁证工作，通过"确实权、颁铁证"，让农民吃上"定心丸"。承包地确权登记颁证工作从2014年开始整省试点并逐步全面推开，历时5年，按照"2年扩大试点、3年全面推开"总体思路，在全国2838个县（市、区）、3.4万个乡镇、55万多个行政村基本完成承包地确权登记颁证工作，实现全国"一盘棋"梯次推进。2019年组织开展"回头看"进一步巩固成果，截至2020年年底，15亿亩承包地确权给2亿农户，颁证率超过96%，并颁发土地承包经营权证书，取得显著成效。在此基础上，各地各有关部门大力推动确权登记颁证成果应用，初步建成全国信息应用平台并实现数据汇总、业务管理、成果应用等功能。截至2020年11月，完成了2838个县级成果汇交、质检，为有效保护农民权利和依法规范农地流转创造了基础条件。

农村土地"三权分置"制度稳步推进。"三权分置"是我国农村改革的又一次重大创新。2013年7月，习近平在武汉农村综合产权交易所调研时指出，"深化农村改革，完善农村基本经营制度，要好好研究农村土地所有权、承包权、经营权三者之间的关系"[①]。

---

① 中共中央文献研究室编：《习近平关于社会主义经济建设论述摘编》，中央文献出版社2017年版，第175页。

同年的中央农村工作会议上，习近平指出，"顺应农民保留土地承包权、流转土地经营权的意愿，把农民土地承包经营权分为承包权和经营权，实现承包权和经营权分置并行"[①]。党的十八届五中全会明确要求，要稳定农村土地承包关系，完善土地所有权、承包权、经营权分置办法。2016年，中共中央办公厅、国务院办公厅印发《关于完善农村土地所有权承包权经营权分置办法的意见》，对"三权分置"作出系统全面的制度安排，要求不断探索农村土地集体所有制的有效实现形式，落实集体所有权，稳定农户承包权，放活土地经营权，充分发挥"三权"的各自功能和整体效用，形成层次分明、结构合理、平等保护的格局。实行"三权分置"，坚持集体所有权，稳定农户承包权，放活土地经营权，实现了农民集体、承包农户、新型农业经营主体对土地权利的共享，为促进农村资源要素合理配置、引导土地经营权流转、发展多种形式适度规模经营奠定了制度基础，适应了城乡要素流转的格局，推动了农地在不同群体之间的再配置，促使我国农村基本经营制度焕发出新的生机和活力。截至2020年年底，全国承包耕地土地经营权流转面积超过5.32亿亩，1400多个县（市、区）、2.2万多个乡镇建立起农村土地经营权流转市场或服务中心，为流转双方提供信息发布、政策咨询、价格评估、合同签订等便捷服务。

农村集体产权制度改革逐步深入。全国农村集体经济组织账面资产总额庞大，却长期面临权属不清、权责不明、保护不严、流转

[①] 中共中央文献研究室编：《习近平关于社会主义经济建设论述摘编》，中央文献出版社2017年版，第176页。

不畅等问题,而且,在工业化、城镇化快速推进的过程中,农村集体资产流失的风险一直存在,故而推动农村集体产权制度改革势在必行。2016年12月,《中共中央 国务院关于稳步推进农村集体产权制度改革的意见》正式发布,这是向全国逐步推开农村集体产权制度改革的重大标志性事件。农村集体产权制度改革在明晰农村集体产权、引导农民发展股份合作的同时,注重完善集体产权权能,赋予农民对农村集体资产股份占有、收益、有偿退出及抵押、担保、继承等相关权能。2020年年底,全国共清查核实乡、村、组三级集体资产6.5万亿元,其中经营性资产3.1万亿元,集体土地等资源65.5亿亩,53万个村完成经营性资产股份合作制改革,超过50万个村领到了集体经济组织登记证书,得以平等参与市场经济活动,为明晰集体产权、盘活集体资源创造了条件。全面开展农村集体资产清产核资,完善农村集体资产股份权能,保护集体经济组织成员权利,农村新型集体经济不断发展壮大。

新型农业经营主体发展迅速。在坚持家庭承包经营基础上,培育从事农业生产和服务的新型农业经营主体是关系我国农业现代化的重大战略。2017年5月,中共中央办公厅、国务院办公厅印发了《关于加快构建政策体系培育新型农业经营主体的意见》,而在此之前农业部也先后制定了促进和规范家庭农场、农民合作社、龙头企业等发展的意见。依托集体经营、新型职业农民等经营方式,缓解了"谁来种地"的难题,为发展土地适度规模经营、推动农业现代化打下了坚实的经营体系基础。截至2021年11月底,全国依法登记的农民合作社超过221.9万家,辐射带动近一半农户。组建联合社 1.4 万家，社均带动 17 家单体合作社。全国脱贫地区培育发展农民合作社 72 万家，吸纳带动脱贫户 630 万户。纳入全国家庭农场名录系统的家庭农场超过 390 万个，经营土地达 4.7 亿亩。

农业社会化服务组织呈现蓬勃发展势头。我国在多个省份开展了农业生产全程社会化服务试点，2015—2016 年，农业部在全国选择 26 个省份的 62 个县，开展政府购买农业公益性服务机制创新试点，以统防统治、农机作业、粮食烘干、集中育秧等普惠性服务为重点，实现了政府、社会、农户三者的良性互动，创新了农业社会化服务的供给机制，激发了农业生产性服务业的市场活力。2017 年，农业部、财政部联合出台指导意见，对以农业生产托管为重点的社会化服务提供财政支持，大力发展以生产托管为主的农业社会化服务。截至 2020 年年底，全国服务组织总量超过 90 万个，服务带动小农户超 7000 万户。培育壮大农业产业化龙头企业，全国县级以上龙头企业 9 万家，牵头创建 7000 多个产业化联合体，辐射带动农户 1700 万户。

二、农村基本经营制度改革中的问题

农村基本经营制度适合我国基本国情和农业生产特点，是农村改革取得成功的基本保障。党的十九大提出实施乡村振兴战略，建立健全城乡融合发展体制机制和政策体系，加快推进农业农村现代化。在实现城乡融合发展的过程中，城乡资源要素的流动必然要求农村基本经营制度在保持稳定基础上，随着农村形势的发展变化和全面深化改革的不断推进相应地进行完善和创新。从当前的现实情况来看，还存在着一些突出问题和挑战。

一是确权登记颁证存在遗留问题。当前还存在证书未发放到户、土地暂缓确权、漏人漏地、确权信息不准、台账信息更新滞后等问题，一些已完成的地方还存在工作质量不高、易引发新的矛盾等问题。

二是"三权分置"改革存在一定障碍。农业经营体制在"统"的层面缺乏可操作性的产权制度方案，阻碍了农地产权设置在"分"的层面发挥出高效的制度效能。此外，法律法规不完善带来的制度性障碍，"三权"主体互相博弈导致利益关系失衡的经济性障碍，再加上农地细碎化、村集体内土地经营权流转价格过高、土地经营权流转后的社会纠纷等问题，阻碍了"三权分置"改革的深入推进。

三是农业生产社会化服务不够完善。小农户嵌入现代农业过程中面临经营规模较小且细碎化、农资价格和地租水平高、家庭资金短缺且借贷困难、抵御自然和市场风险能力较弱等问题，小农户之间、小农户与合作社和社会化服务组织之间缺乏稳定的利益联结机制，再加上我国农业生产社会化服务还面临产业规模不大、能力不强、领域不宽、质量不高、引导支持力度不够等问题，目前的有效供给能力还比较低，不能完全匹配各农业生产主体对农业生产社会化服务的需求。提升小农户的经营能力和自我发展能力，健全农业专业化社会化服务体系，是解决小农户生产经营面临的困难和问题的当务之急。

四是新型农业经营主体发展质量有待提高。家庭农场、合作社和龙头企业作为我国新型农业经营主体的重要组成部分，尽管形成了功能互补、分工协作的良好发展格局，但目前发展中所面临的规范性欠缺、可持续性较弱和稳定性不足等问题，制约了其高质量发展的进程。各类新型农业经营主体之间的利益联结机制不够完善，不能建立长期稳定的合作关系，各类新型农业经营主体有效衔接小农户发展现代农业的作用和稳定性亟须增强。此外，还存在新型农业经营主体获得的信息服务、保险服务和销售服务比较有限，正规金融机构对新型农业经营主体的金融支持尚待完善等制约因素。

三、巩固和完善农村基本经营制度的路径

2016年4月25日，习近平总书记在农村改革座谈会上强调，新形势下深化农村改革，"最大的政策，就是必须坚持和完善农村基本经营制度，决不能动摇"[1]。适应农村生产力发展的新要求，坚持农村土地农民集体所有、家庭承包经营基础性地位不动摇，保持农村土地承包关系稳定并长久不变，处理好农民和土地的关系，尊重农民意愿，维护农民权益，是巩固和完善农村基本经营制度的基本出发点。

（一）深化农村承包地管理与改革

2020年11月，习近平总书记对新时代推进农村土地制度改革、做好农村承包地管理工作作出重要指示强调，开展农村承包地

---

[1] 《习近平在农村改革座谈会上强调 加大推进新形势下农村改革力度 促进农业基础稳固农民安居乐业》，《人民日报》2016年4月29日。

确权登记颁证工作，确定了对土地承包经营权的物权保护，让农民吃上长效"定心丸"，巩固和完善了农村基本经营制度。[1]要开展确权登记颁证"回头看"，扎实推进第二轮承包到期后延包工作，确保"长久不变"政策落实、承包延期平稳过渡。规范有序放活土地经营权，让承包地资源得到更好的优化配置。加强土地经营权流转规范管理与服务，全面排查证书发放不到位、暂缓确权、漏人漏地、信息不准等情况，建立问题台账、制定整改方案，切实化解矛盾纠纷，解决好历史遗留问题，确保把权证颁发到农户手中。健全完善农村承包地确权登记数据管理系统，着手筹备建设确权登记数据应用平台，为土地流转、抵押贷款、耕地整理、农业保险、农业补贴、农业产业发展提供"数据仓库"。

（二）稳步推进农村承包地"三权分置"改革

要持续深化"三权分置"改革，不断激发农业农村发展新动能。习近平指出，"这是党中央推出的一项重要改革，对推动农村改革发展、完善农村治理、保障农民权益，对探索形成农村集体经济新的实现形式和运行机制，都具有十分重要的意义，一定要抓好"[2]。要在依法保护集体土地所有权和农户承包权前提下，平等保

---

[1] 《习近平对推进农村土地制度改革、做好农村承包地管理工作作出重要指示强调 坚持把依法维护农民权益作为出发点和落脚点 扎实推进第二轮土地承包到期后再延长30年工作 使农村基本经营制度始终充满活力》，《人民日报》2020年11月3日。

[2] 中共中央文献研究室编：《习近平关于社会主义经济建设论述摘编》，中央文献出版社2017年版，第205页。

护土地经营权。探索农村集体所有制有效实现形式，发挥好集体经营"统"的功能。丰富集体所有权、农户承包权、土地经营权的有效实现形式，进一步规范农村土地流转过程以保障农村土地用途的规范性与科学性，发展多种形式适度规模经营。加强农村土地承包合同管理，完善农村土地承包信息数据库和应用平台，建立健全农村土地承包经营权登记与承包合同管理的信息共享机制，切实维护承包农户与经营主体间的利益平衡。

（三）健全农业专业化社会化服务体系

习近平强调，发展壮大农业社会化服务组织，鼓励和支持广大小农户走同现代农业相结合的发展之路，使农村基本经营制度始终充满活力，不断为促进乡村全面振兴、实现农业农村现代化创造有利条件。[1]党的十九届五中全会提出，健全农业专业化社会化服务体系，发展多种形式适度规模经营，实现小农户和现代农业有机衔接。要深化供销合作社综合改革，完善体制、优化职能、转变作风，更好为"三农"服务。[2]要加快建立"以公共服务机构为依托、合作经济组织为基础、龙头企业为骨干、其他社会力量为补充"的新型农业生产社会化服务供给体系，促进公益性服务和经营性服务

---

[1]《习近平对推进农村土地制度改革、做好农村承包地管理工作作出重要指示强调 坚持把依法维护农民权益作为出发点和落脚点 扎实推进第二轮土地承包到期后再延长30年工作 使农村基本经营制度始终充满活力》,《人民日报》2020年11月3日。

[2] 习近平:《坚持把解决好"三农"问题作为全党工作重中之重 举全党全社会之力推动乡村振兴》,《求是》2022年第7期。

相结合、专项服务和综合服务协调发展,强化其组织农民、带动农民、服务农民、富裕农民的功能作用,使先进适用的品种、技术、装备、组织形式和人才、资金等现代生产要素有效带动小农户,促进小农户和现代农业发展有机衔接。

(四) 培育壮大新型农业经营主体

2020年,习近平总书记在吉林考察时强调,要积极扶持家庭农场、农民合作社等新型农业经营主体,鼓励各地因地制宜探索不同的专业合作社模式。[①]要加快推动新型农业经营主体高质量发展,实施新型农业经营主体提升行动,支持有条件的小农户成长为家庭农场,引导以家庭农场为成员组建农民合作社,引导推动农民合作社办公司发展,全面提升新型农业经营主体在融合发展、稳粮扩油、参与乡村建设、带头人素质和合作社办公司等方面的能力。加强辅导员队伍建设,开展"千员带万社"活动,创建一批新型农业经营主体服务中心。同时,要发挥新型经营主体对小农户的带动作用,完善"农户+合作社""农户+公司"等机制,引导建立股权式契约式利益分享机制,推进土地经营权入股农业产业经营,实现小农户家庭经营与合作经营、集体经营、企业经营等经营形式共同发展,构建以家庭经营为基础、新型农业经营主体为依托、社会化服务为支撑的现代农业经营体系,带领小农户共同致富。

---

① 《习近平在吉林考察时强调 坚持新发展理念深入实施东北振兴战略 加快推动新时代吉林全面振兴全方位振兴》,《人民日报》2020年7月25日。

第三节　完善农业支持保护制度

实施乡村振兴战略的关键在农民，落脚点在农村，重点聚焦在农业。农业作为弱质产业，传统的生产模式已经无法满足新时代人民日益增长的美好生活需要，农业发展的约束条件越来越复杂，需要实现的目标越来越多元，使现代农业发展遇到前所未有的风险，不仅包括自然风险、市场风险，还有诸如社会风险、道德风险等复杂风险。由此，完善农业支持保护制度，防范农业系统性风险，加强现代农业产业体系、生产体系、经营体系的安全，成为实现乡村振兴、推动农业现代化过程中的重要手段及途径选择。

一、完善农业支持保护制度取得的成就

党的十八大以来，中央坚持在宏观调控中加强对农业的支持，农业支持保护制度改革扎实有序推进，坚持工业反哺农业、城市支持农村和多予少取放活方针，完善农产品价格形成机制和收储制度，中国特色农业支持保护制度逐步形成。

农业支持保护政策不断完善。坚持问题导向，推动从单一依靠财政逐步转向立体的政策性供给，逐步建立起覆盖农业生产、农产品流通、储存与消费，农产品贸易全过程的农业支持保护制度。完善农产品价格形成机制，先后实施大豆、棉花目标价格补贴试点，实行"市场定价，价补分离"，取消玉米临储政策，建立"市场化收购＋生产者补贴"制度，进一步丰富了农业支持保护的手段和方式，适合我国国情的新型农业支持保护政策体系以及社会配置资源

的格局逐步形成。

农业补贴力度不断加大。2016年，中央财政全面推开农业"三项补贴"改革工作，将农作物良种补贴、种粮农民直接补贴和农资综合补贴合并为农业支持保护补贴，政策目标调整为支持耕地地力保护和粮食适度规模经营。目前，我国基本建立以绿色生态为导向、促进农业资源合理利用与生态环境保护的农业补贴政策体系，全面推开种粮直补、农作物良种补贴、农资综合补贴"三补合一"改革，支持耕地地力保护和粮食适度规模经营。中央财政持续加大农业保险保费补贴支持，补贴品种已基本覆盖主要大宗农产品，补贴区域扩大至全国，各级财政农业保险保费补贴比例近80%，2021年，耕地地力保护补贴达到1204.85亿元，全部直补到户，有效提高了农业补贴的针对性、精准性。

多层次农业风险保障机制基本构建。近年来，在中央财政补贴政策支持下，我国农业保险快速发展，顶层设计逐步完善，农业保险产品和服务不断升级，已逐渐形成了"政府引导、市场运作、自主自愿、协同推进"的农业保险发展模式，初步建立了覆盖全国、涵盖主要大宗农产品的农业生产风险保障体系，全国农业信贷担保体系基本健全，农业保险基本覆盖农、林、牧、渔各个农业生产领域，再保险制度和大灾风险分散机制得以进一步完善。保险已成为化解农业风险、稳定农业生产和增加农民收入的重要政策工具，已成为国家强农惠农富农政策的重要内容、农业支持保护的重要手段和农业现代化的重要支柱。

金融服务"三农"工作取得明显成效。目前我国乡镇银行业金融机构覆盖率、行政村基础金融服务覆盖率等均创下历史新高，农村金融基础设施和环境逐步改善。同时，农村信用体系建设也取得了积极进展，农村信贷服务提质增效。近年来，涉农贷款规模持续增长。截至2021年6月末，全国涉农贷款余额41.66万亿元，同比增长10.1%。涉农金融科技产品和服务逐渐丰富。目前，我国已形成了包括各类商业银行、保险机构、金融科技公司等在内的多层次涉农金融科技产品和服务供给体系。

二、农业支持保护制度现存的问题

"十四五"规划建议提出，适应确保国计民生要求，以保障国家粮食安全为底线，健全农业支持保护制度。但是，近年我国国内农业生产成本快速攀升，大宗农产品价格普遍高于国际市场，农业比较效益偏低，保证饭碗牢牢端在自己手里，保证农业产业安全，提升我国农业竞争力，必须进一步加强对农业的支持保护。

一是农村集体资产管理薄弱。部分村级财务人员专业财务知识掌握不足、财务制度执行力度不够，部分村干部督促承租方依约履行义务的执行力有所欠缺，部分村集体有制度不执行或者执行打折扣、搞变通的现象，导致集体资产被贪污、挪用、拖欠、损坏、挥霍浪费的现象时有发生，再加上集体资产管理的法规、制度不健全，指导和监督集体资产管理工作的主管部门及其职责不够明确，农民群众没有广泛地参与民主管理，对集体资产的使用缺乏有效的监督等，农村集体资产管理存在诸多薄弱环节。

二是农业投资管理存在漏洞。涉农专项资金监管不到位，项目申报弄虚作假，套取和骗取财政资金，挤占、挪用以及冒领、私分农民补贴资金和补偿款的问题时有发生，部分投资资金存在使用分散、投入交叉重复、协调不到位等现象，也有不少农业投资资金"趴在账上"或被私存私放，这些行为都使农业投资资金的使用率和有效性打了折扣，归根到底是缺乏投资资金安全有效使用的长效管理体制机制。

三是农村金融服务有待完善。农村金融服务的重点、难点和堵点依然集中在融资问题上，农村居民和农村小微企业融资难、贵、慢的困境仍未得到有效化解。此外，面临着融资信息成本约束、抵押担保障碍、市场体系多元化发展滞后、利益共享和风险共担机制不健全等一系列问题。当下的农村金融服务全面推进乡村振兴战略并非仅限于融资，农村金融服务需求呈现综合化趋势。同时，存在金融机构履行社会责任不充分的现象，价格合理、方便快捷、功能全面的金融服务有待于向农村地区推进并实现普惠性发展。

四是农产品多元化国际市场有待拓展。新冠肺炎疫情发生以来，不少国家基于粮食安全考虑，出台诸多农产品出口限制措施，国际疫情形势对我国农产品贸易的影响持续显现，餐饮、工厂、学校等对农产品的消费需求萎缩，全球主要的农产品、水产品展会几乎全部取消或推迟，国际物流不畅，不少国家对人员出入境实施了限制以及一些国家限制出口，放大了市场波动和恐慌情绪，增加了国际供应风险。再叠加农业自身比较优势的变化，未来我国进口农产品保供稳供压力凸显。

三、完善农业支持保护制度的路径

完善农业支持保护制度是深化农村改革的迫切任务和重要内容，是现代化国家农业政策的核心。要完善农业支持保护制度，继续把农业农村作为一般公共预算优先保障领域。[1]2019年11月26日，中央全面深化改革委员会第十一次会议审议通过了《关于完善农业支持保护制度的意见》，强调建立完善农业支持保护制度，要坚持农业农村优先发展，以实施乡村振兴战略为总抓手，从农业供给侧结构性改革、农业可持续发展、农业投入保障、农业补贴补偿、支农资金使用管理等方面深化改革，逐步构建符合国情、覆盖全面、指向明确、重点突出、措施配套、操作简便的农业支持保护制度，不断增强强农惠农富农政策的精准性、稳定性、实效性。

（一）建立健全农村集体资产管理制度

《中共中央 国务院关于做好2022年全面推进乡村振兴重点工作的意见》指出，要巩固提升农村集体产权制度改革成果，探索建立农村集体资产监督管理服务体系。[2]一方面，持续推进农村集体产权制度改革。探索建立以集体经济组织成员权为基础，统筹管理农村土地承包权、宅基地使用权、集体收益分配权等农民财产权利的有效机制。另一方面，强化集体资产监督管理，完善农村集体

---

[1] 习近平：《坚持把解决好"三农"问题作为全党工作重中之重 举全党全社会之力推动乡村振兴》，《求是》2022年第7期。
[2] 《中共中央 国务院关于做好2022年全面推进乡村振兴重点工作的意见》，《人民日报》2022年2月23日。

"三资"管理服务平台，建立健全农村产权交易平台，探索赋予农民集体资产股份有偿退出、抵押、担保、转让、继承等具体办法，探索村民委员会事务和村级集体经济组织事务分离的具体办法，防止集体资产内部少数人控制和外部资本侵占。同时，完善农村集体经济发展扶持政策，拓宽新型集体经济发展路径，健全农村集体经济收益分配制度，探索推动农村集体经济组织、各类经营主体抱团发展、合作共赢的有效组织形式和引领农民实现共同富裕的利益联结机制。

（二）完善农业投资管理机制

农业投资是推进农业农村现代化、实施乡村振兴战略的重要保障。2019年5月农业农村部办公厅下发了《关于进一步加强农业投资管理的通知》，为建立决策科学、投向合理、运作规范的农业投资管理体制，不断提高农业投资效能提供有效指导和有力保障。要结合实际情况，研究制定农业投资管理工作规程及项目管理办法、绩效管理制度等配套规定，逐步形成覆盖农业投资管理全过程的制度体系，以强化投资管理制度建设；建立稳定的公开查询渠道，丰富政策信息公开形式，认真落实好群众的知情权、参与权和监督权，推进决策、执行、管理、服务、结果公开；并通过专项督查、审计监督等方式，强化监督问责，切实规范农业投资管理，推动乡村振兴战略顺利实施。

（三）创新农村金融服务

要继续深化涉农金融服务机构改革，引导金融机构加大对乡村振兴的金融投入，加大对机构法人在县域、业务在县域的金融机构的支持力度，鼓励农村商业银行等金融机构建立服务乡村振兴的内设机构，完善"财政惠农信贷通"工作机制，支持财政出资设立的农业信贷担保机构体系建设，依法完善乡村资产抵押担保权能，改进、加强乡村振兴的金融支持和服务，对接银行发放贷款，打造"主体直报需求、农担公司提供担保、银行信贷支持"的信贷直通车体系，为农业经营主体提供更加便捷有效的金融服务。同时，要重视数字信息技术在农村金融中的应用，努力打造集金融供需双方于一体的数字金融服务平台，因地制宜探索"金融+大数据"发展模式，以金融科技创新赋能乡村振兴。

（四）创造良好的农产品国际贸易环境

在2021年7月9日的中央全面深化改革委员会第二十次会议上，习近平强调，"要围绕实行高水平对外开放，充分运用国际国内两个市场、两种资源，对标高标准国际经贸规则，积极推动制度创新"[1]。要统筹利用国际市场，优化国内农产品供给结构，健全公平竞争的农产品进口市场环境。积极参与国际贸易规则和国际标准的制定修订，推进农产品认证结果互认工作。健全农产品贸易反补

---

[1]《习近平主持召开中央全面深化改革委员会第二十次会议强调统筹指导构建新发展格局　推进种业振兴　推动青藏高原生态环境保护和可持续发展》，《人民日报》2021年7月10日。

贴、反倾销和保障措施法律法规，依法对进口农产品开展贸易救济调查。鼓励扩大优势农产品出口，加大海外推介力度。加强农业对外合作，推动农业走出去。以"一带一路"沿线及周边国家和地区为重点，支持农业企业开展跨国经营，建立境外生产基地和加工、仓储物流设施，培育具有国际竞争力的大企业大集团。在农产品多元化进口中，要注意把握好适度进口与保护农民积极性的关系，对接国际规则、深化农业补贴改革，防止对农民就业和收入造成较大冲击。

思考题

1. 简述改革在全面推进乡村振兴过程中的作用。
2. 如何进一步深入推进农村土地实行"三权分置"？

扩展阅读

1. 中共中央党史和文献研究院编：《习近平关于"三农"工作论述摘编》，中央文献出版社2019年版。

2. 陈锡文：《中国农村改革：回顾与展望》，知识产权出版社2020年版。

第十一讲　健全城乡融合发展的体制机制

【导读】

　　建立健全城乡融合发展体制机制和政策体系是实施乡村振兴战略的制度保障。本章主要从城乡关系、城乡间要素流动、城乡基本公共服务三个方面来阐述城乡融合发展体制机制的顶层设计、关键要点和实践进展。首先，阐述了以重塑城乡关系推动城乡融合发展的必要性、可行性和实现路径；其次，探究了城乡间要素合理公平流动的核心症结、政策走向及其重点工作；最后，探讨了持续推进城乡基本公共服务均等化的政策要点和实际措施。

　　2018年习近平总书记在十九届中央政治局第八次集体学习时讲话指出，要把乡村振兴战略这篇大文章做好，必须走城乡融合发展之路。[①]当前，在协同推进乡村振兴战略和新型城镇化战略的过程中，一些体制机制壁垒还有待进一步破除。一是工农互促、城乡互补、协调发展、共同繁荣的新型工农城乡关系尚未完全形成；二是城乡要素有序流动和平等交换还不够顺畅，制度性通道尚未完全

---

　　① 中共中央党史和文献研究院编：《习近平关于"三农"工作论述摘编》，中央文献出版社2019年版，第45页。

打通;三是城乡基本公共服务均等化尚未真正实现,城乡公共服务水平还存在不少差距。基于此,本讲着重从城乡关系、城乡间要素流动、城乡基本公共服务三个方面,阐述城乡融合发展的体制机制。

第一节 重塑新型城乡关系

习近平总书记指出,能否处理好城乡关系,关乎社会主义现代化建设全局。[①]党的十八大以来,我们下决心调整工农关系、城乡关系,采取了一系列举措推动"工业反哺农业、城市支持农村"。党的十九大提出实施乡村振兴战略,也是为了从全局和战略高度来把握和处理工农关系、城乡关系。[②]以前,我们通过农村改革拉开了改革开放大幕;如今,我们应该通过振兴乡村,开启城乡融合发展和现代化建设新局面。党的十九届五中全会提出,坚持把解决好"三农"问题作为全党工作重中之重,走中国特色社会主义乡村振兴道路,全面实施乡村振兴战略,强化以工补农、以城带乡,推动形成工农互促、城乡互补、协调发展、共同繁荣的新型工农城乡关系,加快农业农村现代化。《"十四五"推进农业农村现代化规划》进一步指出,要加快形成工农互促、城乡互补、协调发展、共同繁

[①] 习近平:《走中国特色社会主义乡村振兴道路》(2017年12月28日),《论坚持全面深化改革》,中央文献出版社2018年版,第395页。

[②] 中共中央党史和文献研究院编:《习近平关于"三农"工作论述摘编》,中央文献出版社2019年版,第43页。

荣的新型工农城乡关系，为全面建设社会主义现代化国家提供有力支撑。这充分体现了以习近平同志为核心的党中央对"三农"问题一以贯之的高度重视、对现代化建设规律和工农城乡关系变化特征的科学把握。综上所述，实施乡村振兴战略，促进乡村振兴，必须重塑城乡关系，走城乡融合发展之路。

一、正确认识城乡关系

城镇建设和新农村建设，是推进城乡发展一体化的两个同等重要的方面，不可偏废。城镇和乡村是互促互进、共生共存的。习近平总书记指出，在现代化进程中，如何处理好工农关系、城乡关系，在一定程度上决定着现代化的成败。[1]毛泽东同志曾经指出："城乡必须兼顾，必须使城市工作和乡村工作，使工人和农民，使工业和农业，紧密地联系起来。决不可以丢掉乡村，仅顾城市，如果这样想，那是完全错误的。"邓小平同志也讲过："城市搞得再漂亮，没有农村这一稳定的基础是不行的。"因此，全面建设社会主义现代化国家，既要建设繁华的城市，也要建设繁荣的农村，推动形成工农互促、城乡互补、协调发展、共同繁荣的新型工农城乡关系。城乡是长期共存的，不管工业化、城镇化发展到什么程度，仍会有大量农民留在农村，农业基础地位仍需要打牢夯实。农业是国民经济的基础，在粮食安全、农产品供给、产业培育、市场贡献、生态贡献及其他功能方面具有不可替代的作用。这就要求城镇化必须同

---

[1] 中共中央党史和文献研究院编：《习近平关于"三农"工作论述摘编》，中央文献出版社2019年版，第42页。

农业现代化同步发展，城市工作必须同"三农"工作一起推动。

习近平总书记指出，城镇化是城乡协调发展的过程，不能以农业萎缩、乡村凋敝为代价。①2013年7月22日，习近平总书记在湖北考察时指出，即使将来城镇化达到70%以上，还有四五亿人在农村。农村绝不能成为荒芜的农村、留守的农村、记忆中的故园。②毋庸置疑的是，城镇化不是要消灭乡村，城乡一体化不是把乡村建成与城市同质化的一部分，而是实现城市与乡村、工业和农业的差异化、协调发展。2013年12月12日至13日，习近平总书记在中央城镇化工作会议上首次提出了记得住乡愁的新型城镇化道路。事实上，乡愁情结是他长期以来对城乡关系认识的一个显著特征，对城乡融合发展的认识，也因此从经济社会关系等层面上升到了人文关怀的高度。"乡村文明是中华民族文明史的主体，村庄是这种文明的载体，耕读文明是我们的软实力。"③同时，习近平总书记还强调，在促进城乡一体化发展中，要注意保留村庄原始风貌，慎砍树、不填湖、少拆房，尽可能在原有村庄形态上改善居民生活条件。④由此可见，乡村的发展应当从农村实际出发，体现地方和农村特色，确保村庄乡村功能和特色的发挥，注重保持乡土风貌，使得乡村发展不离本源。

---

① 习近平：《走中国特色社会主义乡村振兴道路》（2017年12月28日），《论坚持全面深化改革》，中央文献出版社2018年版，第395页。

② 《习近平：农村绝不能成为荒芜的农村》，2013年7月23日，人民网。

③ 习近平：《在中央城镇化工作会议上的讲话》（2013年12月12日），载中共中央文献研究室编《十八大以来重要文献选编》（上），中央文献出版社2014年版，第605页。

④ 《中央城镇化工作会议在北京举行》，《人民日报》2013年12月15日。

二、统筹发展城镇和乡村

乡村振兴进程中,不应孤立地就乡村发展乡村,应当要对城镇和乡村发展进行整体、统筹规划,注重乡村振兴战略和新型城镇化战略的协同推进。没有乡村的发展,城镇化就会缺乏根基。自新型城镇化战略提出以来,坚持全面深入推进以人为核心的新型城镇化建设,贯彻落实"创新、协调、绿色、开放、共享"的发展理念,从聚焦"走出一条新路"到明确城市发展"路线图",从提出解决"三个1亿人"目标到新型城镇化试点,描绘出一幅以人为本、四化同步、优化布局、生态文明、文化传承的中国特色新型城镇化宏伟蓝图。新型城镇化战略的实施为乡村振兴战略的实施奠定了现实基础,提供了良好的制度保障。

2013年3月8日,习近平总书记在参加十二届全国人大一次会议江苏代表团座谈时指出,要积极稳妥推进城镇化,推动城镇化向质量提升转变,做到工业化和城镇化良性互动、城镇化和农业现代化相互协调。[①]2015年4月30日,习近平总书记在中共中央政治局第二十二次集体学习时指出,要把工业和农业、城市和乡村作为一个整体统筹谋划,促进城乡在规划布局、要素配置、产业发展、公共服务、生态保护等方面相互融合和共同发展。着力点是通过建立城乡融合的体制机制,逐步实现城乡居民基本权益平等化、城乡公共服务均等化、城乡居民收入均衡化、城乡要素配置合理化,以及

---

① 《习近平:构建现代产业发展新体系》,2013年3月8日,人民网。

城乡产业发展融合化。[①] 在党的十九大报告中，习近平总书记又提出了两个融合发展，即"建立健全城乡融合发展体制机制和政策体系"和"促进农村一二三产业融合发展"。

由此可见，城镇化不能单兵突进，而是要协同作战、融合发展，为此必须通过建立健全城乡融合发展体制机制，破除城乡二元结构的障碍，从而更好地推动城市人才、技术、资金等发展要素下乡，更好地实现以工促农、工农互惠发展。城乡融合发展是一项系统工程，城镇和乡村两头缺一不可。为统筹发展城镇和乡村，必须以系统思维谋划顶层设计，通盘考虑城乡发展规划编制，破除城乡分割的体制弊端，加快打通城乡要素平等交换、双向流动的制度性通道，包括健全城乡一体的管理制度、财政支出体制等。与此同时，通过优化城乡产业发展、基础设施、公共服务设施等布局，促进现代农业和现代农村建设，提升农村经济社会发展水平，并逐步实现全民覆盖、普惠共享、城乡一体的基本公共服务体系，从而逐渐消弭城乡之间的差距，推进城乡均衡发展、协调发展。

三、把县域作为城乡融合发展的重要切入点

2020年12月28日至29日，习近平总书记在中央农村工作会议上指出，要把县域作为城乡融合发展的重要切入点，赋予县级更

[①] 《健全城乡发展一体化体制机制 让广大农民共享改革发展成果》，《人民日报》2015年5月2日。

多资源整合使用的自主权,强化县城综合服务能力。[①]县城作为城乡融合发展的关键纽带,具有满足人民群众就业安家需求的巨大潜力。从农民的角度看,县域对农民吸引力和亲近度较高。县域内县城是联系广大农村最紧密、最直接的城市空间结构单元,县城公共设施的共建共享有助于农村5亿多常住人口公共服务的完善。同时,约1.6亿农民工在县域内就业,需要扩大工资性收入、实现就地城镇化。从经济的角度看,县域经济以县城为中心、乡镇为纽带、农村为腹地,其发展壮大对乡村产业振兴,具有独特的辐射带动作用。通过强县域来实现壮产业、富农民,乡村振兴也就有了源头活水、强基之本。

2021年中央一号文件明确指出,加快县域内城乡融合发展。一是要推进以人为核心的新型城镇化,促进大中小城市和小城镇协调发展。二是要把县域作为城乡融合发展的重要切入点,强化统筹谋划和顶层设计,破除城乡分割的体制弊端,加快打通城乡要素平等交换、双向流动的制度性通道。统筹县域产业、基础设施、公共服务、基本农田、生态保护、城镇开发、村落分布等空间布局,强化县城综合服务能力,把乡镇建设成为服务农民的区域中心,实现县乡村功能衔接互补。壮大县域经济,承接适宜产业转移,培育支柱产业。三是要加快小城镇发展,完善基础设施和公共服务,发挥小城镇连接城市、服务乡村作用。推进以县城为重要载体的城镇化建设,有条件的地区按照小城市标准建设县城。积极推进扩权强

---

① 《坚持把解决好"三农"问题作为全党工作重中之重 促进农业高质高效乡村宜居宜业农民富裕富足》,《人民日报》2020年12月30日。

镇，规划建设一批重点镇。开展乡村全域土地综合整治试点。四是要推动在县域就业的农民工就地市民化，增加适应进城农民刚性需求的住房供给。鼓励地方建设返乡入乡创业园和孵化实训基地。2022年中央一号文件进一步强调了将城乡融合发展的切入点和重要支点定位在县域，并从县域内产业体系、商业体系、农民工市民化、基础设施布局、公共服务统筹、数字化建设等诸多方面，对以县域为中心的城乡融合发展路径作出了政策设计。

第二节　促进城乡间要素合理公平流动

当前，资金、技术、人才等资源要素向乡村流动仍面临诸多障碍，资金稳定投入机制尚未建立，人才激励保障机制尚不完善，社会资本下乡动力不足。但是，"乡村振兴要靠人才、靠资源。如果乡村人才、土地、资金等要素一直单向流向城市，长期处于'失血''贫血'状态，振兴就是一句空话"[①]。实施乡村振兴战略、加快农业农村现代化不能就乡村论乡村，必须走城乡融合发展的道路，强化以工补农、以城带乡，推动形成工农互促、城乡互补、协调发展、共同繁荣的新型工农城乡关系，强化制度供给，打通城乡要素市场化配置体制机制障碍，推动城乡要素平等交换、双向流动，进而充分实现乡村资源要素内在价值，挖掘乡村多种功能，改变农村要素单向流出格局，增强农业农村发展活力。

---

① 习近平：《走中国特色社会主义乡村振兴道路》（2017年12月28日），《论坚持全面深化改革》，中央文献出版社2018年版，第395页。

2019年4月15日，中共中央、国务院发布了《关于建立健全城乡融合发展体制机制和政策体系的意见》，明确提出九种建立健全有利于城乡要素合理配置的体制机制，具体包括：一是健全农业转移人口市民化机制，二是建立城市人才入乡激励机制，三是改革完善农村承包地制度，四是稳慎改革农村宅基地制度，五是建立集体经营性建设用地入市制度，六是健全财政投入保障机制，七是完善乡村金融服务体系，八是建立工商资本入乡促进机制，九是建立科技成果入乡转化机制。2021年11月12日，国务院印发的《"十四五"推进农业农村现代化规划》提出了"畅通城乡要素循环"的改革措施，包括要推进县域内城乡融合发展、促进城乡人力资源双向流动、优化城乡土地资源配置、引导社会资本投向农业农村。基于此，破除妨碍城乡要素自由流动和平等交换的体制机制壁垒，促进各类要素更多向乡村流动，在乡村形成人才、土地、资金、产业、信息汇聚的良性循环，为乡村振兴注入新动能。

一、统筹城乡人力资源市场

改革开放以来，我国城乡人力资源市场经历了一个从分割向统筹发展的渐进式一体化过程。党的十七大报告从加快推进经济社会建设的高度，明确要求"建立统一规范的人力资源市场，形成城乡劳动者平等就业的制度"。《中华人民共和国乡村振兴促进法》第五十五条明确指出，国家推动形成平等竞争、规范有序、城乡统一的人力资源市场，健全城乡均等的公共就业创业服务制度。《"十四五"推进农业农村现代化规划》亦指出，建设城乡统一的人力资源市场，完善农民工就业支持政策，落实农民工与城镇职工平等就业、同工同酬制度。近年来农村流动到城镇的人口数量每年都在增加，但是制度性的迁移障碍并未消失。尤其突出的是，就业市场中还存在着城乡分割的问题。如何协调处理好城乡之间的人力资源供需关系，保障好进城务工人员的合法权益，是构建城乡间良性互动关系、实现城乡深度融合的重要方面。

一是健全农业转移人口市民化机制。其重点在于要有力有序有效深化户籍制度改革，放开放宽除个别超大城市外的城市落户限制，全面实行居住证制度，并以居住证为载体，实现城镇基本公共服务常住人口全覆盖。同时，要建立健全由政府、企业、个人共同参与的农业转移人口市民化成本分担机制，全面落实支持农业转移人口市民化的财政政策、城镇建设用地增加规模与吸纳农业转移人口落户数量挂钩政策，以及中央预算内投资安排向吸纳农业转移人口落户数量较多的城镇倾斜政策。此外，要维护进城落户农民的土地承包权、宅基地使用权、集体收益分配权，支持引导其依法自愿有偿转让上述权益。提升城市包容性，推动农民工特别是新生代农民工融入城市。

二是要积极采取措施，进一步冲破城乡隔离、地区封锁的格局，充分发挥市场在配置劳动力资源中的基础性作用，加快建立和完善城乡劳动者平等的就业制度，促进劳动力跨城乡、跨地区合理流动。特别是继续清理和废除针对农民工进城就业的歧视性规定和不合理限制。加强农民转移就业培训，完善覆盖城乡的公共就业服务体系。

三是支持乡村创新创业。鼓励外出农民工、高校毕业生、退伍军人、城市各类人才返乡下乡创新创业，支持建立多种形式的创业支撑服务平台，完善乡村创新创业支持服务体系。落实好减税降费政策，鼓励地方设立乡村就业创业引导基金，加快解决用地、信贷等困难。加强创新创业孵化平台建设，支持创建一批返乡创业园，支持发展小微企业。合理引导农民工流向，进而保障城乡人力资源可以自由、高效地流动。

二、健全多元投入保障机制

健全多元投入保障机制是促进城乡间要素合理公平流动的重要内容。《乡村振兴战略规划（2018—2022年）》中提出，健全投入保障制度，完善政府投资体制，充分激发社会投资的动力和活力，加快形成财政优先保障、社会积极参与的多元投入格局。可见，健全多元投入保障机制，需要处理好政府与市场间的关系，促进财政投入与社会资本整合发力、协调分工。在财政投入方面，政府投资体制的完善能为乡村振兴战略提供稳定可靠的资金来源。同时，财政投入资金具有导向性和杠杆作用，能够有效促进金融机构涉农信贷资金和社会资本参与乡村振兴。2021年中央一号文件明确要求，强化农业农村优先发展投入保障。继续把农业农村作为一般公共预算优先保障领域，中央预算内投资进一步向农业农村倾斜，并制定落实提高土地出让收益用于农业农村比例考核办法，确保按规定提高用于农业农村的比例。同时，发挥财政投入引领作用，支持以市场化方式设立乡村振兴基金，撬动金融资本、社会力量参与，重点支持乡村产业发展。

在社会资本方面,引导和撬动社会资本投向农村将有效带动资金、技术、人才等资源向乡村流动,对农业农村领域资源优化配置产生积极作用。2019年,《中共中央 国务院关于建立健全城乡融合发展体制机制和政策体系的意见》中提出,深化"放管服"改革,强化法律规划政策指导和诚信建设,打造法治化便利化基层营商环境,稳定市场主体预期,引导工商资本为城乡融合发展提供资金、产业、技术等支持。完善融资贷款和配套设施建设补助等政策,鼓励工商资本投资适合产业化规模化集约化经营的农业领域。上述《意见》明确了在法律法规框架内降低社会资本参与的制度性障碍,并指明要完善诚信管理、融资、配套设施补助等相关配套机制,从而确保社会资本投入持续发力。

此外,在激发社会资本投资活力的同时,也要为下乡资本设置好"红绿灯",警惕资本下乡可能带来的土地非农化、风险转移、环境污染等问题。《中华人民共和国乡村振兴促进法》第五十五条第三款明确指出,"国家鼓励社会资本到乡村发展与农民利益联结型项目,鼓励城市居民到乡村旅游、休闲度假、养生养老等,但不得破坏乡村生态环境,不得损害农村集体经济组织及其成员的合法权益"。这就要求在社会资金参与城乡产业发展过程中,要结合农村生态资源丰富的优势,结合中华传统优秀文化,实施休闲农业和乡村旅游精品工程,开展适应城乡居民需要的休闲旅游、餐饮民宿、文化体验、健康养生、养老服务等产业。与此同时,也要坚持守住底线、防范风险,特别是守住土地所有制性质不改变、耕地红线不突破、农民利益不受损底线，守住生态保护红线，守住乡村文化根脉。

三、城乡产业协同发展

注重城乡区域循环，促进城乡间的产业协同发展，形成优势互补、高质量发展的区域经济布局，有利于实现城乡间要素合理公平流动。《中华人民共和国乡村振兴促进法》第五十六条明确指出，"县级以上人民政府应当采取措施促进城乡产业协同发展，在保障农民主体地位的基础上健全联农带农激励机制，实现乡村经济多元化和农业全产业链发展"。一方面，规定了县级以上人民政府应当采取切实措施，为城乡产业协同、融合发展创造良好的制度空间，搭建良好的政策平台。另一方面，表明了在促进城乡产业协同发展过程中，要把农民更多分享增值收益作为基本出发点，增强农民参与融合的能力，创新收益分享模式，从而实现乡村经济多元化和农业全产业链发展。

2019年，《中共中央 国务院关于建立健全城乡融合发展体制机制和政策体系的意见》中，明确要搭建城乡产业协同发展平台，培育发展城乡产业协同发展先行区，推动城乡要素跨界配置和产业有机融合。同时，还将城乡产业协同发展平台作了具象化，引导社会资本重点培育一批国家城乡融合典型项目，形成示范带动效应。这是因为目前我国城乡产业发展水平差距较大，一边是城市先进的制造业和现代服务业，一边是乡村的传统农业。城乡产业优势互补、协同发展是促进乡村经济多元化发展的重要途径。未来的乡村经济将以现代农业为基础，以农村一二三产业融合发展、乡村文化旅游等新产业新业态为重要补充。

近年来，各地在促进城乡产业协同发展方面积累了诸多宝贵经验。一是注重布局优化，在县域内统筹资源和产业，探索形成县城、中心镇（乡）、中心村层级分工明显的格局。二是注重农产品区域公用品牌建设，创响乡土特色品牌，提升品牌溢价。三是注重联农带农，建立多种形式的利益联结机制，让农民更多分享产业链增值收益。四是注重优势互补，使用城市的科技特别是农业科技来改造乡村的传统农业，利用城市的工业来延长乡村的农业产业链条，利用城市的互联网产业等服务业来丰富农村的产业业态，形成城市先进技术带动农村发展，农村优势资源促进城市发展的良性互动模式。

第三节　推动城乡基本公共服务均等化

党的十九大以来，中共中央、国务院连续5年每年都用一号文件部署提升乡村公共服务水平的工作。经过多年努力，我国基本建立了覆盖全国的免费义务教育制度、新型农村合作医疗制度、农村最低生活保障制度、新型农村社会养老保险制度，农村公共服务水平不断提升，2020年乡村义务教育学校专任教师本科以上学历比例已经达到了60.4%，乡村医生中执业（助理）医师比例达到38.5%，乡镇（街道）范围具备综合功能的养老服务机构覆盖率达到54%。但是，城乡基本公共服务还有一定的发展差距。公共服务仍然是乡村发展明显的短板，公共服务资源亟待向乡村社区基层"下沉"。为更好地满足城乡居民共享社会发展成果的需要，推动城乡基本公共服务均等化，推进城乡基本公共服务标准统一、制度并轨，实现从形式上的普惠向实质上的公平转变，是当前的工作重点。为此，要牢固树立农村公共服务优先导向，以普惠性、保基本、均等化、可持续为方向。

《"十四五"推进农业农村现代化规划》提出了"实施乡村建设行动，建设宜居宜业乡村"的发展任务，其中"提升农村基本公共服务水平"是该任务的重要组成部分。全面提升农村地区公共服务水平，应切实解决与农村居民利益直接相关的问题，增强公共服务在城市、县城、小城镇和乡村之间的同步性，提高乡村公共服务的有效供给。其中，"教育、文化、医疗卫生、社会保障、社会治安、人居环境等，是广大农民最关心最直接最现实的利益问题"[1]。"要把那些农民最关心最直接最现实的利益问题，一件一件找出来、解决好，不开空头支票，让农民的获得感、幸福感、安全感更加充实、更有保障、更可持续。"[2] 尤其应重视乡村对于公共教育、公共医疗卫生、社会保障、社区养老等社会性公共服务的需求，促进公共教育、医疗卫生、社会保障等资源向农村倾斜，逐步建立健全全民覆盖、普惠共享、城乡一体的基本公共服务体系，推进城乡基本公共

---

[1] 习近平：《在农村改革座谈会上的讲话》（2016年4月25日），《论坚持全面深化改革》，中央文献出版社2018年版，第263页。

[2] 习近平：《走中国特色社会主义乡村振兴道路》（2017年12月28日），《论坚持全面深化改革》，中央文献出版社2018年版，第397页。

服务均等化。为适应农村人口结构和经济社会形态的变化，要强化农村基本公共服务供给县乡村统筹，推进县乡村公共服务一体化。加快推动形成县域统筹规划布局、县乡村功能衔接互补的公共服务体系，强化县城综合服务能力，加强乡镇公共服务功能，提升城乡公共服务均等化水平。

一、促进农村公共教育事业发展

我国农村公共教育与城市教育差距较大，存在教育资源配置不均、教育质量良莠不齐等问题。城乡教育发展不均衡的问题并非孤立存在，户籍制度改革、计划生育政策调整、人口（含学生）流动都给城乡义务教育学校规划布局和城镇学位供给带来了巨大的挑战。因此，要解决城乡教育问题，必须统筹推进城乡义务教育一体化改革发展，通过促进基本公共教育服务均等化来一体解决。

要优先发展农村教育事业，加快建立以城带乡、整体推进、城乡一体、均衡发展的义务教育发展机制，让每一个农村孩子都能享受公平而有质量的教育；要统筹配置城乡教师资源，通过稳步提高待遇等措施，增强乡村教师岗位的吸引力和自豪感，并推进县域内义务教育学校校长教师交流轮岗，支持建设城乡学校共同体；多渠道增加农村普惠性学前教育资源供给，着力补上农村学前教育发展不足；要继续改善乡镇寄宿制学校办学条件，保留并办好必要的乡村小规模学校，在县城和中心镇新建改扩建一批高中和中等职业学校；要把耕读教育和科学素质教育纳入教育培训体系；要加大涉农高校、涉农职业院校、涉农学科专业建设力度，支持县城职业中学等学校根据当地产业发展需要试办社区学院;要积极发展"互联网+教育",发展远程教育,推动优质教育资源城乡共享,优化数字教育资源公共服务体系;要完善农村特殊教育保障机制,统筹解决特殊群体平等接受义务教育问题等。

二、推进健康乡村建设

进入21世纪,我国农村医疗卫生事业进入了一个全新的发展阶段。一是农民获得基本医疗保障。从农村新型合作医疗体制试点的推进,到不断成熟,再到有序提高筹资标准,农民参加合作医疗或基本医疗保障制度实现全覆盖。二是公共卫生服务得到全面加强。政府启动实施国家基本公共卫生服务项目,人均基本公共卫生服务经费补助标准、服务内容逐步扩展。适当提高了城乡居民基本医疗保险财政补助和个人缴费标准,合理提高了农村低保等社会救助水平。三是县、乡、村三级医疗卫生服务网建设全面加强,基本实现每个乡镇都有1所政府举办的乡镇卫生院,每个行政村都有1所卫生室,每个乡镇卫生院都有全科医生。

当然,健康乡村建设是一项系统工程,涉及认知观念、基础设施、管理体制、服务水平、治理模式等方方面面,需要统筹谋划、全盘考量、分步实施。2021年中央一号文件指出,要全面推进健康乡村建设,提升村卫生室标准化建设和健康管理水平,推动乡村医生向执业(助理)医师转变,采取派驻、巡诊等方式提高基层卫生服务水平。提升乡镇卫生院医疗服务能力,选建一批中心卫生院。加强县级医院建设,持续提升县级疾控机构应对重大疫情及突发公共卫生事件能力。加强县域紧密型医共体建设，实行医保总额预算管理。加强妇幼、老年人、残疾人等重点人群健康服务。只有农民健康，乡村建设行动才能顺利实施。全面推进健康乡村建设，才能高质量推动乡村建设，为开创乡村振兴战略新局面做出积极贡献。

三、统筹城乡社会保障

随着我国经济的持续增长和政府财力的增强，建立完整的农村社会保障制度提上了日程。尤其是党的十八大以来，国家加快了农村社会保障制度建设，逐渐形成了以新型农村合作医疗制度、农村最低生活保障制度、新型农村社会保险制度为主体的农村社会保障制度，农村社会保障水平大幅提高。然而，相较于城市而言，大部分农村地区社会保障制度要明显落后，保障水平、保障内容等方面存在明显差异，农村社会保障体系与农村社会发展相比相对滞后，外出务工人员参加城市社会保障门槛高。城市与乡村社会保障体系各自运行，呈现出二元化的发展状态，城乡统筹的社会保障制度有待进一步健全和完善。

党中央明确提出加强农村社会保障体系建设的要求，按照兜底线、织密网、建机制的要求，全面建成覆盖全民、城乡统筹、权责清晰、保障适度、可持续的多层次社会保障体系。具体而言，要完善统一的城乡居民基本医疗保险制度和大病保险制度，做好农民重特大疾病救助工作。健全医疗救助与基本医疗保险、城乡居民大病保险及相关保障制度的衔接机制，巩固城乡居民医保全国异地就医联网直接结算。完善城乡居民基本养老保险制度，建立城乡居民基本养老保险待遇确定和基础养老金标准正常调整机制。统筹城乡社会救助体系，完善最低生活保障制度，做好农村社会救助兜底工作。将进城落户农业转移人口全部纳入城镇住房保障体系。构建以居家为基础、社区为依托、机构为补充的多层次农村养老保障体系，创新多元化照料服务模式。健全县、乡、村衔接的三级养老服务网络，推进村级幸福院、日间照料中心等建设，推动乡镇敬老院升级改造。健全农村留守儿童和妇女、老年人以及困境儿童关爱服务体系。加强和改善农村残疾人服务，将残疾人普遍纳入社会保障体系予以保障和扶持。

四、健全乡村公共文化服务体系

随着经济社会发展水平的提高，人民群众物质生活愈加丰富，人们精神文化需求也逐渐突出。党的十八大以来，党中央始终把发展公共文化服务摆在重要位置。2015年10月26日，习近平总书记在党的十八届五中全会第一次全体会议上强调，加快构建现代公共文化服务体系，促进基本公共文化服务标准化均等化，建立健全政府向社会力量购买公共文化服务机制，加大公共文化设施免费开放力度。[①] 推动文化事业和文化产业同发展、城乡区域文化共繁荣，是我国文化建设的实践要求和重要目标。近年来，农村地区文化面貌大为改观，公共文化服务整体水平明显提高。然而，城乡公共文化服务发展的差距依然较大，公共文化资源配置不合理、基层文化

---

① 习近平：《在党的十八届五中全会第一次全体会议上关于中央政治局工作的报告》，2015年10月26日。

设施利用不充分、文化服务效能不够高等问题仍然突出。

2018年中央一号文件明确提出，要加强农村公共文化建设，按照有标准、有网络、有内容、有人才的要求，健全乡村公共文化服务体系。2021年中央一号文件进一步提出，要建立城乡公共资源均衡配置机制，推进城乡公共文化服务体系一体建设。推进城乡公共文化服务体系一体建设，是建立新型工农城乡关系的必然要求，也是解决城乡文化发展不平衡、农村文化发展不充分问题的迫切需要。具体而言，要发挥县级公共文化机构辐射作用，推进基层综合性文化服务中心建设，实现乡、村两级公共文化服务全覆盖，提升服务效能；要深入推进文化惠民，引导优质文化资源和文化服务更多地向农村倾斜，提供更多更好的农村公共文化产品和服务；要培育挖掘乡土文化本土人才，开展文化结对帮扶，引导社会各界人士投身乡村文化建设；要活跃繁荣农村文化市场，丰富农村文化业态，加强农村文化市场监管；要统筹推进公共文化数字化重点工程建设，缩小城乡之间的数字鸿沟，让人们更有效、更公平地分享公共文化服务。

思考题

1. 在全面推进乡村振兴背景下如何更有效地处理好城乡关系？
2. 简述促进城乡间要素合理公平流动的体制机制。
3. 简述推动城乡基本公共服务均等化的政策措施。

拓展阅读书目

1.《中共中央 国务院关于建立健全城乡融合发展体制机制和政策体系的意见》,《人民日报》2019年5月6日。

2.《中共中央 国务院关于实现巩固拓展脱贫攻坚成果同乡村振兴有效衔接的意见》,人民出版社2021年版。

3. 国家发展和改革委员会编:《国家新型城镇化报告(2020—2021)》,人民出版社2022年版。

第十二讲　加强党对实施乡村振兴战略工作的领导

【导读】

　　党管农村工作既是我们党的优良传统又是中国特色社会主义最显著的制度优势和政治优势。乡村振兴战略是协调城乡发展不均衡，实现共同富裕，推动社会主义现代化强国建设的重大国家发展战略，在实施乡村振兴战略工作必须加强党的全面领导，这是乡村振兴战略顺利实施并取得全面胜利的根本政治保障。本章围绕如何加强党对实施乡村振兴战略工作的领导，总结中国共产党百年来领导"三农"工作宝贵经验，介绍五级书记抓乡村振兴的工作机制，阐述《中国共产党农村工作条例》《中华人民共和国乡村振兴促进法》出台的重大意义和重点内容，展望如何坚持党建引领乡村振兴谋划好《国家乡村振兴战略规划（2023—2027年）》以及提出有助于营造乡村振兴良好氛围的具体措施。

第一节　运用好中国共产党百年"三农"工作宝贵经验

百年来,"三农"问题始终是革命、建设、改革各个时期关乎全局的重大问题,中国共产党始终将做好"三农"工作作为国家发展的重要战略目标。在新的发展阶段如何加强党对实施乡村振兴战略工作的领导,关键是要总结好和用好百年来中国共产党在"三农"工作积累下的宝贵经验,从而保证在新的发展阶段党的"三农"工作走得更稳,做得更好。

一、坚持党对农村工作的全面领导

党管农村工作既是我们党的优良传统又是中国特色社会主义最显著的制度优势和政治优势,是实现中国民族伟大复兴、社会主义现代化的根本基础和政治特色,也是必须坚定不移牢牢把握的基本国情[1]。从百年党史来看,无论是新民主主义革命时期的工农联盟、社会主义革命时期和建设时期"三农"为社会主义国家建立提供的重要基础、改革开放和社会主义现代化建设时期农村改革助推中国经济腾飞,还是中国特色社会主义新时代农村成为全面小康、共同富裕、社会主义现代化的主战场,"三农"问题始终是革命、建设、

---

[1] 黄承伟:《推进乡村振兴的理论前沿问题》,《行政管理改革》2021年第8期。

改革各个时期、关乎全局的重大问题[①]。习近平总书记强调"办好农村的事情，加快农业农村现代化，实现乡村振兴，关键在党"[②]。在乡村振兴中必须要毫不动摇地坚持和加强党对农村工作的领导，健全党管农村工作方面的领导体制机制和党内法规，确保党在农村工作中始终总揽全局、协调各方，为乡村振兴提供坚强有力的政治保障。

二、坚持以人民为中心

坚持立党为公、执政为民，践行全心全意为人民服务的根本宗旨是中国共产党贯穿始终的工作路线。乡村振兴战略的提出正是坚持以人民为中心的发展思想的根本体现，旨在缩小城乡发展差距，让发展惠及全体人民，带领广大农民群众一同迈向社会主义现代化强国。乡村振兴是为农民而兴，乡村建设是为农民而建，必须充分调动广大农民积极性、主动性和创造性[③]。一是要在经济上充分关心农民的物质利益，在农村改革等事关农民利益的问题上要充分征求农民意愿，依法依规、稳妥慎重。二是在政治上切实保障农民的民众权利，多渠道多形式畅通农民对于村庄选举、集体经济发展、村务监督、村庄发展等村庄治理事务的知情权和参与权，避免为民投

[①] 唐仁健：《百年伟业"三农"华章——中国共产党在"三农"领域的百年成就及其历史经验》，《中共党史研究》2021年第5期。

[②] 《中央农村工作会议在北京举行 习近平作重要讲话》，2017年12月29日，新华网。

[③] 唐仁健：《百年伟业"三农"华章——中国共产党在"三农"领域的百年成就及其历史经验》，《中共党史研究》2021年第5期。

票、替民"代言"。三是积极发动群众,让农民成为乡村振兴的参与者、建设者和受益者,在乡村建设的过程中要听取农民意见,注重保护乡土特色和农耕文化,主动吸引农民参与村庄建设,实现村庄建设资源的最大化利用,让农民在建设中受益。

三、坚持巩固和完善农村基本经营制度

农村基本经营制度是农村政策的基石。习近平总书记指出:"要尊重农民意愿和维护农民权益,把选择权交给农民,由农民选择而不是代替农民选择,可以示范和引导,但不搞强迫命令、不刮风、不一刀切。不管怎么改,都不能把农村土地集体所有制改垮了,不能把耕地改少了,不能把粮食生产能力改弱了,不能把农民利益损害了。"[①]坚持巩固和完善农村基本经营制度,走共同富裕之路是保证农村社会长治久安的根本。一是要坚持农村土地农民集体所有,全面完成土地承包经营权确权登记颁证工作,完善农村承包地"三权分置"制度,在依法保护集体所有权和农户承包权前提下,平等保护土地经营权;二是坚持家庭经营基础性地位,建立农村产权交易平台,加强土地经营权流转和规模经营的管理服务;三是坚持稳定土地承包关系,衔接落实好第二轮土地承包到期后再延长 30 年的政策,让农民吃上长效"定心丸"。

---

① 《习近平在安徽凤阳小岗村农村改革座谈会发表重要讲话》,2016 年 4 月 29 日,中国之声—央广网。

四、坚持走中国特色社会主义乡村振兴道路

如何实现农业、农村、农民现代化是世界现代化进程中始终没有真正完成的发展事业，不同于欧美等国家城市反哺乡村的发展道路，中国特色社会主义乡村振兴道路以高质量乡村振兴为抓手，坚持以农业农村优先发展破题农业农村农民现代化是人类国家现代化发展史上前所未有的探索和成就[①]。中国特色社会主义乡村振兴道路不同于资本主义乡村振兴道路，始终将促进城乡均衡发展、全体人民共同富裕作为发展目标，不仅仅是要实现农业的现代化，更是要以产业兴旺为重点、生态宜居为关键、乡风文明为保障、治理有效为基础、生活富裕为根本，推进乡村产业、人才、文化、生态、组织全面振兴，实现农村农民的现代化，使乡村成为富有吸引力和生命力的精神港湾。

五、坚持教育引导农民听党话、感党恩、跟党走

"一切为了群众、一切依靠群众，从群众中来，到群众中去"是中国共产党的群众路线的领导方法和工作方法，体现了全心全意为人民服务的党的根本宗旨。脱贫攻坚时期，各级党组织和党员干部响应党中央号召，在脱贫攻坚中舍小家为大家，深入人民群众，将心血和汗水洒遍千山万水、千家万户，不仅充分发挥了基层党组织的战斗堡垒作用，而且明显提升了基层党员的基层治理能力，明

---

① 黄承伟：《论乡村振兴与共同富裕的内在逻辑及理论议题》，《南京农业大学学报（社会科学版）》2021年第6期。

显改善干群关系，持续夯实了党在农村的执政基础。在乡村振兴时期，必须持续坚持"一切为了群众、一切依靠群众，从群众中来，到群众中去"的工作方法，在乡村振兴中用实际行动教育引导农民听党话、感党恩、跟党走，将广大农民群众紧紧团结在中国共产党的周围，筑牢党在农村的执政基础，充分发挥广大人民群众的创造力和向心力，共同实现中华民族的伟大复兴。

六、坚持一切从实际出发

中国共产党在长期革命实践中确立了"一切从实际出发，理论联系实际，实事求是，在实践中检验真理和发展真理"的辩证唯物主义思想路线。2021年9月1日习近平总书记在中央党校中青年干部培训班开班式强调，"坚持一切从实际出发，是我们想问题、作决策、办事情的出发点和落脚点……既要'身入'基层，更要'心到'基层，听真话、察真情，真研究问题、研究真问题，不能搞作秀式调研、盆景式调研、蜻蜓点水式调研。要在深入分析思考上下功夫，去粗取精、去伪存真，由此及彼、由表及里，找到事物的本质和规律，找到解决问题的办法"[①]。靡不有初，鲜克有终；久久为功，善作善成。中国各大农村地区在自然地理条件、经济社会发展文化特征，以及资源禀赋状况等诸方面存在显著差异，而乡村振兴工作事关中国广大农民的生计和生活，影响国家现代化发展大局，必须始终坚持一切从实际出发，实事求是，分类指导、循序渐进，

---

① 《习近平在中央党校（国家行政学院）中青年干部培训班开班式上发表重要讲话》，2021年9月1日，中国政府网。

不搞强迫命令、不刮风、不一刀切，瞄准重点问题、关注重点地区和人群，狠抓工作落实，脚踏实地、积极有为、真抓实干、稳扎稳打，一步一个脚印，将总书记为我们勾画的宏伟蓝图变成现实，确保乡村振兴为农民而兴。

第二节　坚持好五级书记抓乡村振兴

全面推进乡村振兴的深度、广度、难度都不亚于脱贫攻坚，必须采取更有力的举措，汇聚更强大的力量。脱贫攻坚时期，五级书记抓扶贫、全党动员促攻坚的局面为脱贫攻坚战的全面胜利提供了坚实的领导基础。乡村振兴时期，在总结五级书记抓扶贫的工作经验的基础上，要继续落实五级书记抓乡村振兴的具体工作机制。各级干部开展乡村振兴工作的前提和基础就是要学习中央统筹、省负总责、市县乡抓落实的农村工作领导体制，了解乡村振兴干部队伍建设、乡村振兴考核机制以及将全面从严治党落实到乡村振兴的全过程、全环节的具体内容。

一、实行中央统筹、省负总责、市县乡抓落实的农村工作机制

党的十八大以来，按照"中央统筹、省负总责、市县抓落实"的扶贫开发工作管理机制各级政府形成了合理分工、各司其职、有序推进的工作局面，为脱贫攻坚的全面胜利奠定了坚实的组织基础。2018年中央一号文件提出在乡村振兴中要继续实行中央统筹、

省负总责、市县抓落实的农村工作机制。2019年9月1日中共中央印发《中国共产党农村工作条例》对党中央、省、市、县各级党委农村工作分工进行了详细阐述。2021年6月1日起施行的《中华人民共和国乡村振兴促进法》将建立健全中央统筹、省负总责、市县乡抓落实的乡村振兴工作机制纳入国家法律，要求各级人民政府应当将乡村振兴促进工作纳入国民经济和社会发展规划，并建立乡村振兴考核评价制度、工作年度报告制度和监督检查制度。

中央统筹：党中央设立中央农村工作领导小组全面领导农村工作，定期分析农村经济社会形势，研究协调"三农"重大问题，督促落实党中央关于农村工作重要决策部署，统一制定农村工作大政方针，统一谋划农村发展重大战略，统一部署农村重大改革，发挥农村工作牵头抓总、统筹协调等作用。

省负总责：省（自治区、直辖市）党委应当定期研究本地区农村工作，定期听取农村工作汇报，决策农村工作重大事项，召开农村工作会议，制定出台农村工作政策举措，抓好重点任务分工、重大项目实施、重要资源配置等工作。

市县乡抓落实：市（地、州、盟）党委应当把农村工作摆上重要议事日程，做好上下衔接、域内协调、督促检查工作，发挥好以市带县作用。县（市、区、旗）党委处于党的农村工作前沿阵地，应当结合本地区实际，制定具体管用的工作措施，建立健全职责清晰的责任体系，贯彻落实党中央以及上级党委关于农村工作的要求和决策部署。县级党委处于党的农村工作前沿阵地，县委书记是乡村振兴一线总指挥，应当把主要精力放在农村工作上，深入基层调查研究，加强统筹谋划，狠抓工作落实，重点是执行好党中央以及上级党委的要求和决策部署，结合实际制定具体管用的举措。

二、健全五级书记抓乡村振兴考核机制

习近平总书记指出："坚持严管和厚爱结合、激励和约束并重，完善干部考核评价机制，建立激励机制和容错纠错机制，旗帜鲜明为那些敢于担当、踏实做事、不谋私利的干部撑腰鼓劲。要关心爱护基层干部，主动为他们排忧解难。"[①] 科学的考核机制是提高干部队伍治理能力的有效手段，脱贫攻坚中最为严格的考核评估让脱贫成效真正获得群众认可、经得起实践和历史检验。乡村振兴中需要健全五级书记抓乡村振兴考核机制。

一是各省（自治区、直辖市）党委和政府每年向党中央、国务院报告实施乡村振兴战略进展情况，省以下各级党委和政府每年向上级党委和政府报告乡村振兴战略实施情况。二是地方各级党委和政府主要负责人、农村基层党组织书记是本地区乡村振兴工作第一责任人。上级党委和政府应当对下级党委和政府主要负责人、农村基层党组织书记履行第一责任人职责情况开展督查考核，并将考核结果作为干部选拔任用、评先奖优、问责追责的重要参考。三是将推进乡村振兴战略实绩、贫困县精准脱贫成效、巩固拓展脱贫攻坚成果纳入乡村振兴考核。四是强化乡村振兴督查，加强乡村统计工作，因地制宜建立客观反映乡村振兴进展的指标和统计体系，创

---

① 《习近平同志代表第十八届中央委员会向大会作的报告摘登》，《人民日报》2017年10月19日。

新完善督查方式,及时发现和解决存在的问题,推动政策举措落实落地。建立规划实施督促检查机制,适时开展规划中期评估和总结评估。持续纠治形式主义、官僚主义,将减轻村级组织不合理负担纳入中央基层减负督查重点内容。五是中央和地方党政机关各涉农部门应当认真履行贯彻落实党中央关于农村工作各项决策部署的职责,贴近基层服务农民群众,不得将部门职责转嫁给农村基层组织。不履行或者不正确履行职责的,应当依照有关党内法规和法律法规予以问责。六是各级党委应当建立激励机制,鼓励干部敢于担当作为、勇于改革创新、乐于奉献为民,按照规定表彰和奖励在农村工作中做出突出贡献的集体和个人。七是坚持实事求是、依法行政,把握好农村各项工作的时度效。八是加强乡村振兴宣传工作,在全社会营造共同推进乡村振兴的浓厚氛围。

三、把全面从严治党落实到乡村振兴的全过程、各环节

坚持全面从严治党是习近平新时代中国特色社会主义思想的核心内容之一。习近平总书记在全国脱贫攻坚总结表彰大会上讲道:"坚持求真务实、较真碰硬,做到真扶贫、扶真贫、脱真贫。我们把全面从严治党要求贯穿脱贫攻坚全过程和各环节,拿出抓铁有痕、踏石留印的劲头,把脱贫攻坚一抓到底。"[①] 全面推进乡村振兴的深度、广度、难度都不亚于脱贫攻坚,将全面从严治党落实到乡

---

① 习近平:《在全国脱贫攻坚总结表彰大会上的讲话》,2021年2月25日,新华网。

村振兴的全过程、各环节是新时代深化党的自我革命，促进全党思想统一、政治团结、行动一致的生动实践。

一是推动全面从严治党向纵深发展、向基层延伸。严格落实各级党委尤其是县级党委主体责任，进一步压实县乡纪委监督责任，将抓党建促脱贫攻坚、促乡村振兴情况作为每年市县乡党委书记抓基层党建述职评议考核的重要内容，纳入巡视、巡察工作内容，作为领导班子综合评价和选拔任用领导干部的重要依据。二是坚持抓乡促村，整乡推进、整县提升，加强基本组织、基本队伍、基本制度、基本活动、基本保障建设，持续整顿软弱涣散村党组织。三是加强农村基层党风廉政建设，强化农村基层干部和党员的日常教育管理监督，加强对《农村基层干部廉洁履行职责若干规定（试行）》执行情况的监督检查，弘扬新风正气，抵制歪风邪气。四是充分发挥纪检监察机关在督促相关职能部门抓好中央政策落实方面的作用，加强对落实情况特别是涉农资金拨付、物资调配等工作的监督，开展扶贫领域腐败和作风问题专项治理，严厉打击农村基层黑恶势力和涉黑涉恶腐败及"保护伞"，严肃查处发生在惠农资金、征地拆迁、生态环保和农村"三资"管理领域的违纪违法问题，坚决纠正损害农民利益的行为，严厉整治群众身边腐败问题。五是全面执行以财政投入为主的稳定的村级组织运转经费保障政策。满怀热情关心关爱农村基层干部，政治上激励、工作上支持、待遇上保障、心理上关怀。六是重视发现和树立优秀农村基层干部典型，彰显榜样力量。

第三节　落实好《中国共产党农村工作条例》

2019年9月1日中共中央印发的《中国共产党农村工作条例》（以下简称《条例》）是我们党关于农村工作实践探索和制度建设的最新成果。《条例》把党领导农村工作的传统、要求、政策等以党内法规形式确定下来，明确加强对农村工作领导的指导思想、原则要求、工作范围和对象、主要任务、机构职责、队伍建设等，为完善乡村振兴领导体制和工作机制，坚持和加强党对农村工作的全面领导，确保乡村振兴战略有效实施提供了有力支撑。学习和落实好《条例》需要关注其出台的重大意义、把握《条例》对党管农村工作提出的总体要求以及明确党领导农村工作的主要任务。

一、深刻领会《条例》出台的重大意义

一是有助于落实加强党对农村工作的全面领导。《条例》以习近平新时代中国特色社会主义思想为指导，树牢"四个意识"、坚定"四个自信"、做到"两个维护"，对坚持和加强党对农村工作的全面领导作出系统规定，明确加强对农村工作领导的指导思想、原则要求、工作范围和对象、主要任务、机构职责、队伍建设等，实现了有章可循、有法可依，从制度机制上把加强党的领导落实到了"三农"各个方面、各个环节，确保党始终总揽全局、协调各方，确保乡村振兴战略有效实施是新时代党管农村工作的总依据。

二是有助于巩固党在农村的执政基础。《条例》贯穿了以人民为中心的发展思想，着眼于满足农民群众日益增长的美好生活需

要，把许多惠民生、解民忧的大政方针固定下来、长期坚持，将进一步密切党群干群关系，把农民群众紧紧团结在党的周围。

三是有助于深入实施乡村振兴战略。《条例》围绕实施乡村振兴战略，强化农业农村优先发展的政策导向，明确五级书记抓乡村振兴的领导责任，提出加强党对农村经济建设、社会主义民主政治建设、社会主义精神文明建设、社会建设、生态文明建设的领导和农村党的建设的主要任务，将更好地把党集中统一领导的政治优势转化为重农强农、推动乡村振兴的行动优势。

二、全面理解《条例》对党管农村工作提出的总体要求

一是深入贯彻习近平总书记关于"三农"工作的重要论述。习近平总书记关于"三农"工作的重要论述是新时代中国特色社会主义思想的重要组成部分，充分体现了马克思主义的根本立场、贯穿辩证唯物主义和历史唯物主义的世界观和方法论，是科学理论指导下党的理论的重要创新成果，是马克思主义中国化的巨大飞跃，充分体现了科学性、系统性、实践性、时代性[①]，是新时代做好"三农"工作的思想指导和行动指南。《条例》深入贯彻习近平总书记关于"三农"工作的重要论述，把总书记关于"三农"工作的新理念新思想新战略充分体现到了党的农村工作的总体要求当中，是新时代"三农"工作有序开展的基础。

---

① 黄承伟:《推进乡村振兴的理论前沿问题》，《行政管理改革》2021年第8期。

二是强化目标导向和问题导向。党的农村工作的落脚点，是实现"两个一百年"奋斗目标，让广大农民群众过上更加美好的生活。围绕这个目标，《条例》强调要以实施乡村振兴战略为总抓手，加快推进乡村治理体系和治理能力现代化，加快推进农业农村现代化。针对当前城乡发展不平衡、乡村发展不充分的问题，《条例》强调要坚持把解决好"三农"问题作为全党工作重中之重，坚持农业农村优先发展，坚持多予少取放活，推动城乡融合发展。

三是坚持继承和创新相结合。党的十八大以来，党的农村工作有许多重大的理论创新、制度创新、实践创新。《条例》既体现了党领导农村改革发展的宝贵经验，也充分吸收了党的农村工作最新成果，特别是紧密结合实施乡村振兴战略的重大决策部署，更好地贴近当前农村实际，体现了与时俱进的时代性。

三、正确把握党领导农村工作的主要任务

一是加强党对农村经济建设的领导。主要是巩固和加强农业基础地位，实施"藏粮于地、藏粮于技"战略，严守耕地红线，确保谷物基本自给、口粮绝对安全。深化农业供给侧结构性改革，构建现代农业产业体系、生产体系、经营体系，促进农村一二三产业融合发展，发展壮大农村集体经济，促进农民持续增收致富。

二是加强党对农村社会主义民主政治建设的领导。主要是健全村党组织领导的充满活力的村民自治机制，丰富基层民主协商形式，严厉打击各类违法犯罪，严厉打击暴力恐怖活动，保障人民生命财产安全，促进农村社会公平正义。坚决取缔各类非法宗教传播

活动，巩固农村基层政权。

三是加强党对农村社会主义精神文明建设的领导。主要是培育和践行社会主义核心价值观，建好用好新时代文明实践中心，传承发展提升农村优秀传统文化，推进移风易俗，深入开展农村群众性精神文明创建活动，提高农民科学文化素质和乡村社会文明程度。

四是加强党对农村社会建设的领导。主要是坚持保障和改善农村民生，大力发展农村社会事业，加快改善农村公共基础设施和基本公共服务条件，健全党组织领导下的自治、法治、德治相结合的乡村治理体系，提升农民生活质量，建设充满活力、和谐有序的乡村社会。

五是加强党对农村生态文明建设的领导。主要是牢固树立和践行"绿水青山就是金山银山"的发展理念，统筹山水林田湖草系统治理，促进农业绿色发展，加强农村生态环境保护，改善农村人居环境，建设生态宜居美丽乡村。

六是加强农村党的建设。一方面坚持农村基层党组织领导地位不动摇，加强基层党组织对农村各类组织、各项工作的领导。另一方面抓实建强农村基层党组织，要求各级党委特别是县级党委认真履行农村基层党建主体责任，坚持抓乡促村，选优配强村党组织书记，整顿软弱涣散村党组织，加强党内激励关怀帮扶，健全以财政投入为主的稳定的村级组织运转经费保障制度，持续加强基本队伍、基本活动、基本阵地、基本制度、基本保障建设。

第四节　实施好《中华人民共和国乡村振兴促进法》

乡村振兴，法治先行。《中华人民共和国乡村振兴促进法》是我国第一部直接以"乡村振兴"命名的综合性法律，是实施乡村振兴的法治基石、法治保障和法治利器。如何落实好《中华人民共和国乡村振兴促进法》关键是首先要领会该法律出台的重要意义，其次要握住和把握好《中华人民共和国乡村振兴促进法》的基本要义，最后要深刻了解在基层党组织建设中如何利用好《中华人民共和国乡村振兴法》发挥党组织和党员作用，团结群众、带领群众，夯实党的领导，从而进一步走好乡村振兴"最后一公里"。

一、充分认识《中华人民共和国乡村振兴促进法》出台的重要意义

2021年4月29日第十三届全国人民代表大会常务委员会第二十八次会议通过《中华人民共和国乡村振兴促进法》，自2021年6月1日起施行。《中华人民共和国乡村振兴促进法》是我国第一部直接以"乡村振兴"命名的基础性、综合性法律，标志着乡村振兴战略迈入有法可依、依法实施的新阶段，具有重要的里程碑意义。

一是《中华人民共和国乡村振兴促进法》成为实施乡村振兴战略的法治基石[1]。《中华人民共和国乡村振兴促进法》聚焦乡村振兴的核心

---

[1] 唐仁健：《乡村振兴　法治先行——乡村振兴促进法6月1日实施》，《农民科技培训》2021年第7期。

任务、总目标、总方针、总要求，阐明了乡村振兴战略的重要原则、重要制度、重要机制，解决了乡村振兴往哪儿走、怎么走等方向性问题，与2018年中央一号文件、乡村振兴战略规划、中国共产党农村工作条例，共同构成实施乡村振兴战略的"四梁八柱"，发挥"顶梁柱"作用。

二是《中华人民共和国乡村振兴促进法》成为实施乡村振兴战略的法治保障[1]。《中华人民共和国乡村振兴促进法》提供促进乡村全面振兴的一揽子法律制度框架，统筹兼顾乡村产业发展、农产品供给安全、农民利益保护、生态环境改善、乡村文化传承、乡村组织建设、城乡融合发展等多重目标，为乡村振兴政策的落地见效提供法治保障。

三是《中华人民共和国乡村振兴促进法》成为实施乡村振兴战略的法治利器[2]。《中华人民共和国乡村振兴促进法》不仅将推进乡村振兴战略的工作体系、政策体系、责任体系法治化、规范化，而且将产业发展、人才支撑、文化繁荣、生态保护、组织建设、城乡融合等重大问题的具体政策列为法律条款，为乡村振兴战略的基层实践提供了法治支撑。

二、深入理解《中华人民共和国乡村振兴促进法》的三大要领

《中华人民共和国乡村振兴促进法》出台的目的是为保障全面

---

[1] 唐仁健：《乡村振兴 法治先行——乡村振兴促进法6月1日实施》，《农民科技培训》2021年第7期。

[2] 唐仁健：《乡村振兴 法治先行——乡村振兴促进法6月1日实施》，《农民科技培训》2021年第7期。

实施乡村振兴战略，促进农业全面升级、农村全面进步、农民全面发展，加快农业农村现代化，全面建设社会主义现代化国家。《中华人民共和国乡村振兴促进法》针对产业发展、人才支撑、文化繁荣、生态保护、组织建设、城乡融合、扶持措施、监督检查等重要内容，明确了国家层面和地方各级政府的责任和义务，为乡村振兴的有效实施奠定了坚实的法治基础。正确理解《中华人民共和国乡村振兴促进法》必须要把握住和把握好三大要领：一是要充分认识到《中华人民共和国乡村振兴促进法》是以增加农民收入、提高农民生活水平、提升农村文明程度为核心的振兴法，不只是促进经济发展，而是要促进乡村全面振兴，除了产业振兴之外，还包括农村人才振兴、文化振兴、生态振兴、组织振兴，是要推动农业全面升级、农村全面进步、农民全面发展。二是这部法律要解决好农业农村承担的保障好农产品供给安全、保护好农村生态屏障安全、传承好中国农村优秀传统文化三大历史性任务，明确农业农村发展在国家发展中的"压舱石"的战略定位。三是乡村振兴的重要目标指向还包括农民的现代化，乡村振兴中提到了要全面加强农村社会主义精神文明建设，包括思想政治、道德文化、社会文明等方面的建设，其中关键是坚持农民主体地位，全面提升新时代农民素质，培养一代又一代高素质的新型农民。

三、《中华人民共和国乡村振兴促进法》为加强党的全面领导提供法治保障

习近平总书记强调："基础不牢，地动山摇。农村工作千头万

绪，抓好农村基层组织建设是关键。无论农村社会结构如何变化，无论各类经济社会组织如何发育成长，农村基层党组织的领导地位不能动摇、战斗堡垒作用不能削弱。"[1]农村基层党组织是党直接联系群众，走好乡村振兴战略"最后一公里"的关键，《中华人民共和国乡村振兴促进法》对加强农村基层党组织建设、发挥农村党组织领导作用和农村党员先锋模范作用做出规定。

一是加强农村基层党组织建设。基层党组织是乡村发展的"领头羊"，要落实好村党组织5年任期规定、持续整顿软弱涣散村党组织、合理设置农村党组织结构。

二是加强农村基层党组织对村级各类组织的领导。村民委员会、农村集体经济组织等应当在乡镇党委和村党组织的领导下实行村民自治，发展集体所有制经济，维护农民合法权益。农村党组织应该团结带领群众建设社会主义新农村的坚强堡垒，成为农村各个组织和各项工作的领导并接受村民监督。

三是加强基层党组织带头人队伍建设。"火车跑得快，全靠车头带。"基层党组织强不强，关键看带头人。要注重从本村致富能手、外出经商务工人员、高校毕业生、退伍军人等优秀党员干部中培养选拔有干劲、会干事、作风正派、办事公道的人担当组织书记。同时建立选派第一书记机制，对脱贫村、易地扶贫搬迁安置村继续选派第一书记和工作队，将乡村振兴重点帮扶县的脱贫村作为

---

[1] 习近平：《在中央农村工作会议上的讲话》，（2013年12月23日），载中共中央文献研究室编《十八大以来重要文献选编》（上），中央文献出版社2014年版，第684页。

重点，加大选派力度。

四是发挥党员在乡村振兴中的先锋模范作用。在乡村振兴中，基层党组织要持续做好党员组织教育工作，探索创新党员联系群众的方式方法，开展党员户挂牌、承诺践诺、设岗定责、志愿服务等活动，推动党员在乡村振兴中的带头示范，引导农民群众自觉听党话、感党恩、跟党走。

第五节　坚持好规划引领的基本原则

用中长期规划指导经济社会发展，是我们党治国理政的一种重要方式。习近平总书记强调："凡事预则立，不预则废。我们要着眼长远、把握大势，开门问策、集思广益，研究新情况、做出新规划。"[①] 目前我国正处于全面推进乡村振兴战略的新阶段，首先要落实好《乡村振兴战略规划（2018—2022年）》，其次是应该尽早谋划和编制实施好《乡村振兴战略规划（2023—2027年）》。

一、落实好《乡村振兴战略规划（2018—2022年）》

2018年9月26日中共中央、国务院印发了《乡村振兴战略规划（2018—2022年）》，这是我国出台的第一个全面推进乡村振兴战略的五年计划，明确了乡村振兴战略的总体要求、基本原则、发展目标和具体内容，是统筹谋划和科学推进乡村振兴战略的行动纲

[①]《习近平在经济社会领域专家座谈会上的讲话》，《人民日报》2020年8月25日。

领。各级政府一是要广泛学习，把学习宣传《乡村振兴战略规划（2018—2022年）》作为一项重要工作，采取多种形式，帮助广大基层干部全面准确把握《乡村振兴战略规划（2018—2022年）》基本精神、主要内容和工作要求。二是强化督促落实。各级政府要统一思想认识，定期开展督导工作，切实按照规划规定推进乡村振兴工作，稳步推进乡村振兴发展大局。三是完善配套制度。各级政府要按照规划的要求，结合本地区情况编制乡村振兴地方规划和专项规划或方案，根据发展现状和需要分类有序推进乡村振兴，对具备条件的村庄，要加快推进城镇基础设施和公共服务向农村延伸；对自然历史文化资源丰富的村庄，要统筹兼顾保护与发展；对生存条件恶劣、生态环境脆弱的村庄，要加大力度实施生态移民搬迁。四是做好全面评估工作。及时总结经验、分析问题、为下一个五年规划制定提供基础。

二、谋划好《乡村振兴战略规划（2023—2027年）》的初步考虑

从2023年到2027年是实施乡村振兴战略的第二个五年，是继全面建成小康社会、实现第一个百年奋斗目标之后，乘胜追击开启全面建设社会主义现代化国家新征程、向第二个百年奋斗目标进军的关键时期，"三农"工作重心历史性转向全面乡村振兴，不断加快中国特色农业农村现代化进程。习近平总书记强调乡村振兴的健康有序进行需要规划先行、精准施策、分类推进、久久为功。提前谋划好《乡村振兴战略规划（2023—2027年）》既是国家层面战略

规划延续性和前瞻性的必然要求,也是指导基层持续开展乡村振兴实践的现实需求。《乡村振兴战略规划(2023—2027年)》要以习近平总书记关于"三农"工作的重要论述为指导,对全面推进乡村振兴战略做出阶段性谋划,细化实化工作重点和政策措施,部署重大工程、重大计划、重大行动的持续性目标和进一步要求,确保全面扎实推进乡村振兴战略,有力推进农业农村农民现代化发展,成为指导各地区各部门分类有序推进乡村振兴的重要依据。

三、编制实施好地方《乡村振兴战略规划(2023—2027年)》的基本要求

编制实施好地方《乡村振兴战略规划(2023—2027年)》要以习近平新时代中国特色社会主义思想为指导,深入贯彻党的十九大和十九届二中、三中、四中、五中、六中全会精神,统筹推进"五位一体"总体布局,协调推进"四个全面"战略布局,认真落实党中央、国务院决策部署,坚持稳中求进工作总基调,立足新发展阶段,完整、准确、全面贯彻新发展理念,构建新发展格局。一是坚持加强党对"三农"工作的全面领导。始终把解决好"三农"问题作为全党工作的重中之重,坚持五级书记抓乡村振兴,健全党领导农村工作的组织体系、制度体系和工作机制,确保农业农村现代化沿着正确方向前进。二是坚持农业农村优先发展。坚持农业现代化与农村现代化一体设计、一并推进,以推动高质量发展为主题,深化农业供给侧结构性改革,把乡村建设摆在社会主义现代化建设的重要位置,全面推进乡村产业、人才、文化、生态、组织振兴,为

全面建设社会主义现代化国家提供有力支撑。三是坚持农民主体地位。树立人民至上理念，在经济上维护农民利益，在政治上保障农民权利，激发农民积极性、主动性、创造性，不断满足农民对美好生活的向往。四是坚持改革创新。加快推进农业农村重点领域和关键环节改革，破除制约城乡融合发展的体制机制障碍，推动农业科技成果转化为现实生产力，增强农业农村发展后劲。五是坚持因地制宜和分类推进。科学把握农业农村发展的差异性，保持历史耐心，分类指导、分区施策，稳扎稳打、久久为功，推进不同地区、不同发展阶段的乡村实现现代化。

第六节　营造好乡村振兴良好氛围

营造乡村振兴良好氛围是推进全社会共同参与乡村振兴的重要途径。在乡村振兴中不仅要加强党对实施乡村振兴战略工作的领导，更重要的是通过党对乡村振兴工作的领导不断增强中国国家治理能力和治理体系现代化，从而凝聚全社会力量，筑牢中华民族共同体意识，带领全国各族群众一齐走向共同富裕。

一、搭建社会参与平台，构建政府、市场、社会协同推进的乡村振兴参与机制

人心齐、泰山移，乡村振兴不仅仅是乡村的事，也是事关整个国家经济、社会、文化和生态多方面发展的系统工程，需要搭建社会参与平台，更广泛、更有效动员和凝聚各方面的力量。一是在

乡村振兴中需要将脱贫攻坚中东西部扶贫协作、定点扶贫、企业和社会组织扶贫以及扶贫志愿行动等经验运用到乡村振兴中，畅通从扶贫帮扶到协同推进乡村振兴的有效转换，推动构建全民广泛参与乡村振兴的常态化发展格局。二是乡村振兴旨在补齐城乡发展短板，实现共同富裕，是一个系统和长期工程，需要统筹谋划，实现政府、市场和社会的优势互补，构建政府、市场、社会协同推进的乡村振兴长效参与互动机制。三是乡村振兴要解决的不仅仅是农业现代化的问题，还包括农民和农村的现代化。在乡村振兴中要发挥工会、共青团、妇联、科协、残联等群团组织的优势和力量，发挥各民主党派、工商联、无党派人士等积极作用，凝聚乡村振兴强大合力。

二、大力宣传乡村振兴相关政策和生动实践

一是组织形式多样的宣传和培训活动，增进党群干部和社会各界对于乡村振兴重大战略意义、理论方法的认识。一方面可通过专家宣讲、读书心得分享会、知识竞赛、宣传册等方式增强理论认知，形成基本观点认知；另一方面可通过基层工作经验分享、答疑、互助等活动方式，由经验丰富的干部或基层工作人员分享乡村振兴工作经验，帮助新上任的驻村工作队员、第一书记、村党支部书记等答疑解惑，稳步推进基层乡村振兴工作。二是依据梯次推进乡村振兴的要求，在《乡村振兴战略规划（2018—2022年）》中划分了引领区、重点区以及攻坚区，强调要推动不同地区、不同发展阶段的乡村有序实现农业农村现代化。通过总结和宣传典型案例、

典型经验，推进各地的经验交流和创新模式扩散。三是在乡村振兴中要通过形式多样的评比和宣传活动，营造全社会共同参与乡村振兴的社会氛围，打通城乡交流瓶颈，推动城乡资本、人才、土地等要素的均衡流动。

三、建立乡村振兴专家决策咨询制度

一是专家学者对国际实践经验和理论的总结有助于推进我国乡村振兴战略的高质量推进。二是组织智库将引领示范区的实践经验，总结凝练为一般规律，可以为乡村振兴的开展提供根本遵循，引领各地各部门不断深入推进乡村振兴的实践创新。三是组织智库对乡村振兴理论和实践进行提炼有助于推动马克思主义中国化发展，彰显中国特色社会主义的先进性和时代性。

四、促进乡村振兴领域的国际交流合作

如何讲好中国故事，关键在于讲清楚中国故事最精彩的主题，即中国共产党为什么"能"、马克思主义为什么"行"、中国特色社会主义为什么"好"。乡村振兴战略的推进正是在中国共产党的领导下，以马克思主义为指导，论证了中国特色社会主义的优越性，由此，以乡村振兴战略为主题，将中国乡村振兴经验提炼到理论高度，与国际社会形成对话，形成中国话语，增强国际交流合作，不仅可以推动社会主义事业的发展，也在大变局之际，化挑战为机遇，增强中国的国际影响力。

思考题

1. 简述中央统筹、省负总责、市县乡抓落实的农村工作领导体制针对各级政府的具体要求？

2. 试论在基层实践中如何将全面从严治党落实到乡村振兴的全过程、各环节？

3. 试论如何利用《中国共产党农村工作条例》和《中华人民共和国乡村振兴促进法》加强党的农村工作的全面领导？

拓展阅读书目

1. 法律出版社法规中心编：《党的农村工作相关规定学习手册》，法律出版社2019年版。

2. 习近平：《论中国共产党历史》，中央文献出版社2021年版。

后 记

民族要复兴，乡村必振兴。习近平总书记指出："实施乡村振兴战略，是我们党'三农'工作一系列方针政策的继承和发展，是亿万农民的殷切期盼。全党同志务必深刻认识实施乡村振兴战略的重大意义，把农业农村优先发展作为现代化建设的一项重大原则，把振兴乡村作为实现中华民族伟大复兴的一个重大任务，以更大的决心、更明确的目标、更有力的举措，书写好中华民族伟大复兴的'三农'新篇章。"可见，做好新时代"三农"工作、全面推进乡村振兴战略具有重要的历史意义和时代价值。为此，中国扶贫发展中心指导课题组编写了《全面推进乡村振兴十二讲》一书，旨在深入阐释解读乡村振兴的相关理论问题、基本政策和实施要求，为各地区全面推进乡村振兴工作提供理论和实践指导。

本书在编写过程中坚持以习近平新时代中国特色社会主义思想为指导，以习近平总书记关于"三农"工作重要论述为遵循，以《中共中央 国务院关于实施乡村振兴战略的意见》《乡村振兴战略规划（2018—2022年）》《中华人民共和国乡村振兴促进法》《中共中央 国务院关于全面推进乡村振兴 加快农业农村现代化的意见》《中共中央 国务院关于做好2020年全面推进乡村振兴重点工作的意见》等中央文件为依据,力求全面把握全书写作内容的权威性、逻辑性、规范性、实效性和管用性,不断提高本书的写作水平和质量。同时,本书坚持从乡村振兴的实际出发,站在基层干部的视角阐释和解读相关内容,第一讲到第三讲侧重从理论维度,对习近平总书记关于乡村振兴工作的相关论述和中共中央、国务院关于乡村振兴的相关文件要求,进行深入阐释和解读;第四讲到第十二讲侧重从实践维度,对乡村振兴的具体实践问题进行深入分析,在写作风格上坚持学理性和通俗性相结合,以期对从事乡村振兴相关工作的基层干部具有一定的启示意义。

《全面推进乡村振兴十二讲》一书在中国扶贫发展中心指导下,由西安交通大学马克思主义学院联合其他九家高校、单位的专家组成课题组完成编写工作。具体写作分工如下:第一讲燕连福、第二讲田丰韶、第三讲黄承伟、第四讲吕方、第五讲刘杰、第六讲张琦和张江雪、第七讲袁泉、第八讲刘欣、第九讲许竹青、第十讲张晖、第十一讲李海金、第十二讲黄承伟和唐成玲。另外,卢黎歌教授和廉永杰教授参与了本书的审读和研讨工作,李晓利、张瑾、樊志远、毛丽霞、程诚、王芸参与了本书的相关资料收集和内容汇总工作,在此向他们表示衷心的感谢。

由于编写者水平有限,书中所难免有疏漏和不足之处,欢迎各位专家学者和广大读者给予批评指正。

课题组
2022 年 5 月